家族法

〔第3版〕

中川淳
小川富之 編

法律文化社

第3版はしがき

　本書は，法律学を学びはじめた初学者のための法律学の入門書の1つである。内容的には，家族に関する法律を中心として説明したものである。

　私たちは，何らかのかたちで，集団的な生活をしている。人は，一般的には，自分ひとりで孤立して生活することはない。すなわち，人は生まれたときから，親子，兄弟姉妹など，家族集団のなかに組み込まれて，家族の一員として生活することが一般である。人の社会生活は，このように集団的な関係のなかで営まれている。そのはじまりとして，私たちは人として家族集団に属することになる。このような集団生活には，おのずから一定のルールが存在し，そのルールに従って，集団生活が平穏かつ安定したものとなる。このように，社会生活を営む上での一定のルールがいわゆる社会規範である。

　今日の社会規範は，複雑である。社会規範には，法律・道徳および慣習などがあり，私たちの社会生活を規律している。法・法律は，社会規範の1つである。

　家族についても同様で，家族集団のなかに，それぞれのルール（規範）があり，それに従って，家族の安定性が保たれている。

　本書は，法律を学ぶ初学者にとって，身近な家族集団の集団的・社会的な規範について学ぶものであり，とくに，家族集団などの内部のルール（規範）と，社会における家族集団の役割を含めた，家族の法制度について学ぶ入門書である。

　家族法は，第二次世界大戦後，大きく変化した。「個人の尊厳と男女平等」の理念（憲法24条）のもと，家族法の近代化が前進した。その理念の理解を重視して，さらに将来の家族法のあるべき姿を求めることを心掛けていただきたいと思う。近年では，家族の多様化や国際化の進展を受けて，多くの複雑な問題があらたに登場している。第3版では，相続法の改正を含めた最近の法改正につき，2022（令和4）年改正までの内容を盛り込むとともに，注目すべき判例も取り上げ検討するよう努めた。各章の執筆者には，これらの問題について

の研究成果をふまえつつできるだけわかりやすく説明を試みていただいている。本書を，そのような意味で，熟読していただけるものと期待したい。

　最後に本書については，家族法を専攻する研究者と共同研究を重ね，各章の内容の理解を助けるために導入部分を設け，図表等を用いる等の工夫をしている。また，内容の理解を確認するために，各章の試験問題を入門から発展へと段階的に出題した。学部の学習に使用するとともに法科大学院等でも活用できるような充実した内容をめざして完成したものであり，共同執筆に参加していただいた研究者の先生がたに感謝申し上げるとともに，法律文化社の舟木和久氏に編集上ご苦労をいただいたことに感謝申し上げたい。

　　2023(令和5)年9月吉日

編　者　中川　　淳

小川　富之

目　次

【資料一覧】

【コラム一覧】

第1章
家族法の基礎知識——家制度から家庭へ

導　入

　夏休みに，涼しい地域の北欧旅行をしようと計画し，ガイドブックを調べてみますと，ノルウェーのオスロの観光スポットとして，フランネル公園のことが目に留まりました。そこには，人の一生を題材とした彫刻があるという説明がされていて，興味をそそられました。それで，フランネル公園を訪ねました。公園は非常に緑が多く，立派な憩いの場になっておりまして，そこに有名なビーゲランという芸術家の「人の一生」をテーマとした彫刻が非常に沢山並んでいまして，すべてが感動的な作品でした。たとえば，母親が喜びをもって幼な子を抱き締めている像などに，非常に感動いたしました。公園を一巡して，帰り道に，オスロの市役所の前を通りましたところ，市庁舎の前に，父親と母親が幼い子の手を引いて歩いている像が高くそびえているのに気が付きました。こういう思い出があって，父親と母親と幼い子ども，こういう家族というものが非常に大事であるということを北欧旅行で実感いたしました。（『戸籍時報』2010年661号より）

1　家族法の意義

(1)　社会と家族

　私たちが社会生活を営む上で，家族集団に属して生活をしているのが，一般的である。このような家族集団は，歴史的にみても，それが置かれている社会的条件の中で，多様な形態をとってきたが，少なくとも血と性にもとづいて結ばれた集団を基礎としていたということができる。今日，日本の家族の形態は，一夫一婦制にもとづく小家族を基本としており，婚姻によって形成されるいわゆる婚姻家族（核家庭）を基本的な形態としている。一般的に，この形態を近代家族という。婚姻家族は，夫婦のみで構成される場合と，その間に生ま

れた未成熟子を含めて構成される場合とがある。

　家族は，血と性にもとづいて結びついた人間関係であるとともに，その集団の生活の場として，常に社会的存在でもあるということができる。その存在のありかたについては，社会規範によって規律されるものである。家族関係については，人間関係としては愛情と信頼によって結びつくことが求められるとともに，生活の場として社会的存在であるという意味において，法律によっても，規律の対象となることは，いうまでもない。したがって，家族については，制度的な存在として理解していくことが，重要であるといえよう。

(2)　家族法の内容

　家族法は，文字通り，家族に関する法制度のことである。この家族に関する法制度は，民法という名前のついた法律（民法典）の中にまとまったかたちで基本的な規定が置かれている。これが一般的な家族法といわれるものである。しかし，家族に関する法律は，なにも民法の規定のなかにのみ存在しているわけではなく，他の法律のなかにも存在している。たとえば，刑法における窃盗罪および不動産侵奪罪（刑法235条・235条の2）についても，配偶者，直系血族または同居の親族の犯罪に関して特例の規定（刑法244条）がある。民法の規定とそれ以外の家族に関する規定とを含めて，全体で広い意味の家族法といわれている。

　家族法は，私人相互の生活関係を規律する民法の中の重要な分野の一つである。このような私人相互の生活関係には，経済生活に関するものと家族生活に関するものとがある。前者を規律する制度が一般的に財産法といわれ，後者を規律する制度がいわゆる家族法といわれている。

　民法の家族法は，さらに親族法と相続法の分野に分けられている。家族法という言葉は，欧米では，普通，相続法を含まないが，日本では，相続法を含めた名称として，一般的に用いられている。

2　家族法の基本原則の変遷

(1)　明治時代の家族法

　日本は，明治時代以降，国際的には，不平等条約の撤廃，国内的には，近代

国家の確立を目指して，近代的な民法典の編纂を行わなければならないという課題をになっていた。すでに，1870（明治3）年には，制度取調局が設けられ，フランス民法を参考にして，日本の民法を作成しようという計画があった。その計画が，その後に受けつがれ，1890（明治23）年に日本ではじめての民法典が編纂され，法律として公布された。これを今日，旧民法という。

この旧民法は，その当時，司法省の顧問として来日していたフランス人の法学者ボアソナード（Gustave Boissonade）教授の起草によるものであり，その中の人事編に，いわゆる家族法の主要な規定が置かれていた。

この旧民法は，1893（明治26）年1月から施行される予定であったが，その直前になって，旧民法に対する強力な反対運動（実施延期論）が起こり，旧民法を支持する立場と対立するに至った。反対論の主張は，旧民法の内容が，個人主義思想にもとづくものであり，日本の国体すなわち大日本帝国憲法の精神と相容れないという点にあった。反対論の中心をなした穂積八束博士は，「民法出でて忠孝亡ぶ」という言葉をもって，旧民法を攻撃した。反対論の立場は，家族国家観の思想にもとづくものといわれている。この論争は最終的に1892（明治25）年の帝国議会において反対論が支持されることによって，旧民法は，法律として制定・公布されたにもかかわらず，一度も施行されることなく，葬り去られた。

(2)　明治民法の成立と性格

旧民法にかわって，次の民法（いわゆる明治民法。以下，本書では「旧法」と略す場合もある）が，制定・公布され，1898（明治31）年に施行された。明治民法の家族法は，旧民法を否定した思想にもとづいて立法されたものであり，封建的家父長的な家の制度を基本原則としていた。明治民法の家族の原則は，個人の自由がひとしく承認された近代的市民社会における家族ではなく，封建的・家父長的性格をもつ家族法ということができる。

家制度は，具体的には，戸主と家督相続の制度をとおして，祖先から子孫につながる抽象的・超世代的な家の存続を重視するものであった。戸主には，家族に対する広範な支配権を認め，家督相続については，長男子の独占相続を原則とした。ここでは，婚姻関係・親子関係および親族関係は，すべて家のため

◆コラム1-1　法典論争の際の家族法にかかわる実施延期論の主張

　法典論争において，実施延期論の立場は，「民法出デテ忠孝亡ブ」という立場を強調して，旧民法を攻撃した。その文書から引用すると，「我国ハ祖先教ノ国ナリ，家制格守ノ国ナリ。而シテ忠孝ノ二道実ニ祖先尊崇ニ基キ家制格守ニ胚胎ス。皇室ノ臣民ニ於ケル家父ノ家族ノ権力ハ皆祖先ヲ尊崇スルノ国教ニ基ケリ。……是ニ於テカ家長権ハ尊厳ニシテ動カスベカラズ，天皇ノ大権ハ神聖ニシテ侵スベカラズ。子孫其父祖ニ孝。臣民其天皇ニ忠ナル所以ナリ。而シテ今ヤ我民法ハ祖先ノ家制ヲ排却シ極端ナル個人本位ノ法制ヲ設ケ数千年来ノ国俗ヲ擲テ耶蘇教国ノ風習ヲ移入セントス。倫常ヲ壊乱セザラント欲スル豈ニ得ベケンヤ。夫レ一男一女愛情ニ因リテ其居ヲ同クスルハ所謂耶蘇教国ノ一家ナリ。……民法ノ法文先ヅ国教ヲ紊乱シ家制ヲ破壊シ僅ニ『家』，『戸主』等ノ空文ヲ存スルニ過キズ，嗚呼倫常ハ祖先尊崇家制格守ノ影ナリ，民法出デテ其実体ヲ亡ボシ，而シテ今日ノ教育行政ハ却テ影ノ存ゼンコトニ汲々タルモノノ如シ」

のものであり，家の維持・存続の目的に奉仕した。

　家制度は，封建的な制度であり，個人が超世代的な縦のつながりの中に埋没したものであったため，個人の尊厳・両性の本質的平等の思想とは，かけ離れた制度であるといえる。前者の例としては，家の後継者どうしの婚姻が認められないことを原則とし，また，家督相続が長男子の独占を原則としており，長男子が存在する限り，それ以外の子には家督に関する権利が認められていなかったことなど，個人の利益が軽視されていた。後者の例としては，妻の無能力制度，夫婦間の貞操義務すなわち離婚原因の違い，子に対する父母の親権の違い，そのほか，相続の規定において，男尊女卑の思想が明確に規定されていた。

(3)　現行家族法の性格

　1945（昭和20）年の敗戦後，ポツダム宣言における「民主主義的傾向ノ復活強化ニ対スル一切ノ障害ヲ除去スベシ」という要請を実現するために，戦前の法制度の再検討が必至となった。このようにして，憲法・民法の再検討がなされ，改正が試みられることとなり，明治民法以来の家制度が廃止された。これにかかわって，「個人の尊厳と両性の本質的平等」（憲法24条）の精神が家族の基本原則であることが宣言されるに至った。かくして，家制度から婚姻によって形成される家族すなわち夫婦と未成熟子とからなる婚姻家族（近代家族）を基本理念とすべきであるという転換が行われることになった。

◆コラム 1 - 2　家制度とその現行法への影響
　現行家族法の成立過程において，なお家制度を擁護する立場が強く，現在の家族法の規定に，家制度の温存規定が残った。しかし，現在その規定の重要性は低い。
　その主な例として，親族間の扶けあい義務（民730条），祭祀の承継に関する規定（民897条）が挙げられる。いずれも家制度の維持を主張する立場からの強い圧力に妥協したものである。したがって，1947（昭和22）年の民法改正は，家制度を埋葬したが，なお家の亡霊にとりつかれており，家制度はなお墓場から現在の家族法を支配しているとさえいわれた。しかし，いくつかの家制度の温存規定は存在するが，現行法は，明治民法の身分法を根本的に改正した画期的な制度ということができる。家制度を廃止した結果，戸主および家督相続の制度は廃止され，妻の無能力制度は削除されるなど，家族法の近代化がはかられた。

　このような経過で1947（昭和22）年に成立した現行の家族法は，近代家族をその理念型としている。近代家族は，夫婦とその間の未成熟子によって構成される小家族である。戸籍は，この小家族を中心として編成される。すなわち，男女がその自由な意思によって婚姻すると，その男女はそれぞれの属していた父母を核とする家族から離脱して新しい二人の核すなわち新しい家族を形成する。これは，夫の家に嫁として入っていくという既存の家族に吸収される形態ではない。ここでは，二人だけの新戸籍が編成されることになる。

　現行家族法は，日本国憲法24条の理念にもとづいて，家制度，したがって，戸主・家督相続の制度を廃止し，個人の尊厳と両性の本質的平等を基本的原則とした。これによって，婚姻自由の実現，妻の無能力制度廃止，離婚原因の平等化（民770条1項1号），父母の共同親権（民818条1項）等が実現した。相続においては，財産相続に一本化され，子が相続する場合には，男女を区別しないことになり，また，「配偶者は，常に相続人となる」（民890条）という規定が新設され，女性の相続法上の地位は，飛躍的に上昇した。

(4)　現代的課題

　今日の家族について，一方では，近代化の課題とともに，他方では，重要な現代的な課題がある。この2つの課題は，車の両輪のごとく並行して取組んでいかなければならないものである。

　周知のごとく，1955（昭和30）年以降，高度経済成長，急速な工業化にとも

なって，社会構造が多様化し，複雑化し，変動をもたらした。これに対する配慮なくして，社会関係を十分に把握することができなくなってきた。このような現代の社会関係の性格を反映して，現代家族の問題も考えていかなければならなくなってきた。家族の問題も，単なる伝統的な身分関係または家族関係の問題にとどまらず，生活の場としての家族という認識，社会問題としての性格を強く示す課題が，提起されるに至った。したがって，法制度として定められている家族の理解においても，法構造の再検討をすることが，重視されるようになってきた。

　近代家族における基本的身分関係は，夫婦すなわち婚姻関係を中心としつつ，親子関係および親族関係を含めたものとされている。このような基本的身分関係は，その発生（成立）・効果・消滅（解消）という過程または構成として把握されることが，従来の基本的な考え方であり，法律の体系も，これに従っている。このように，基本的身分関係を柱とする近代家族の体系は，今日においてもなお，その重要性を失っているとはいえない。

　しかし，今日では，それにもまして，家族財産すなわち夫婦の財産問題が重視されることになった。これは，生活の場としての家族ということを強調する限り，当然のことであろう。これまでは，家族財産が単なる身分関係に派生する効果としてのみ処理されてきたが，今後は，家族生活を支える家族財産の重視という発想の転換を試みなければならない。これは，夫婦財産を基本におきながら，婚姻費用（未成熟子の養育を含めて）の分担，扶養，夫婦が離婚する場合の離婚財産分与，夫婦の一方が死亡した場合の相続権の問題を，それぞれ系統的・統一的に取り扱うことができるとともに，社会保障制度とのつながりを容易ならしめるメリットがあるといえよう。

　家族問題は，同時に，社会問題としての性格をもつものである。たとえば，老親扶養の問題は，社会問題としての老人福祉の問題とつながっていることはいうまでもない。生活の場としての家族という視点をいれながら法構造の再検討をする必要がある。市民社会の発展に従う家族形態の変化にともないつつ，身分関係または家族関係という家族法の原点の上に，あらたに社会法的な性格の場としての家族法という問題意識が大きくクローズ・アップされてきた。また，家族一般として抽象化されるものでなく，具体的に類型化された家族の課

◆コラム 1-3　家族法改正の動向について

　1947（昭和22）年の民法改正によって日本国憲法の理念にもとづく改正が行われ，とりわけ，「個人の尊厳」と「両性の本質的平等」の視点からの改正が中心となった。したがって，家制度にかかわる規定を除いて，全面的に細部についての検討は，今後の課題として残された。

　その後法務省の法制審議会のその後の改正試案や学界からの改正論が提示されている。まとまったものとしては，「民法の一部を改正する法律案要綱」（1996〔平成 8〕年 2 月26日）があるが，この基本的答申に対しては，その後の大きな進展はない。ただ，相続に関しては2018（平成30）年に，親子関係では2022（令和 4）年に改正があった。また，2021（令和 3）年 3 月30日に法制審議会家族法制部会第11回会議で「離婚及びこれに関連する家族法制の見直し」についての審議が開始され，離婚後の共同親権導入等について現在（2023年 9 月）まで検討が続いている。

　なお，家事事件の紛争処理については，2011（平成23）年に新しく家事事件手続法が成立した。

題または個別化された家族の課題として，検討していく姿勢が重視されていくことになる。

3　家族関係と親族関係

　日本の民法は，第 4 編に親族という表題をつけ，親族関係に関する規定を置いている。ここでは，家族関係という表題は用いられていない。民法の構成としては，家族関係よりも，親族関係に重点が置かれている形をとっているが，今日の理解としては，基本的には，婚姻家族を基本として重視しており，その線に沿って表題・体系を具体化していくことが重要である。

(1)　親族の意義

　人と人との間の関係は，婚姻と血縁によって特別な関係を生ずる。婚姻による相互の関係を配偶者，血縁関係にある者を血族，また，婚姻した一方と他方の血族の関係を姻族という。

　日本の民法における親族は，血族・配偶者および姻族である。血族には，自然的な血縁関係があるとされる自然血族と法律で血縁関係を創り出す法定血族とがある。法定血族には，養子と実親およびその血族との関係が継続する普通

資料1-1　親族範囲の図

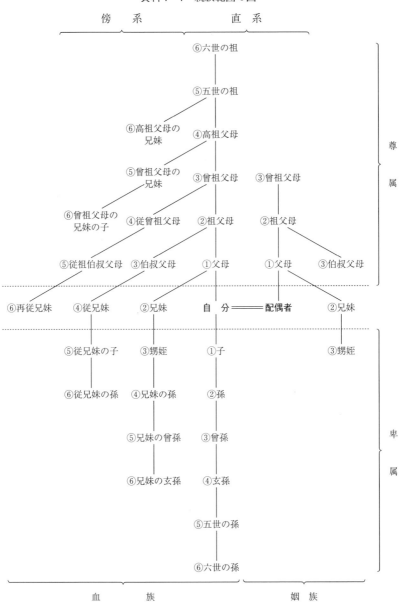

※兄妹は兄弟姉妹の略

養子とそれが断絶する特別養子とがある。配偶者とは，法律上の婚姻関係にある者をいう。姻族とは，配偶者の血族と血族の配偶者をいう。したがって，配偶者の一方の血族と他方の血族（たとえば，夫の父母と妻の父母）との間，または，血族の配偶者相互（たとえば，兄の妻と弟の妻）の間には，それぞれ姻族関係はない。

　血統の連絡関係については，直系親と傍系親，また，尊属親と卑属親の区別が重要である。直系親とは，父母と子，祖父母と孫のように，血統が直上・直下するかたちで連絡する親族をいう。また，傍系親とは，伯叔父母と甥姪のように，血統が共同の始祖によって分れて連絡する親族をいう。また，尊属親とは，血統の連絡が自分の父母と同列以上にある者をいい，また，卑属親とは，自分の子と同列以下にある者をいう。父母，祖父母は直系尊属，伯叔父母は傍系尊属であり，また，子，孫は直系卑属であり，甥姪は傍系卑属である。兄弟姉妹のように，自分と同列にある者は，尊属でも卑属でもない。血族については，自然血族，法定血族を問わず，尊属・卑属の区別が定められているが，姻族関係については，この区別をとくに認める規定はない。

(2)　親族の範囲

　民法においては，血と性のつながりによって無限にひろがる人間関係のすべてを親族とはしていない。民法では，親族の範囲を六親等内の血族，配偶者および三親等内の姻族関係に限定している（725条）。

　ここに，親等とは，親族関係の遠近をはかる単位または尺度である。配偶者には親等はないが，血族・姻族の間には，親等数によって親族関係の法律上の効果が定められることが多い。親等の計算方法は，直系血族については，その間の世数を計算して定め，傍系親については，その一人から同一の始祖にさかのぼり，さらにその始祖から他の一人に下がるまでの世数によって定める（726条）。前者の例として，親と子の間は一親等，祖父母と孫との間は二親等であり，後者の例として，兄弟姉妹の間は二親等，伯叔父母と甥姪との間は三親等ということになる。姻族の間については，他方配偶者を基準として血族の場合と同じ計算方法に従って定める。直系姻族については，夫と妻の父母との間は姻族一親等であり，傍系姻族については，夫と妻の兄弟姉妹との間は姻族

二親等である。

(3) 親族関係の発生

① 自然血族関係

自然血族関係は，親子の血縁を基礎とするから，誰を父母として懐胎・出産したかということによって確定される。このように，出生によって父母およびその親族との間に，親族関係が生ずる。この場合には，法律上婚姻関係にある女から出生したときには，一定の基準に従って，その夫の子であるという推定を受ける（772条）。これに対して，法律上の婚姻をしていない女から出生した非嫡出子は，原則として子を産んだ女である母およびその親族との間に血族関係を生ずるが，血縁上の父およびその親族との間には当然には血族関係は発生しない。ただこの場合，父の認知があれば，出生の時にさかのぼって父子関係を生ずる（784条本文）。

② 法定血族関係

法定血族関係は，現行法においては，養親子関係を基礎とし，したがって，養子縁組の成立によって発生する。その範囲としては，第1に，養子と養親との間に養子縁組の成立の日から嫡出の親子関係が発生し（809条・817条の2），第2に，養子と養親の血族との間に，自然血族との間におけると同一の親族関係が発生する（727条）。

③ 配偶者関係

配偶者の関係については，婚姻によって当事者が相互に配偶者となる。婚姻は戸籍法の定めに従って届け出た法律上の婚姻をいい，内縁関係は，厳密には婚姻とはいわない。

④ 姻族関係

姻族関係は，婚姻によって配偶者の一方と他方の血族の間に発生する。たとえば，自分と妻の父母・兄弟姉妹との間や自分の子・兄弟姉妹の配偶者との間が，姻族関係である。配偶者の一方の血族と他方の血族との間には，姻族関係はない。したがって，夫の父母と妻の父母との間には，姻族関係はない。

(4)　親族関係の重複

　親族関係の重複とは，当事者の間に2つ以上の親族関係が同時に存在することをいう。たとえば，兄が妹を養子とする場合には，自然血族と法定血族とが重複する例であり，従兄弟姉妹（いとこ）どうしで婚姻する場合には，自然血族と配偶者関係とが重複する例であり，また，配偶者の一方が他方の子を養子とする場合は，姻族関係と法定血族関係が重複する例である。

　親族関係が重複する場合には，それぞれの親族関係は原則として，それぞれの固有の効果を維持し，親族関係それ自体は他の親族関係によって吸収・排除されることはない。

(5)　親族関係の消滅

　親族関係における共通の消滅原因は，当事者の死亡である。失踪宣告を受けた者は，死亡したものとみなされるから（31条），同様に扱われる。

①　自然血族関係

　自然血族関係は，第1に，当事者の一方の死亡によって消滅する。死亡によって消滅する血族関係は，死亡した者との間の親族関係だけであり，死亡した者をとおして生じた親族関係には，何らの影響はない。したがって，父が死亡した場合に，子と父の血族との間の親族関係は消滅しない。第2に，特別養子縁組が成立すると，養子とその血族との間の親族関係は終了する（817条の9本文）。

②　法定血族関係

　法定血族関係は，第1に，当事者一方の死亡によって消滅する。死亡によって消滅する親族関係は，死亡した者との間の親族関係だけであり，死亡した者の養子縁組をとおして発生していた法定血族関係には，何ら影響はない。したがって，養親または養子が死亡した場合に，その間の親族関係は消滅するが，養親が死亡しても養親の血族と養子との間の親族関係には影響はなく，また，養子が死亡しても，養親およびその血族と養子縁組後の養子の血族との間の親族関係は消滅しない。

　法定血族関係は，第2に，離縁によって消滅する。離縁によって消滅する親族関係は，養子と養親およびその血族との間の法定血族関係だけでなく，養子

縁組後に出生した養子の直系卑属と養親およびその血族との間の法定血族関係も消滅する（729条）。なお，養子縁組の取消しの場合にも，その効力が遡及しないから（808条1項・748条1項），離縁と同様に解されている。

第3の消滅原因は，特別養子縁組が成立すると，特別養子と特別養子縁組前の法定血族との間の親族関係は終了する（817条の9）。すなわち，特別養子縁組前に普通養子縁組がなされていて，その養親のもとから特別養子となった場合のことであり，この場合には，特別養子となった者は，その前の普通養子縁組の養親およびその血族との間の親族関係が，特別養子縁組の成立によって終了することになる。

③ 配偶者関係

配偶者関係は，第1に，配偶者の一方の死亡によって消滅し，第2に，離婚によって消滅する。なお婚姻の取消しの場合にも，その効力が遡及しないから（748条1項），離婚と同様に解されている。

④ 姻族関係

姻族関係は，第1に，当事者の一方の死亡によって消滅する。すなわち，配偶者の一方の死亡によって，死亡配偶者と生存配偶者の血族との間の姻族関係は消滅する。これと関連して，生存配偶者と死亡配偶者の血族との間の姻族関係が消滅するか，という問題がある。民法では，当然に消滅するとしないで，生存配偶者が姻族関係終了の意思表示をしたときに，姻族関係が消滅するとしている（728条2項）。この意思表示は，生存配偶者の戸籍上の届出による要式行為である（戸籍法96条）。死亡配偶者の血族から，姻族関係終了の意思表示をすることはできない。

姻族関係は，第2に，離婚によって消滅する（728条1項）。この場合には，死亡の場合と異なり，配偶者関係の消滅にともなって，その配偶者関係をとおして成立していたすべての姻族関係が消滅する。なお，婚姻の取消についても，離婚の場合と同様に解されている。

第3に，養子縁組を通して成立していた養子の配偶者または養子の直系卑属の配偶者と養親およびその血族との間の姻族関係は，法定血族関係が離縁によって消滅したときに消滅する（729条）。

4　家族関係の公示と戸籍

(1)　家族関係の公示

　ある人が，いかなる人とどのような親族関係または家族関係にあるかを明らかにしておくことは，本人にとっても必要であるばかりでなく，それとかかわりをもつ第三者にとってもまた，重要な意味をもつ。たとえば，A男がB女と夫婦であることは，当事者が自覚をもって生活することができるとともに，第三者はA男と同時に法律上の婚姻をすることができないという意味があり，また，C男がD男の子であり相続人であることは，C男・D男の親子関係によって，D男が死亡したときは，D男の債権者，C男の債権者等の第三者にとって，重要なことといえる。

　このように，人の家族関係を本人にとっても，また，第三者にとっても明らかにしておくシステムが必要である。このような要請から，人の家族関係を記録し，これを公示，公証する手続として，日本では，戸籍制度が存在している。

　戸籍制度の沿革は古いが，それが整備・統一されたのは，明治になってからのことである。明治民法と同時に公布・施行された戸籍法（法律12号）は，複雑で不便であったために，1914（大正3）年に全面的に改正（法律26号）された。ここで改正された戸籍法は，家を単位とする戸籍にその構成員の身分関係の変動を登録する制度であり，「戸主ヲ本トシテ一戸毎ニ之ヲ編製ス」べきものであった（旧戸籍法9条）。しかし，1947（昭和22）年に，民法の改正が行われ，家の制度が廃止されたために，戸籍法も見直され改正（法律224号）された。現行の戸籍法では，「一の夫婦及びこれと氏を同じくする子ごとに，これを編製する」ことになった（戸籍法6条）。現行戸籍法では，婚姻家族の範囲を単位として，戸籍の編製がなされることを原則としている。

　なお，戸籍については，従前から公開の原則が認められ，自由に手数料を納めて，戸籍簿の閲覧または戸籍の謄本・抄本の交付を請求することができた。しかし，これを無制限に認めると，国民のプライバシー・人権が不当に侵害されることが生ずるので，これを防止するために，1976（昭和51）年に，戸籍公開の原則が制限されるに至った。それによって，戸籍法の閲覧制度が廃止さ

れ，戸籍謄本・抄本などの交付にあたっては，原則として請求事由を明らかにしなければならず，請求が不当な目的によることが明らかなときには，これが拒否されることになった（戸籍法10条）。

(2) 戸籍の記載

戸籍の記載については，夫婦が，夫の氏を称する婚姻をした場合には夫，また，妻の氏を称する婚姻をした場合には妻を，それぞれ戸籍の筆頭者とし，その次に配偶者を記載し，その後，出生の前後に従って子を記載する（戸籍法14条）。子が婚姻した場合，または，婚姻をしないで子（養子または非嫡出子）を有するに至った場合には，その新夫婦または親子のために，それぞれ新戸籍が編製される（戸籍法16条・17条）。したがって1つの戸籍に二組以上の夫婦が記載されることはない。これを一夫婦一戸籍の原則という。また，親子が三代以上にわたって1つの戸籍に記載されることは認められなくなった。これを三代戸籍禁止の原則という。しかし，日本では，個人単位の編製にまで徹していない。

なお，戸籍と氏とは密接に関連し，戸籍の動変は，基本的には氏の変動によって生ずる。すなわち，同氏同籍の原則，復氏復籍の原則が行われている。

(3) 戸籍の届出

身分関係の変動は，原則として，当事者の届出にもとづいて，戸籍に記載される（戸籍法15条）。この戸籍の届出には，報告的届出と創設的届出とがある。前者は，届出によってはじめて法律効果が生ずる性質のものではなく，すでに法律上効果が生じた事項について報告的に届出るものである。出生・死亡・裁判離婚などの届出がその例である。このような届出については，届出義務者が，これを怠ると過料の制裁がある。後者の創設的な届出は，戸籍の届出によってはじめて，法律効果を生ずる届出のことである。婚姻・養子縁組・協議離婚などの届出が，その例である。

設題

1) 明治時代の家族法と現在の家族法とを比較し，重要な相違を示せ。
2) 親族間の扶け合う義務（民730条）の規定は，今日でも必要な規定か。

第2章
婚姻の成立──法律上の夫婦となるには

導　入

　日本では，明治期の民法の成立により，婚姻について初めて統一的な法制度が誕生した。しかしながら，いわゆる結婚は，法律の存在とは関係なく古代から行われている。『源氏物語』『和泉式部日記』などの古典作品を読むと，高貴な人々の間には，和歌のやり取りに始まる一夫多妻制の婚姻の様子がみられる。また，庶民の間でも，時代ごと，地域ごとに，さまざまな婚姻の儀式があったようである。

　現代においても，婚約や結納，結婚式，新婚旅行など，華やかなイメージがもたれる婚姻に関する数々のイベント……。婚姻というと，法律よりもイベントとしてのイメージが強いかもしれない。しかし，どんなに豪華な結婚式をしても，原則として婚姻届を提出しなければ，法律上の婚姻とはいえない。また，民法では，婚姻の成立について，さまざまな要件を定めているため，それらの要件を充たさなければ，婚姻は成立しない。

　この章では，民法が定める婚姻について，その要件を中心に学習しよう。

1　婚姻制度の理念

　明治民法の家制度においては，儒教的な家父長制にもとづき，忠孝原理と男尊女卑が貫かれた。そこでは，世代や性別による差別が顕著であり，戸主には家長として，家族構成員の婚姻について同意権が認められていた。これに対し，第二次世界大戦後に新しく成立した日本国憲法では，14条において法の下の平等を定め，性別による差別を禁じた。また24条は，婚姻が両性の合意のみに基づいて成立することを定め，夫権的な家父長制を否定し，家族にまつわる立法の理念が，個人の尊厳と両性の本質的平等にもとづくことを宣言した。

　日本国憲法の成立を受けて，1947（昭和22）年，民法の家族法の部分は大きく

改正され，家制度は廃止された。これによって，日本の婚姻は，婚姻する当事者の自由な意思にもとづくものとされ，憲法24条1項の主旨から，婚姻生活は夫婦の同権を基本として，相互の協力によって維持されるべきものとなった。しかし，戦後70年以上が経過した現在，婚姻に関する条文のなかには，改正が求められているものもある。男女平等の徹底や家族行為に関する自己決定権を尊重するためである。また私たちは，婚姻制度について男女による一夫一婦制を基礎として考えてきたが，同性婚の可能性など，婚姻制度そのものの価値観について大きく議論すべき時が来ているのかもしれない。まずは民法に定める婚姻制度について学習した上で，「婚姻とは何か」という根本的な問いに立ち返り，婚姻制度の今後について考えてみてほしい。

2　婚姻の成立要件——法律上，有効となる婚姻とは？

　婚姻を有効に成立させるには，実質的要件として，①婚姻意思の合致，②婚姻障害がないこと，が必要である。また，形式的要件として，届出が必要とされる。以下，順に説明しよう。

(1)　実質的要件
①　婚姻意思
　有効な婚姻のためには，当事者間に婚姻をする意思がなければならない。これがない婚姻は，無効とされる（742条1号）。それでは，婚姻をする意思とは何なのか。以下の例で考えてみよう。それぞれの婚姻は有効か，それとも無効だろうか。

(ア)　6月に結婚式を控えたA男・B女は，二人の出会ったバレンタインデーを記念日にしたいと考え，2月14日に婚姻届を提出した。ところが，結婚後もBが仕事を続けることについて意見が食い違い，二人は挙式の前に別れ，婚姻をしないことに決めた。

(イ)　C男は末期がんで余命1ヶ月との宣告を受け，入院している。Cの死後，独身のCの財産を相続するのは，弟のXしかいない。ところが兄弟は仲が悪く，Cは，Xに自分の財産を相続させるのは本意でない。そこで，長年交際してきたD女と婚姻し，配偶者として自分の財産を相続して欲し

いと考えた。Dもこれに納得したため，二人は病室で婚姻届を書き，Dが
役所に提出した。
　(ウ)　E男は，友人から，「外国人のF女が日本で就労できるよう，Fとの婚
姻届を提出してほしい。そうすれば10万円を渡す。」と持ちかけられ，小
遣い欲しさに見知らぬFとの婚姻届を提出した。

　婚姻意思を，「婚姻の届出をする意思」と解するなら，(ア)(イ)(ウ)の例は，どれ
も有効な婚姻となる。一方，婚姻意思とは，同居したり，性関係を持つ，ある
いは家計を同じくするなど，「社会通念上，夫婦といえるような関係を創設す
る意思」と考えるなら，(イ)や(ウ)のケースは，有効な婚姻といえるだろうか。(イ)
は臨終婚の例であるが，C男はまもなく死を迎え，D女との共同生活を送るこ
とは不可能であろうし，何よりこの婚姻は相続を目的としたものである。ま
た，(ウ)では，E・Fの関係は，社会的に認識される夫婦関係とはいえないと思
われる。
　婚姻意思が何を意味するかをめぐっては，戦前から，実質的意思説と形式的
意思説の対立がある。実質的意思説とは，婚姻意思を，社会通念上，夫婦と認
められるような関係を創設する意思だと理解する説である。他方，形式的意思
説とは，届出意思説ともいわれ，婚姻意思を「届出をする意思」だと考える説
である。この点に関して，1969（昭和44）年10月31日の最高裁判決（民集23巻10
号1894頁）では，以下のようなケースが争われた。いわゆる，子に嫡出性を与
えるためになされた婚姻の事例である。

　　X男は，Y女との間に未婚で子どもAをもうけたが，Aが生まれる頃には
すでに心変わりし，別の女性Bとの婚姻を考えていた。そこでXは，Yに関
係を解消するよう申し出た。YとYの母親は，せめて子どもAを「嫡出子」
にしてやりたいと懇願し，すぐに離婚届を出すという約束の上で，X・Yは
婚姻の届出をした。その後，XはBとの共同生活に入ったが，Yは離婚届を
出さない。そこで，Xは，Yを相手に婚姻無効の訴えを提起した。

　このケースで裁判所は，婚姻意思とは，「当事者間に真に社会観念上夫婦で
あると認められる関係の設定を欲する効果意思」であると判断し，この事案に

資料2-1　同性婚を認める国は34ヶ国
（2023年2月時点，NPO法人EMA
日本による）

> オランダ，ベルギー，スペイン，カナダ，南アフリカ共和国，ノルウェー，スウェーデン，ポルトガル，アイスランド，アルゼンチン，デンマーク，ブラジル，フランス，ウルグアイ，ニュージーランド，イギリス，ルクセンブルク，メキシコ，アメリカ合衆国，アイルランド，コロンビア，フィンランド，マルタ，ドイツ，オーストラリア，オーストリア，台湾，エクアドル，コスタリカ，チリ，スイス，スロヴェニア，キューバ，アンドラ

※このほか，パートナーシップとして同性カップルに登録制度がある国や，同性婚とパートナーシップ制度を併存させる国もある。

ついて，真に夫婦関係の設定を欲する意思はなかったとして，婚姻を無効とした。しかし，「真に社会観念上夫婦であると認められる関係」とは，どのような関係をいうのだろうか。この事例以降，裁判所は，婚姻意思について実質的意思説に立つとされるが，いわゆる臨終婚のケースでは，婚姻を有効であると判断している（最判昭45・4・21判時596号43頁）。また，最近では，婚姻意思をめぐる解釈として，法律によって定められる法律効果に向けた意思と理解する見解が有力である（法的意思説や法律的定型説などと呼ばれる）。法律上設定された婚姻の効果（相続権や年金受給権などを含む）を目的とした婚姻も，その法律効果に向けられた意思が実質的なものである限り有効だと考える説である。

　婚姻についての価値観やライフスタイルが多様化する現代では，夫婦になることの意味は，「社会観念」だけでは捉えられなくなっている。当事者に，法律上の婚姻関係を設定する意思があれば，婚姻意思が存在すると考えるのが妥当ではないだろうか。上記の事例においては，X・Y双方に，子を嫡出子にしたいという婚姻の法的効果を目的とする婚姻意思がある。X・Yの関係が7年と長期に及んでいたことからも，婚姻を有効とする余地もあったように思われる。

②　婚姻障害事由

　民法では婚姻する当事者の性別に関する定めはないが，憲法24条1項の規定により，わが国では婚姻は男女によるものとされる（諸外国では，同性カップルへの法的保護が広がっている）。また，以下の(ア)から(オ)に該当する事由があるとき，婚姻の届出は受理されず，婚姻は成立しない。これらは民法731条以下において，婚姻を「することができない」場合として定められ，まとめて婚姻障害事由と呼ばれる。以下では，その内容について具体的にみてみよう。

(ア)　婚姻適齢

　男女とも，18歳にならなければ婚姻をすることができない（731条）。このよ

うに婚姻ができる最低年齢を定める
理由は，家庭生活を営むためには人
間として一定の成熟が必要だと考え
られたためである。明治民法では婚
姻適齢を男性は満17歳，女性は満15
歳と定めていたが，戦後の民法改正
時にはそれぞれ18歳，16歳に改めら
れた。平成30（2018）年6月，民法
上の成年年齢を20歳から18歳に引き
下げる法改正が成立し，それにとも
ない女性の婚姻適齢は16歳から18歳

資料2-2　各国の婚姻適齢

① 男女に差がある国
　中国では，男22歳・女20歳
② 男女同一の国
　ドイツ，フランス，オランダ，スウェーデ
　ン，デンマークなど多数の国（18歳）
　※イギリス，イタリア，オーストラリア，
　　ニュージーランドでは父母の同意や裁判
　　所を通じて16歳から可
　※韓国では父母の同意があれば18歳から可
　※アメリカは州により異なるが，18歳の州
　　が多い

国立国会図書館調査及び立法考査局「民法の成年年齢・婚姻適齢・養親年齢」（2018年）より作成

に引き上げられ，婚姻適齢は男女ともに18歳に統一された。この改正法は，2022年4月に施行された。

　そもそも，婚姻適齢に男女で2歳の年齢差が設けられたのは，明治民法の立法者が，「女子の成熟の方が早い」という医学者から出された見解に考慮したためと説明される。しかし現代では，この年齢差は性別役割分業観によるものだと批判されてきた。このような婚姻適齢の男女間の差異については，国連女性差別撤廃委員会から女性差別撤廃条約16条に違反するとして，日本政府に対し改善勧告が出されていた。比較法的な視点からも，男女で婚姻適齢に差を設けている国はめずらしい（主要国では，中国（男22歳，女20歳）のみ）。男女平等の観点からも，改正後の18歳での統一が妥当であろう。

　(イ)　重婚の禁止

　すでに婚姻し，配偶者のある者は，重ねて婚姻することはできない（732条）。届出の際には，戸籍事務担当者によって当事者双方の戸籍が確認されるため，基本的には重婚はありえないが，たとえば，(a)配偶者について民法32条で定める失踪宣告が認められた後に再婚をしたが，失踪者の生存が確認され宣告が取り消された場合や，(b)協議離婚後に再婚をしたが，離婚自体が無効とされた場合などが，重婚が問題になるケースとして考えられる。

　(a)について学説では，2つの説が展開される。1つは，民法32条1項後段を適用し，再婚した当事者双方が善意の場合には，失踪宣告取消しの効果はその

婚姻の効力に影響を及ぼさず，つまり前婚は復活しないため重婚は生じないが，再婚当事者の一方もしくは双方が悪意の場合には，前婚が復活し，重婚状態になるという説である。いま1つは，民法32条1項後段は婚姻関係には適用されず，失踪宣告の取消しにより，前婚が復活し重婚となると考える説である。現在の戸籍実務では，後婚の善意を推定するかたちで32条1項後段を適用している。

(ウ)　近親婚の禁止

直系血族および三親等内の傍系血族の間での婚姻は禁止される（734条1項本文・2項）。ここでの血族とは自然血族を指し，734条による婚姻の禁止は優生学上の理由とされる。また，倫理的な理由から，直系姻族間の婚姻，養子や養子の配偶者，養子の直系卑属またはその配偶者と，養親または養親の直系尊属との間の婚姻は禁止されている（735条・736条）。近親婚の禁止は，離婚や離縁あるいは死亡によって近親関係が解消され，姻族関係や縁組関係が終了した後も継続される。

しかし，以下のような事例はどう考えるとよいだろうか。おじと姪の関係にあるX・Yの婚姻届が受理され，その後30年以上が経過した。夫Xが死亡した後，相続の争いから，Xの先妻の子六人が，この婚姻の取消しを請求した（東京高判平3・4・16判時1392号85頁）。妻Yの側では，婚姻の実態が長期間に及んでおり，取消権の行使は権利濫用だと主張したが，裁判所はこの主張を斥け，婚姻の取消しを認めた。しかしながら，現実的な問題として，「おじ・姪」あるいは「おば・甥」のような三親等傍系血族間の婚姻については，婚姻届に添付される戸籍抄本だけでは，戸籍実務において近親婚違反があるかどうか判別しにくい。三親等の傍系血族間での婚姻を禁止していない国もある。また倫理上の近親婚の禁止（735条・736条）については，そもそも親族関係が終了した後にも婚姻を禁止し続ける必要があるのか，検討の余地がある。

(エ)　近年廃止された婚姻障害事由

(a)　再婚禁止期間

女性は，前婚の解消または取消しの日から一定期間，再婚をすることができなかった（733条1項）。この期間を，再婚禁止期間という。女性のみに再婚が禁じられてきたのは，再婚後に出生した子の父が，前婚の夫か，後婚の夫か，

資料 2 - 3　再婚禁止期間を100日としてきた理由

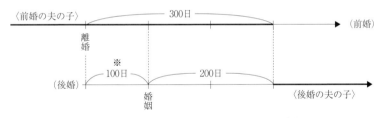

※再婚禁止期間を100日に設定すると，772条による父性推定は重複しないとされたため。

確定することが困難になるためだと説明される。明治民法では，女性の再婚禁止期間を 6 ヶ月としていた。その後，戦後の民法改正でもこの 6 ヶ月の再婚禁止は維持された。しかし，DNA 鑑定などの親子鑑定の技術が発達した時代に，再婚禁止期間は必要だろうか。女性のみに再婚を禁止するのは性差別ではないのだろうか。この問題については長らく廃止案や改正案が主張されてきた。

　2015（平成27）年12月16日，最高裁は民法733条に定める再婚禁止期間について， 6 ヶ月の再婚禁止期間のうち100日を超える部分については，「父性の推定の重複を回避するために必要な期間ということはできない」として憲法違反であると判断した。なお，733条の立法目的については，「父子関係が早期に明確となる」ことの重要性から合理性があると判断している（最大判平27・12・16民集69巻 8 号2427頁）。この決定を受け，2016（平成28）年 6 月に同条は改正され，再婚禁止期間は100日に短縮された（資料 2 - 3 参照）。さらに2022（令和 4 ）年12月，嫡出推定に関する規定の改定とともに廃止されることとなった。この改正法は，2024（令和 6 ）年 4 月に施行される。

（b）　未成年者の婚姻への父母の同意

　未成年者が婚姻をするには，父母の同意が必要とされていた（737条 1 項。2018（平成30）年改正で削除，2022年 4 月 1 日施行）。社会経験の少ない未成年者の婚姻に関する判断を補うために，助言を与える趣旨である。しかし，父母のいない場合や，父母が不当に同意しない場合の救済規定がないなど，問題点が指摘されてきた。また，婚姻年齢に達した者の婚姻は，当事者の意思を尊重すべきとして廃止論も存在した。諸外国では成人年齢と婚姻適齢をあわせている例

資料2-4　婚姻届(京都の例)

資料2-4　婚姻届(京都の例)

が多い。そのため，日本においても，成人年齢を18歳に引き下げる民法改正
(2018（平成30）年）にあわせ，婚姻適齢を男女18歳で統一することにより，未
成年者の婚姻そのものをなくすこととなった。すなわち，改正民法が施行され
た2022年4月以降，民法737条は削除された。

(2)　婚姻の成立様式

　婚姻を成立させる様式は，それぞれの国により異なる。日本では，法律上の
方式により婚姻を成立させる法律婚主義を採用している。また明治民法以来，
届出のみで婚姻を成立させ，届出の内容をそのまま戸籍に反映させる届出婚主
義が採られている。すなわち，日本では，婚姻の儀式の有無は婚姻成立の要件
ではない（届出に加え，儀式を要する方式を「儀式婚主義」という）。現行民法で
は，「婚姻は，戸籍法の定めるところにより届け出ることによって，その効力
を生ずる」と定められる（739条1項）。ここでいう「届け出る」行為は，当事
者双方および成年の証人二人以上から，口頭または署名した書面（＝いわゆる
婚姻届）によってなされる（739条2項）。ただ，戸籍法により，婚姻の届出は，

やむをえない事情がある場合を除き書面で行われることになっており，書面は当事者の本籍地または所在地の市役所などに提出する。届出は，郵送や他人による提出でもかまわない。

　日本の様式に特徴的なのは，当事者への意思確認がないことである。他国の多くは，行政の担当者の面前で，当事者が婚姻の意思を表明する方式を採るが，日本では，戸籍事務担当者は形式的な審査権しかもたず，届出が受理されることによって婚姻が成立する。すなわち，婚姻意思を欠く届出も，必要事項が記載され，法令違反が無ければ受理され，婚姻は成立する。その場合は，婚姻の無効・取消しの問題となる。

3　婚姻の無効および取消し

　婚姻が法律行為である以上，成立の要件を欠く場合もある。しかし，いったん成立した婚姻の効力を否定することは，当事者および第三者に重大な影響を与えてしまう。そこで民法では，婚姻が無効となる場合を限定しており，婚姻の取消しについても，744条から747条までの規定によらなければならない（743条）。

（1）　婚姻の無効
　民法では，婚姻の無効原因として，「人違いその他の事由によって当事者間に婚姻をする意思がないとき」（742条1号），「当事者が婚姻の届出をしないとき」（742条2号）を定めている。婚姻が無効とされた場合には，婚姻に伴う効果ははじめから生じないとされる。婚姻意思をめぐっては前述のような対立があるが，ここでは婚姻意思の存在時期の問題について考えてみよう。

　X男は，Y女と交際中，数年後に婚姻したいと考え，プロポーズとともに自ら記入した婚姻届を手渡していた。その後，X男は，Y女に対して愛情がなくなり，別れを告げたがY女は聞き入れず，婚姻届を返してくれない。このように婚姻届作成後に翻意した場合，どうなるだろうか。婚姻意思は，届出の時に存在していなくてはならない。したがって，このようなケースでも，届出までに自らの意思を撤回すれば，婚姻は成立せず無効である。問題は，翻意してい

るにもかかわらず，無断で婚姻届が提出された場合である。戸籍法の改正により，2008（平成20）年5月以降は，婚姻等の届出時に窓口での本人確認がなされるが，本人が届出書を持参せず確認ができない場合でも届出は受理され，後日，本人に通知される。そのため，紛争になった場合は，婚姻意思がなかったことを立証する必要が出てくる。なお，このような婚姻届が提出されることをあらかじめ防ぐために，不受理申出の制度がある。これは戸籍法上の制度であるが，不受理申出が出されていると，本人が届け出たものであることの確認ができない限り，届出は受理されない（戸籍法27条の2第3項・4項）。不受理申出は，婚姻のほか，離婚，養子縁組，離縁，認知について対象となる。

　それでは，婚姻届に記入したときには婚姻意思があったが，届出が提出された段階では意思能力を失っていたという場合，婚姻はどうなるのだろうか。死期が近いことを悟って，長年，事実上の夫婦関係にあった女性と正式に婚姻しようと婚姻届を書いたが，届書が提出されたときには意思能力を喪失していて，その後死亡したというようなケースである。このようなケースで，死亡した男性の相続人が婚姻の無効を主張したが，最高裁は，届出書受理前に翻意するなど特段の事情のない限り，婚姻届の作成時に婚姻意思を有していて，事実上の夫婦共同生活関係が存続していた場合には，届書が受理されるまでの間に昏睡状態に陥り意識を失ったとしても婚姻は有効に成立すると判断した（最判昭44・4・3民集23巻4号709頁）。

　なお，「1年間だけ婚姻しよう」，「婚姻はするけれど，あなたが社長に昇進しないときには離婚しましょう」というように，婚姻に条件や期限を設けることは公序良俗に反するとされ，その条件や期限については無効となる。

（2）無効な婚姻の追認

　届出のときに婚姻意思がなければ，婚姻は成立しないというのが原則であるが，当事者の一方が，届出時には婚姻意思がなかったものの，そのまま夫婦生活を続けた場合，どうなるだろうか。以下のような例である。妻Yは夫Xと婚姻後，3人の子どもをもうけたが，姑との折り合いが悪く，離婚した。その後，姑が急死し，YはふたたびXと同居するようになった。その後Yは，Xに無断で婚姻の届出をした。Xは，この事実を知りながら何もいわず，共同生活

を続けた。その後 X・Y は不仲になり，後婚の届出から12年後に，X は，婚姻無効を主張して，訴えに及んだ。このようなケースで，最高裁は，「夫婦としての実質的生活関係が存在しており，後に右他方の配偶者が右届出の事実を知ってこれを追認したときは，右婚姻は追認によりその届出の当初に遡って有効となる」と判断した（最判昭47・7・25民集26巻6号1263頁）。この事例においてX は，Y が無断で届出をした半年後にその事実を知っていた。さらに X は，税金の書類上，Y を妻として記載したり，Y が妻として記載されている健康保険証についても異議を述べていなかった。この事案における裁判所の判断は，無効な法律行為の追認を認める民法116条の規定を類推適用し，遡及効を肯定したものである。

(3)　婚姻の取消し

　民法が定めた婚姻障害に該当する場合，すなわち，不適齢婚，重婚，近親婚については取り消すことができる。当事者，また当事者以外にも，公益的見地から親族および検察官は，婚姻の取消しを家庭裁判所に請求できる（744条1項）。なお，重婚の場合には，当事者の配偶者または前配偶者も取消しを請求できる（744条2項）。一方，婚姻適齢に達しない者の婚姻については，婚姻適齢に達した後にはその取消しを請求できない（745条1項）。適齢に達した後3ヶ月間は，不適齢者自身に限り，取消しの請求が認められている（同条2項）。再婚禁止期間内の婚姻についても，前婚の解消もしくは取消しの日から100日が経過した場合，または女性が再婚後に出産したときには，取消しは認められない（746条，2024年4月以降は削除）。詐欺または強迫による婚姻の場合も取り消すことができるが，この場合の取消権者は，詐欺または強迫を受けて婚姻した本人のみとされている（747条）。

　なお，取消しの効果は遡及しない（748条1項）。したがって，将来に向かってのみ，婚姻の効力は失われる。婚姻障害に該当する婚姻とは，何らかの手違いによって婚姻障害事由があるにもかかわらず婚姻届が受理されたような場合であるが，民法は，これらの場合に婚姻を無効とせず取消しの対象としている。婚姻が取り消された場合の財産分与や氏の問題などは，離婚の規定が準用される（749条）。

(4) 財産法上の無効・取消しとの違い

　以上のような婚姻についての無効や取消しは，財産法上の無効や取消しとどのように違うのだろうか。たとえば，ある男女が通謀し，仮装の婚姻届を提出した場合，この婚姻は，民法94条で定める虚偽表示として無効なのか，それとも，民法742条1号による婚姻意思の不存在として無効なのか，どちらであろうか。民法は，婚姻の無効について，742条に定める場合に限定している。したがって婚姻の無効については，財産法上の規定よりも，742条の適用が優先されると解されている。婚姻相手に関する錯誤があった場合も，たとえ婚姻の動機が示されていたとしても（たとえば，交際中の女性が妊娠し，自分の子なら結婚したい，と動機を示していたが，実は別の男性の子どもだった……など），婚姻は無効とならない。婚姻には，解消の手段として離婚があるため，婚姻無効ではなく離婚を争うことになる。

　また，契約の取消しなど，財産法上の取消しは，相手方に対する意思表示で足りるが（123条），婚姻の取消しは裁判所への請求によって実現する。婚姻の取消しは，効果についても財産法上の取消しとは違う。財産法上の取消しの効果は遡及し，はじめにさかのぼって無効となるが（121条），婚姻の取消しは将来に向かってのみその効力を生ずる（748条1項）。

4　婚　約──婚約の法的な意味とは？

> 　A男とB女は大学時代から交際し，婚約に至った。その後，結納を取り交わし，式場や新婚旅行の予約，さらには新居で使う家具を購入するなど，結婚式や新生活の準備を進めていた。ところが，Bは，同時に職場のC男とも交際しており，友人の進言からそれを知ったAは，Bとの婚姻を取りやめたいと考えるようになった。

　このような場合，法律関係はどうなるのだろうか。また，婚姻以前に行われる婚約や結納は，法的にどのような意味をもつのだろうか。

（1）　婚約とは

　婚約とは，将来婚姻しようという約束である。民法には婚約に関する規定は存在せず，婚約には形式的な要件はない。当事者間に，将来婚姻することについての合意があれば，婚約は成立する（最判昭38・9・5民集17巻8号942頁）。婚約指輪を贈ったり結納などの儀式は，婚約成立の要件ではないが，婚約を客観的に証明する事実となる。

　民法で婚姻が禁止されている近親者間の婚約のように，将来的に解消されない障害事由がある場合，婚約は認められない。しかし，婚姻適齢に達していない場合や女性の再婚禁止期間中など，婚姻までに解消されうる障害の場合，当事者間に将来婚姻するという合意があれば婚約は有効である。それでは，「3年後，妻（あるいは夫）と離婚したら結婚しよう」というような婚姻の約束には，効力があるのだろうか。かつて判例は，配偶者がある者との婚約は，一方の離婚を前提とするもので公序良俗に反し無効だと判断していた（大判大9・5・28民録26輯773頁）。しかし今日では，裁判所は，法律婚が事実上の離婚状態にある場合の重婚的内縁について，その保護を認めている。したがって，法律婚が事実上の離婚状態にあるときになされた婚約は，有効と解するのが多数説である。

　また，婚約は契約としての性格を有するものと解されている。ただ，売買契約などとは違い，婚姻の約束は強制履行になじまない。したがって，契約としての法的な効果が全面的に認められるわけではないが，不当な婚約破棄については損害賠償が認められる。判例には，婚約者の地位の侵害として不法行為責任とする構成（最判昭38・9・5民集17巻8号942頁）と，婚約を履行しない債務不履行責任として構成するものがある（最判昭38・12・20民集17巻12号1708頁）。

　なお，当事者にとって，式場や新婚旅行のキャンセル料や新居を借りるための手数料など，実際に婚姻の準備にかかった費用の問題と，婚約を破棄された者の精神的苦痛に対する賠償の問題は別であろう。最近の学説ではこれらを区別し，後者については婚姻の自由を保障する観点から，婚約解消の動機や方法などが公序良俗に反し，著しく不当性を帯びる場合に限り認められるべきだと考えられている。たしかに，交際中には意識しなかったが，婚約後に性格の不一致や価値観の違いに気がつくこともある。婚約は夫婦生活の実体に至る前の

◆コラム2-1　婚姻する当事者の性別

　近年，諸外国においては，婚姻は男女間のものであるという前提を打ち破る動きが活発である。事実婚として，あるいはパートナー関係として，同性カップルを法的に保護する立法や，同性カップルの婚姻を承認する法改正など，その形態はさまざまである。これに対し，日本民法では，婚姻する当事者が男女でなければならないとする定めはない。つまり，性別に関しては，婚姻障害事由として明記されていない。一方で，最高法規である日本国憲法24条には，「婚姻は両性の合意のみに基づいて成立し……」と定められていることから，同性婚の合法化はハードルが高いと考えられてきたが，近年ではさまざまな解釈が存在する。

　日本でも同性のカップルは多数存在し，その中には法律上保護される夫婦関係や内縁関係と同様に，長期間にわたりパートナー関係を継続するカップルもある。現行法の下では，ケガや病気の際の医療行為への同意権をはじめ，死亡後の相続権や遺族年金の受給権など，法律上の夫婦に比べ，同性カップルには認められない権利が多い。同性カップルの中には，法律上の婚姻と同様の効果や保護を求める声も強く，結婚の自由をすべての人に求める同性婚訴訟が，各地で提起されている。今後，わが国でも，この課題について検討が必要だろう。

　なお，2003（平成15）年，性同一性障害者の性別の取扱いの特例に関する法律が成立した。性同一性障害とは，日本において，生物学的性別（sex）と性自認（gender identity）が一致しない障害を示す医学用語である。この法律により，性別変更の要件を満たせば，家庭裁判所の審判を受けた上で，戸籍上の性別を変更することが可能になった。現在では，1万人以上の人が，性別を変更している。性別変更後は，変更後の性での婚姻が可能である。

◆コラム2-2　入籍？　結婚？

　芸能ニュースでは「○日×日に入籍しました」などという表記を目にするが，民法上の婚姻とは，夫婦となる当事者の一方の戸籍に，他方が入ることを意味するのではない。文字通り，民法739条に定められる婚姻の届をすることをいうのである。婚姻をする双方が初婚の場合には，親の戸籍に入っていた男女が，夫婦となり新戸籍を編成することが多い。この新戸籍の筆頭に記載される人は，夫婦の氏を婚姻前から名乗っていた人であり，この人を筆頭者と呼んでいる。

　そもそも，役所で「入籍届をください」といっても，婚姻届が渡されるわけではない。入籍届と婚姻届は別の書式である。入籍届は，現在の戸籍から別の戸籍に入るときに必要な書類で，入籍届が提出される例としては，父母の離婚により，子が父または母と氏を異にするときに，子の氏を父または母と同じ氏に変更する場合などがある。現在のところ，女性が婚姻時に氏を変更する例が多いため，離婚後に母親が婚姻前の氏に戻り新戸籍を編成した場合，母の新戸籍に子を入籍させる手続により，母親と子どもが同じ氏を名乗ることができる。この際には，家庭裁判所の許可が必要である。

　なお，民法では「結婚」ではなく「婚姻」と表記されるが，刑法上では，営利等目的略取および誘拐（刑法225条），人身売買（刑法226条の2）の目的の1つとして，「結婚」という表現がみられる。刑法上の「結婚」については，法律上の婚姻関係だけでなく，内縁関係をも含むと解釈されている。

関係であるため，婚約の解消の正当性は緩やかに判断されるべきであろう。

　なお，第三者が不当に妨害した結果，婚約が解消に至った場合には，その第三者も婚約解消の損害賠償責任を負う。しかし，その場合については，「精神的損害に対する損害賠償義務が発生するのは，その動機や方法等が公序良俗に反し，著しく不当性を帯びている場合に限られる」（東京地判平 5・3・31判タ857号248頁）。

⑵　結納とは

　婚約が調ったしるしとして，結納が交わされることもある。結納は，宮中儀式の「納采の儀」に起源があるとされ，江戸時代後期以降，一般庶民に広がったといわれる。しかし現在では，結納を行うカップルは10％程度になっている（リクルートブライダル総研2021調査）。また，九州地方や中国地方での実施率が高く，儀式の内容や金額，結納品の慣行にも地域差が大きい。

　結納の法的性質については，「他日婚姻ノ成立スヘキコトヲ予想シ授受スル一種ノ贈与」（大判大 6・2・28民録23輯292頁），「婚姻の成立を確証し，あわせて，婚姻が成立した場合に当事者ないし当事者両家間の情誼を厚くする目的で授受される一種の贈与」（最判昭39・9・4民集18巻 7 号1394頁）と判断されている。したがって，この目的が達成できなかった，つまり婚姻が成立しなかった場合，結納を授与した者は不当利得としてその返還を求めることができる。なお，婚姻の届出がなされ，法律婚が成立した場合だけでなく，社会的な意味で婚姻が成立すれば，贈与の目的は達成したと考えられ，結納の返還は認められない（大判昭 3・11・24新聞2938号 9 頁）。また，たとえば，結納を授与した者の責任によって婚約が解消される場合などでは，信義則上，結納金の返還を請求することはできないと判断されている（東京高判昭57・4・27判時1047号84頁）。

設題

1)　以下の婚姻は，可能だろうか。認められないときには，その理由を説明しなさい。

　①　ともに16歳の男女の婚姻

  ② 10日前に離婚した男性の再婚

  ③ 同性カップルの婚姻

  ④ いとこ同士の婚姻

  ⑤ 妻を亡くした男性が妻の連れ子A女とする再婚

2) A男は、「妻と離婚して結婚するつもりだ」と繰り返し告げたため、B女は、それを信じて、Aとの交際を続けてきた。しかし、交際を始めてから5年が経過するが、Aに離婚する様子はない。Bは、Aに対し、どのような法的責任を追及できるか。

3) X男とY女は夫婦別姓を望んでおり、そのため婚姻届は提出せず、結婚式の後、事実婚カップルとして暮らしてきた。ところがYは、同年代の友達らが婚姻していくのをみて、「やはり法律上、婚姻したい」と思うようになった。そこでYは、Xの氏は変わらないのでかまわないだろうと考え、Xの氏を夫婦の氏とする婚姻届を、Xに無断で提出した。これを知ったXは、婚姻無効の主張ができるだろうか。

第3章
内縁関係
——婚姻届を提出できない関係・提出しない関係

導入

　世の中には，さまざまな男女関係が存在する。たとえば，友人関係，恋愛関係，婚姻関係など。これらの中で民法が規定する男女関係は婚姻関係のみである。離婚の際には慰謝料の請求が認められても，恋人にふられたというだけでは，いくら悲しみが深くても慰謝料の請求は認められないだろう。民法は，建て前としては，婚姻外の男女関係に対しては，何の規制もしないが何の保護も与えないのである。

　しかし，現実には夫婦として生活していても，何らかの理由で婚姻届を提出できないカップルや，自分たちの意思で婚姻届を提出しないカップルも存在する。これらのような，婚姻関係との違いが婚姻の届出の有無だけでしかないカップルは，法律上，どのように扱われるのだろうか。

　この章では，夫婦として生活しているにもかかわらず，婚姻届を提出していないために，婚姻関係とは扱われない関係——いわゆる内縁関係について学習しよう。

1　内縁保護の歴史——なぜ，内縁を保護する必要があるのか？

(1)　内縁の意義

　わが国では届出婚主義が採用されており，婚姻届を提出しないと法律上の夫婦とは認められない。しかし，現実には婚姻意思をもって夫婦的共同生活を営んでいるにもかかわらず，婚姻届を提出していないカップルも存在する。このようなカップルの関係を一般に内縁関係（あるいは単に「内縁」）と呼ぶ。

(2)　明治民法（家制度）下における内縁の発生原因

　明治民法（家制度）の下では，男性は30歳，女性は25歳になるまでは父母の

同意なしに婚姻することができず（旧法772条），何歳になっても戸主の同意は
必要であり，同意を得ずに婚姻すれば離籍される可能性があった（旧法750条）。
また，法定推定家督相続人の去家が禁止されていたために（旧法744条），法定
推定家督相続人が他家に入る婚姻をするには，その地位を去らなければならな
かった。このような制約のために婚姻届を提出できず，内縁にとどまらざるを
えない男女がいた。

　さらに，このような民法上の制約と相俟って，一部の地域では，試験婚（足
入れ婚）が慣習として行われていたことも，内縁発生の一因であるといえる。
当時は「家のため」という婚姻観が支配的であり，嫁となる女性には，夫の
「家」の家風に合うことや，夫の「家」の跡継ぎを産むことが求められ，それ
らの目処が立たない限り，挙式後であっても，戸主や父母はその女性を「家」
の嫁として認めず，婚姻届の提出に同意しないことがあった。婚姻届を提出し
なければ，嫁として認めなかった女性を離婚手続によらずに一方的に「離別」
することができ，戸籍も「汚れ」なかったからである。

　これらのような理由で内縁を余儀なくされた男女がいた一方で，婚姻届の提
出についての認識不足や意識の低さから婚姻届を提出しない男女もいた。ま
た，婚姻届の必要性は認識しているものの，何気なく怠慢で提出を怠っている
男女もいた。

⑶　内縁保護理論の展開

前述の試験婚で，跡継ぎを産めなかった女性は，「嫁して3年，子無きは去れ」という大義名分の下，夫の「家」を追い出されることもあった。このようなケースで，大審院は当初，婚姻の予約が無効である（大判明35・3・8民録8輯3巻16頁等）ことを前提に，夫の「家」から追い出された女性が女子としての品格を毀損され，出戻り者・きず者と称されることになっても，内縁の破棄は名誉毀損にもとづく不法行為にはあたらないと判示して，女性からの損害賠償請求を認めなかった（大判明44・3・25民録17輯169頁）。内縁保護理論は，このような内縁の破棄に対する，内縁の妻の救済策として展開した。

一方で，内縁の夫を労務災害などで亡くした女性についても保護の必要性が生じていた。内縁関係にある男性が死亡しても，残された女性は男性の遺族としての補償を受けることができなかったのである。この問題への対応は，特別法が担うことになった（コラム3-2「特別法による保護」参照）。

1915（大正4）年に，大審院は判例を変更して，婚姻の予約を有効な契約と認め，婚姻の予約を不当破棄した者は債務不履行責任を負うと判示した（大連判大4・1・26民録21輯49頁）。さらに，この判決が，婚姻の予約を信じて「相当ナル準備」や「婚姻ノ儀式」をして「事実上夫婦同様ノ生活ヲ開始」することは，「婚姻ノ成立スルニ至ルニ相当ナル径路トシテ普通ニ行ハルル事例ニシテ固ヨリ公序良俗ニ反スルコトナク社会ノ通念ニ於テ正当視」できるとしたことから，いわゆる「婚約」にはじまり有効な婚姻に至る過程にある関係すべてが「婚姻の予約」として保護される可能性が生じた。そして，この判決以後，内縁を有効な婚姻に至る過程——婚姻の予約——と理論構成するアプローチが確立していった。

しかし，内縁を婚姻の予約として保護する理論——婚姻予約不履行の法理——は，不当破棄の救済には有用であったが，実際に生じていた不当破棄以外のさまざまな問題への対応は困難であった。そのような中で，裁判所は，夫婦の事実が存在する場合には内縁配偶者間にも扶養義務があることを認め（大判大11・6・3民集1巻280頁），内縁の妻は内縁の夫と同居するのが当然であるとする（東京控判昭7・3・29新聞3409号17頁）など，当事者の関係の実体を考慮した判断を下すようになっていった。

◆コラム3－2　特別法による保護

　労務災害における遺族補償等の問題について内縁保護の第一歩となったのは，1923（大正12）年の工場法の改正である。当時は，資本主義の発達により工場労務者が増加していたが，工場労務者には内縁関係にとどまる者も多く，その上，労務災害が多発したため，生存内縁配偶者への対応が急務であった。そこで，工場法改正15条が「遺族若ハ本人ノ死亡当時其ノ収入ニ依リ生計ヲ維持シタル者ヲ扶助スヘシ」と規定し，内縁保護の途を開いたのである。現在では，多くの社会保障関係の立法において，内縁の配偶者は，「婚姻の届出をしていないが，事実上婚姻関係と同様の事情にあ」る者として法律上の配偶者と同様の扱いを受けることができる（たとえば，厚生年金保険法3条2項，健康保険法3条7項1号，労働者災害補償保険法16条の2第1項など）。

　一方，学説でも，内縁を婚姻に準ずる関係──準婚──と捉える立場が多数を占めるようになる。

　最高裁判所も，1958（昭和33）年に，「いわゆる内縁は，婚姻の届出を欠くがゆえに，法律上の婚姻ということはできないが，男女が相協力して夫婦としての生活を営む結合であるという点においては，婚姻関係と異るものではなく，これを婚姻に準ずる関係というを妨げない」とし，さらに，「内縁を不当に破棄された者は，相手方に対し婚姻予約の不履行を理由として損害賠償を求めることができる」とともに，「内縁も保護せられるべき生活関係に外ならないのであるから，内縁が正当の理由なく破棄された場合には，故意又は過失により権利が侵害されたものとして，不法行為の責任を肯定することができる」と判示した（最判昭33・4・11民集12巻5号789頁）。この判決では，いわゆる準婚理論によって，不法行為にもとづく損害賠償請求および婚姻費用の分担の規定（760条）の内縁への準用が認められたが，不当破棄については，これまで通り，債務不履行にもとづく損害賠償請求も可能であるとした。債務不履行構成であれば，被告が破棄に至った正当な理由を立証する責任を負うため（415条参照），原告にとっては有利である。

　しかし，現在では，かつてのように内縁を余儀なくされるケースは少なく，むしろ，当事者が自分たちの意思で婚姻届を提出しないケースが増えている。そのため，あらためて内縁保護の必要性が問われている。

2　内縁の成立──内縁と認められるためには？

⑴　婚姻意思と夫婦的共同生活の実体

　内縁と認められるための要件は，一般的には，当事者間に婚姻意思があり，かつ，夫婦的共同生活の実体があることといわれる。ここでいう婚姻意思とは「社会通念上夫婦と認められる関係を形成する意思」を指すが，婚姻届を提出する意思までは要求されない（このことから，社会通念上夫婦の共同生活と認められる事実関係を成立させようとする合意──内縁意思──で足りるとする見解も主張される）。たとえば，婚約，結納，結婚式，結婚披露などの対外的公示行為は全くなく，ずるずるべったりと性関係に入り同棲生活を続け，男性が婚姻届の提出を拒否していた事案で，裁判所は，同棲期間が 7 年近くに及んでいること，女性が男性の保証人になったり，女性が「奥さん」と呼ばれても男性が異議を唱えなかったことから，男性は女性を事実上の妻として遇していたと判断し，両者の関係を内縁と認定した（岐阜家審昭57・9・14家月36巻 4 号78頁）。このように，夫婦的共同生活の実体があれば，明確な婚姻意思がなくても，内縁と認められる場合がある。他方，「同居」はしていないが，婚姻意思を有し，互いにマンションを行き来して頻繁に寝泊まりし，夫婦としての宿泊旅行もしていた事案で，裁判所は，当該男女は精神的にも日常の生活においても相互に協力し合った一種の共同生活形態を形成しており，事実上の夫婦と認められると判断している（大阪地判平 3・8・29家月44巻12号95頁）。法律上の夫婦の生活形態が多様化する現在では，「同居」は必要不可欠な要件とはいえなくなっている。

⑵　婚姻障害事由との関係

　民法は，婚姻障害事由として，婚姻適齢（731条），重婚の禁止（732条），女性の再婚禁止期間（733条，2022（令和 4）年改正で削除，2024年 4 月 1 日施行），近親婚の禁止（734条乃至736条）を規定する。果たして，婚姻障害事由が存在する関係は内縁として保護されるのだろうか。

①　婚姻適齢（不適齢婚），女性の再婚禁止期間

　不適齢婚については，婚姻の予約は婚姻そのものとは全く別の契約であり，

意思能力を有する者が為した以上は有効であるとされている（大判大8・4・23
民録25輯693頁）。また、女性の再婚禁止期間の規定は、再婚の前提である婚姻
の予約を禁止するものではないとされている（大判昭6・11・27新聞3345号15頁）。

　　②　重婚の禁止――重婚的内縁

　重婚的内縁とは、一方において法律上の婚姻関係が継続していながら、他方
において内縁関係が存在する場合をいう。内縁を準婚と捉えると、重婚的内縁
は重婚とほぼ同様の関係であり、一夫一婦制の基本原則に悖（もと）る。このような内
縁関係にも法的保護が与えられるのだろうか。

　かつての判例は、重婚的内縁は公序良俗に反して無効という立場を採り、重
婚的内縁の破棄や女性の貞操蹂躪にもとづく損害賠償請求などを否定していた
（大判大9・5・28民録26輯773頁，大判昭15・7・6民集19巻1142頁等）。

　しかし、一方で、法律上の配偶者と事実上の離婚をして別居している男性と
の事実上の婚姻関係は、人倫に悖り、善良の風俗に反するものとはいえないと
する判例も現れていた（大判昭12・4・8民集16巻418頁）。

　現在では、重婚的内縁は、「現行法秩序の歓迎しないところであるから、こ
れを通常の内縁と全く同様に遇することはできない」が、「これを公序良俗に
反する絶対無効のものとして排斥し去ることは、かえって社会的妥当を欠く場
合もあ」り、「準婚として保護せらるべき側面においては、なお、通常の内縁
に準ずる保護が与えられる」ものと考えられている（東京地判昭43・12・10家月
21巻6号88頁）。この事件で、重婚的内縁の夫を交通事故で失った妻は、加害者
に対して損害賠償を請求していた。裁判所は、法律上の婚姻が、事実上離婚同
様の状態となって婚姻関係が形骸化し、かえって重婚的内縁に実質関係が成立
し、世間的にも夫婦とみなされて相当の年月を経た場合には、単なる性交関係
ないし妾関係とみなすことができない内縁関係が社会的事実として成立してい
ると述べ、一定の事情の下では、重婚的内縁も保護されることを示した。

　死亡退職金や遺族給付などの受給権も、法律上の婚姻が実体を失って形骸化
しているという事情の下では、重婚的内縁の配偶者に認められる場合がある
（なお、法律婚が実体を失っているときには、重婚的内縁の配偶者を受給者として認め
るという方向性は、すでに、内閣法制局意見「国家公務員共済組合法にいう配偶者の意
義について」（大蔵省主計局照会昭和38年9月28日決済）で示されていた）。たとえば、

重婚的内縁の妻に遺族給付が支給されていた事案で，最高裁判所は，農林漁業団体職員共済組合法（昭和39年法律第112号による改正後，昭和46年法律第85号による改正前のもの）24条 1 項に定める配偶者とは，「組合員等との関係において，互いに協力して社会通念上夫婦としての共同生活を現実に営んでいた者」を指し，「戸籍上届出のある配偶者であっても，その婚姻関係が実体を失って形骸化し，かつ，その状態が固定化して近い将来解消される見込のないとき，すなわち，事実上の離婚状態にある場合には，……右遺族給付を受けるべき配偶者に該当しない」として，法律上の妻の受給権を否定している（最判昭58・4・14民集37巻 3 号270頁。なお，最判平17・4・21判時1895号50頁参照）。

　学説の多数も，法律上の婚姻が実体を失って形骸化しているのであれば，重婚的内縁に法的保護を与えても一夫一婦制の婚姻秩序を破壊するものではないと考えている。その一方で，判例のような，法律上の婚姻が形骸化していれば重婚的内縁を保護し，形骸化していなければ（わずかでも，法律上の配偶者と音信や交渉があれば）法律上の婚姻を尊重するという二者択一的な判断には批判があり，たとえば，損害賠償や遺族給付などについては，生活の実質や保護を必要とする度合いに応じて法律上の配偶者と内縁の配偶者とに分配するという見解──配分的保護論──も主張されている。

③　近親婚の制限──近親婚的内縁

　近親婚の制限は，他の婚姻障害事由とは異なり，時間の経過（たとえば，当事者が婚姻適齢に達した場合）や事情の変更（たとえば，重婚的内縁で，婚姻が解消された場合）によって治癒されることがありえない絶対的なものである。このような絶対的に婚姻することができない近親者間の夫婦的共同生活関係──近親婚的内縁──にも法的保護が与えられるのだろうか。

　死亡した被保険者と直系姻族 1 親等の関係にある女性が遺族年金の受給を求めた事案で，最高裁判所は，当該女性を「厚生年金保険法 3 条 2 項の規定にいう『婚姻の届出をしていないが，事実上婚姻関係と同様の事情にある者』には当たらない」として，女性の受給権を否定した（最判昭60・2・14訟務月報31巻 9 号2204頁）。本件の第一審は，「『婚姻の届出をしていないが，事実上婚姻関係と同様の事情にある者』には，内縁関係にある者のすべてが含まれるものではなく，……反倫理的な内縁関係にある者を包含」せず，「法による保険給付は主

として法律上加入強制されている被保険者の掛金及び国庫負担金等をもってまかなわれる公的給付の性質を有するものであり、かかる公的給付を受けるにはそれにふさわしい者のみが給付対象者とさ」れ、「社会一般の倫理観に反するような内縁関係にある者は公的給付を受けるにふさわしい者とは認められない」と判示し（東京地判昭59・1・30行政事件裁判例集35巻1号39頁・訟務月報30巻7号1202頁）、最高裁判所も第一審判決を支持した。

　また、死亡した被保険者の養女が、自分たちの養子縁組は無効または無効と同視すべき事情があるとして、遺族基礎年金および遺族厚生年金の不支給処分の取消しを求めた事案で、裁判所は、当該養子縁組は無効ではなく、「養親子の間の婚姻を禁止すべき公益的要請よりも遺族の生活の安定と福祉の向上に寄与するという国年法等の目的を優先させるべき特段の事情もない」として、養女からの控訴を棄却している（東京高判平27・4・16 LEX/DB インターネット文献番号25447514）。

　これらに対して、死亡した被保険者と傍系血族3親等（叔父と姪）の関係にある女性が遺族年金の受給を求めた事案で、最高裁判所は、わが国では、農業経営者の確保等の要請から親族間の婚姻が少なからず行われていたこと、女性の周囲でも、地域的特性から親族間の婚姻が比較的多く行われており、叔父と姪との間の内縁も散見されたこと、そのような関係が地域社会や親族内において抵抗感なく受け入れられている例も存在したことなどに鑑み、「このような社会的、時代的背景の下に形成された3親等の傍系血族間の内縁関係については、それが形成されるに至った経緯、周囲や地域社会の受け止め方、共同生活期間の長短、子の有無、夫婦生活の安定性等に照らし、反倫理性、反公益性が婚姻法秩序維持等の観点から問題とする必要がない程度に著しく低いと認められる場合には、上記近親者間における婚姻を禁止すべき公益的要請よりも遺族の生活の安定と福祉の向上に寄与するという法の目的を優先させるべき特段の事情があるものというべきであ」り、このような事情が認められる場合には、「その内縁関係が民法により婚姻が禁止される近親者間におけるものであるという一事をもって遺族厚生年金の受給権を否定することは許され」ず、本件の当事者は「法3条2項にいう『婚姻の届出をしていないが、事実上婚姻関係と同様の事情にある者』に該当する」と判示して、女性の受給権を認めた（最判

平19・3・8民集61巻 2 号518頁）。

　このように，近親婚的内縁については，民法上の効果（「3　内縁の効果」参照）は否定されるものの，一定の事情の下では，特別法上の保護が与えられている。

(3)　相対的効果説（相対的有効説）

　相対的効果説とは，内縁の成立について，当該内縁に与えられる効果の如何によって相対的に決定するという考え方である。この学説によると，たとえば，第三者に対して内縁の成立を主張する場合（事故死の場合の損害賠償請求や遺族年金の給付請求など）には，婚姻意思および夫婦的共同生活の実体が「明確に」存在していたことが要求されるが，当事者間の紛争（不当破棄の際の損害賠償請求や財産分与規定の類推適用など）の解決にあたっては，当該要件は緩く解される。また，重婚的内縁や近親婚的内縁に関しては，当事者の関係を存続・維持させるような効果（婚姻費用の分担や同居協力扶助義務など）は，公序良俗に反する関係として認められないが，当該関係が解消される際の効果（不当破棄の際の損害賠償請求や財産分与の類推適用，事故死の場合の損害賠償請求）は事後処理の問題として，また，第三者との間に生じる効果（日常家事債務の連帯責任など）は第三者の信頼を保護するために，それぞれ認められることになる。

3　内縁の効果

　内縁には夫婦としての実体は存在するのであるから，夫婦的共同生活にかかわる効果は婚姻に準じて発生すると解されている。たとえば，同居・協力・扶助義務（752条）（大判大11・6・3民集 1 巻280頁，横浜地判昭47・8・7判タ286号271頁等），婚姻費用分担義務（760条）（最判昭33・4・11民集12巻 5 号789頁等），日常家事債務の連帯責任（761条）（青森地判昭36・9・15下民12巻 9 号2323頁，東京地判昭46・5・31判時643号68頁等），夫婦財産の共有推定（762条 2 項）（東京地判平 4・1・31判タ793号223頁等），財産分与の請求（768条）（広島高判昭38・6・19家月15巻10号130頁等）は，内縁に類推適用される。また，内縁配偶者間には貞操義務があると解されている（大判大 8・5・12民録25輯760頁参照）。なお，夫婦間の契約取消

権（754条）については，制度自体の不合理性から，内縁には類推適用されないとする見解が有力である（高松高判平6・4・19判タ854号261頁参照）。

　他方，婚姻届は提出されていないので，戸籍にかかわる効果は発生しない。夫婦の氏（750条），姻族関係の発生（725条），子の嫡出性（772条・789条），配偶者相続権（890条）などである。加えて，相続との関係では，2018（平成30）年改正で新設された，婚姻期間20年以上の夫婦の特別受益に関する持戻し免除の意思表示の推定（903条4項），配偶者居住権（1028条以下），配偶者短期居住権（1037条以下），特別の寄与（1050条）に関する規定は類推適用されないとされている（ただし，配偶者短期居住権については類推適用可能とする見解もある）。なお，夫婦の氏については，一定の事情の下では，戸籍法107条の「やむを得ない事由」があるとして，氏の変更が認められる場合がある（神戸家審昭44・3・22家月21巻11号156頁では，内縁の夫の氏への変更が認められている）。また，子の嫡出性については，母が内縁中に懐胎した子は内縁の夫の子という事実上の推定を受ける（最判昭29・1・21民集8巻1号87頁）。この場合，認知の訴え（787条）に民法772条が類推適用され，原告は，懐胎当時，子の母（内縁の妻）と被告（内縁の夫）とが内縁関係にあったことを証明すれば足りると解されている。

4　内縁の解消──内縁を解消するには？

(1)　生存中の解消

①　当事者間の合意による解消

　内縁は当事者間の合意によって自由に解消することができる。財産分与や慰謝料などについても当事者間の協議で決定することができ，当事者間で協議が調わないときは，家庭裁判所に調停を申し立てることもできる。

②　一方的な解消

　内縁は一方的な意思表示によっても解消する。内縁はあくまでも事実上の関係であるから，離婚とは異なり解消の原因は問われない。この解消の簡易さが内縁を選択する原因の1つであるともいわれている。

　一方的な解消の場合にも，合意による解消と同様に，財産分与や慰謝料などの請求をすることができる。また，一方的な解消が不当破棄に該当すれば，損

害賠償が認められる。内縁の当事者でなくても，内縁関係に不当な干渉をして
これを破綻させた者は，不法行為者として損害賠償責任を負う（最判昭38・2・
1民集17巻1号160頁）。

(2)　死亡による解消

内縁は当事者の一方の死亡によっても解消する。

①　財産の分配

死亡による解消の際，生存内縁配偶者には相続権が認められるだろうか。戸
籍にもとづく相続人の確定・相続債権者の保護などの観点から，判例はこれを
否定し，通説も同様である。

しかし，生前に内縁を解消すれば財産分与や慰謝料の請求が認められ，内縁
配偶者も一定の財産を確保できるのに対して，死亡による解消では，終生にわ
たって夫婦的共同生活を営んでいても，生存内縁配偶者には相続権が否定さ
れ，何の財産の分配も受けられないというのでは不公平ではないかとの見方も
ある。

そのため，下級裁判所の中には，「財産分与の本質が夫婦共有財産の清算性
を中核とするものと解する限りでは，生前における解消たると死亡による解消
たると彼此区別すべき合理的理由に乏しいこと，財産分与に対応すべき義務
（一身専属性たる性質に基くものを除く）の相続性は認められるべきであること」
などを理由に，死亡による解消の場合にも財産分与規定を類推適用して，生存
内縁配偶者の保護を図ろうとするものがあった（大阪家審昭58・3・23家月36巻6
号51頁等）。

ところが，2000（平成12）年に，最高裁判所は，「内縁の夫婦について，離別
による内縁解消の場合に民法の財産分与の規定を類推適用することは，準婚的
法律関係の保護に適するものとしてその合理性を承認し得るとしても，死亡に
よる内縁解消のときに，相続の開始した遺産につき財産分与の法理による遺産
清算の道を開くことは，相続による財産承継の構造の中に異質の契機を持ち込
むもの」であり，「死亡した内縁配偶者の扶養義務が遺産の負担となってその
相続人に承継されると解する余地もな」く，「生存内縁配偶者が死亡内縁配偶
者の相続人に対して清算的要素及び扶養的要素を含む財産分与請求権を有する

ものと解することはできない」と判示して，財産分与規定の類推適用を否定した（最決平12・3・10民集54巻3号1040頁）。

　この決定に従えば，内縁の夫婦の財産は，一般的な共有財産として扱われ，生存内縁配偶者にはその分割請求が認められるなど，財産法一般の法理で処理されることになる。このような解決に対しては，生存内縁配偶者が専業主婦であった場合には財産の共有が認められにくく適切な清算がなされない，生存内縁配偶者の高齢・病気などを理由とする扶養の必要性が考慮されないなどの批判がある一方で，現在では内縁保護の必要性が低下しているため，法体系を乱してまで財産分与規定を類推適用する必要はないという肯定的な見方もある。

　なお，死亡内縁配偶者に相続人がいない場合には，生存内縁配偶者は「特別の縁故があった者」として相続財産分与の請求をすることができる（958条の2）。

② 居住用家屋の継続使用

(ア)　死亡内縁配偶者所有の家屋の場合

　生存内縁配偶者が死亡内縁配偶者所有の家屋で同居していた場合，当該家屋を継続使用することができるだろうか。

　死亡内縁配偶者に相続人がいない場合は，生存内縁配偶者が相続財産分与を申し立てることで（958条の2，家事事件手続法別表第1の101項），当該家屋の所有権を承継できる場合がある。

　死亡内縁配偶者に相続人や受遺者がいる場合，当該家屋の明渡請求があれば，生存内縁配偶者はそれに応じなければならない。ただし，死亡内縁配偶者の相続人（死亡内縁配偶者の養女）が当該家屋の明渡請求をした事案で，諸般の事情を考慮して，当該請求を権利濫用とした判例がある（最判昭39・10・13民集18巻8号1578頁）。

　なお，内縁の夫婦が共有していた建物について，一方の死亡後，その相続人が，当該建物を単独使用していた生存内縁配偶者に対して，賃料相当額の2分の1を法律上の原因なく利得しているとして不当利得返還請求を申し立てた事案で，最高裁判所は，内縁関係の当事者は「その共有する本件不動産を居住及び共同事業のために共同で使用してきたというのであるから，特段の事情のない限り，右両名の間において，その一方が死亡した後は他方が本件不動産を単

独で使用する旨の合意が成立していたものと推認するのが相当である」と判示している（最判平10・2・26民集52巻1号255頁）。

(イ)　死亡内縁配偶者の借家の場合

死亡内縁配偶者の借家で同居していた場合はどうだろうか。

賃借人であった死亡内縁配偶者に相続人がいない場合は，生存内縁配偶者は賃借人の権利義務を承継し（借地借家法36条1項），当該借家を継続使用することができる。この場合，賃料は生存内縁配偶者の負担となる（同条2項）。

死亡内縁配偶者に相続人がいる場合は，生存内縁配偶者は，相続人が承継した賃借権を援用するという理論により，当該借家に対する居住権を主張することができる（最判昭42・2・21民集21巻1号155頁等）。この場合，賃料は相続人の負担となる。しかし，それでは，現実に居住している生存内縁配偶者に賃料の支払義務がないのは不当ともいえ，また，相続人の賃料不払いによる契約解除など，かえって生存内縁配偶者に不利な状況が生じる可能性も高い。そのため，賃貸人に対する関係では，生存内縁配偶者は賃借人としての権利義務すべてを負担すると解すべきとの見解もある。

③　不法行為にもとづく損害賠償請求

内縁の夫婦の一方が交通事故などで死亡した場合，生存内縁配偶者は，扶養利益の喪失あるいは扶養請求権の侵害を理由に，加害者に対して損害賠償を請求することができる（709条）（大阪地判昭54・2・15交通事故民事裁判例集12巻1号231頁，札幌地判昭54・7・20交通事故民事裁判例集12巻4号1057頁等）。また，生存内縁配偶者には，民法711条に規定される配偶者に準じる者として慰謝料請求権も認められる（東京地判昭36・4・25下民12巻4号866頁・家月13巻8号96頁等）。

5　婚姻外関係に対する法的保護のあり方
──保護されるのは内縁のみなのか？

(1)　保護の必要性

婚姻外の関係であっても，内縁と認められれば，婚姻予約不履行の法理や準婚理論によって一定の保護を受けることができる。

しかし，現在，内縁保護理論──とくに準婚理論に対する批判も強い。かつ

ての内縁は，民法上の制約や「家」的婚姻観のために余儀なくなされたもの，あるいは，婚姻届の提出に対する認識不足などから生じたものが多かった。これに対して，現在では，民法上の制約も少なく，婚姻観も変化しており，また，婚姻の成立に婚姻届の提出が必要であることを知らない者はほとんどいない。もちろん，夫婦同氏の原則（750条）や姻族関係の発生（725条）などの婚姻から生じる効果を嫌って婚姻届を提出しない場合もあるだろうが，これらも含めて，現在の内縁は，当事者自身の主体的意思（選択）によるものが多くなっている。準婚理論に批判的な見解は，この点を捉え，当事者が婚姻届を提出しないのは婚姻を望んでいないからであるとみて，そのような当事者の関係を婚姻に準ずる関係として保護することに疑問を呈するのである。

　一方で，内縁保護理論は，婚姻届を提出したくてもできないカップルや，婚姻届を提出しなくても自分たちの関係を事実上の婚姻と捉え，婚姻から生じる効果の享受を望むカップルの保護にとっては，現在でも有用であるといえる。準婚理論に批判的な見解の多くも，この有用性については認めている。

(2)　保護の射程

　婚姻予約不履行の法理は有効な婚姻に至る過程を，準婚理論は婚姻に準ずる関係を保護する理論であり，どちらの理論も，内縁の成立については，当事者が（少なくとも将来的には）婚姻可能な関係にあることを前提としている。したがって，特別法上の保護はありうるとしても，近親婚的内縁や同性のカップルの共同生活関係は保護の対象外である。また，安定的で継続的な共同生活を営む男女のカップルであっても，婚姻意思（あるいは内縁意思）を全く有していなければ，対象外となる。さらに，最高裁判所は，約16年間にわたり，「特別の他人」として，共同生活はなく生計も別々で共有する財産もなかったものの，互いの家を行き来し，仕事や旅行をともにし，二人の子をもうけたＹ男・Ｘ女について，Ｙ男が別の女性と婚姻をして，Ｘ女に対して突然に「パートナーシップ関係」の解消を通告したことから，Ｘ女が，Ｙ男に対して，損害賠償を請求した事案で，Ｙ男とＸ女の関係については，「婚姻及びこれに準ずるものと同様の存続の保障を認める余地がないことはもとより，上記関係の存続に関し，Ｙ男がＸ女に対して何らかの法的な義務を負うものと解することはでき

◆コラム3-3　同性のカップルに対する法的保護

　現在，同性婚は30ヶ国以上で認容されている。また，同性婚は認容しないものの，登録制度を設けることで，同性のカップルに婚姻同様のあるいは婚姻に準じる保護を与える国もある。わが国でも，2015（平成27）年に渋谷区が，性的少数者の人権を尊重する社会の形成を推進する一環として，「渋谷区男女平等及び多様性を尊重する社会を推進する条例」にもとづき，パートナーシップ証明書の交付を開始した。ここでいうパートナーとは，「男女の婚姻関係と異ならない程度の実質を備えた，戸籍上の性別が同じ二者間の社会生活における関係」を指す。同性婚を認めたわけでも，同性のカップルに婚姻に準じた法的保護を与えることを認めたわけでもないが，これまではアカの他人として扱われてきた同性のカップルの関係に一定の公的な承認を与える日本で初めての制度として注目を集めている。なお，近年では，多くの自治体でパートナーシップ制度やファミリーシップ制度が導入されおり，その人口カバー率は70％近くに及んでいる。

ず，X女が上記関係の存続に関する法的な権利ないし利益を有するものとはいえない。そうすると，Y男が長年続いたX女との上記関係を前記のような方法で突然かつ一方的に解消し，他の女性と婚姻するに至ったことについてX女が不満を抱くことは理解し得ないではないが，Y男の上記行為をもって，慰謝料請求権の発生を肯認し得る不法行為と評価することはできない」と判示して，X女からの請求を認容した原判決を破棄した（最判平16・11・18裁時1376号3頁，判時1881号83頁）。この事件にみられるような関係（パートナー関係あるいは自由結合などと称される）も保護の対象外である。

　ところが，近年，同性のカップルを「男女が相協力して夫婦としての生活を営む結合としての婚姻に準ずる関係」と捉える裁判例が登場した（東京高判令2・3・4判時2473号47頁）。その一方で，同性のパートナーが犯罪被害者等給付金の支給等による犯罪被害者等の支援に関する法律5条1項1号にいう「婚姻の届出をしていないが，事実上婚姻関係と同様の事情にあった者」に該当するか否かが争われた事案で，裁判所は，同条は「婚姻の届出ができる関係であることが前提となっている」と述べ，重婚や近親婚は政策的に禁止されているが，これらの内縁は特段の事情が認められる場合には法律婚に準ずるものとして保護される余地があるものの，同性のカップルの共同生活関係は「婚姻制度の対象外」であるから，重婚的内縁や近親婚的内縁とは局面が異なると判示して，同性のパートナーに対する遺族給付金の支給を認めていない（名古屋高判令4・8・26判タ1506号48頁）。

(3) 近年の保護理論の展開

　近年，婚姻外関係の保護について，婚姻あるいは事実上の婚姻を必ずしも前提としない理論が提唱されている。たとえば，婚姻外関係については，当事者の合意・契約にもとづいた解決を図るべきであるとする見解，婚姻外関係の多様性に応じて多元的な解決を図るという見解，ライフ・スタイルの自己決定権にもとづき婚姻外関係を保護するという見解などである。ライフ・スタイルの自己決定権にもとづく見解は，婚姻を選択するのも婚姻外関係を選択するのも自由であり，当事者が婚姻外関係を選択したことによって何らかの不利益を被るのであれば，それは自己決定権を保障したことにはならず，安定的で継続的な共同生活関係が存在していれば，内縁関係と同様の法的な生活保障をする必要があるという。これらの見解は，パートナー関係や自由結合をも視野に入れ，当事者の関係の実体に即した解決を図ろうとするものであり，多様な婚姻外関係に対する法的保護の可能性を示すものといえよう。

設題

1) AとBは婚姻をしてC・Dをもうけたが，不和が生じて離婚をした。その後，Aは，Eと婚姻の約束をして内縁関係に入り，Fをもうけたが，飲酒運転をしたGの自動車にはねられて死亡した。A・E・Fは，A所有の家屋で同居していた。この場合の，E・Fの当該家屋に対する居住権，および，死亡事故の加害者Gに対する損害賠償請求権について論じなさい。

2) Aには法律上の配偶者Bがいるが，現在，Cと内縁関係にある。A・Bの婚姻関係はすでに破綻しているものの，AはBに毎月10万円を送付している。Aが死亡した場合，Aの遺産や遺族年金などは，誰に帰属するのだろうか。

3) A・Bは，10年以上にわたって生活を共にして，恋人以上の関係を築いてきた。この二人が関係を解消する際に，財産分与や慰謝料の規定は類推適用されるだろうか。A・Bは，同性（男同士あるいは女同士）である。

4) A男・B女は内縁関係にあり，二人の子である未成年者Cと同居している。A・Bによる共同親権は認められるだろうか（第8章参照）。

第4章
夫婦の法律関係——婚姻によって生じる権利義務とは

導　入

　法律上夫婦である，ということはどういうことだろうか？　法律上の夫婦であれば当然にしなければならないこと，あるいは，当然に認められることがあるのだろうか。結婚式では，「健やかなるときも病めるときも，助け合わなければならない」とか，「夫婦円満の秘訣はお互いに○○すること」等といった，アドバイスをもらったりすることがある。これらは，社会が一般的に夫婦に期待している行動規範の表れとみることができるが，それでは，法律上は，婚姻が成立したら，配偶者として，どのような権利義務関係が生じるのだろうか。

　民法は，親族編の婚姻の章の第2節「婚姻の効力」および第3節「夫婦財産制」において，夫婦間の権利義務を規定している。具体的にどのように定められているのか，この章でみていこう。また，それ以外に，婚姻による親族関係の発生（第1章），子の嫡出推定（第6章），配偶者相続権（第11章）も，婚姻の重要な効果と考えられている。それぞれの章を参照されたい。

1　婚姻の一般的効果——婚姻届を出すことで何が変わるの？

(1)　夫婦の氏

　前章で学んだように，一定の要件を充たし，婚姻届を提出することによって婚姻が成立する。それでは，婚姻届を出すことで，そのカップルの生活にどのような変化が訪れるのだろうか？　婚姻届には，婚姻後の夫婦の氏としてどちらの氏を使用するか，チェックを入れる欄が設けてある。民法上も，妻と夫はどちらかの氏を夫婦の氏と定め，その氏を名乗ることが規定されている（民750条）。これを夫婦同氏の原則という。双方の話合いによる選択が予定されているが，現実には，大半の夫婦が夫の氏を選択しており，これは当事者の協議

によって自由に決定されたと考えてよいのか，社会的慣習により事実上選択の余地なく決められているのではないか，などといった議論が行われている（この点については，夫婦別姓に関するコラム4-1「別姓？　同姓？　あなたはどちらを選ぶ？」を参照）。

　死亡によって婚姻関係が解消された場合は，生存配偶者は，婚姻前の氏に復することができる（751条1項）。「できる」という文言からわかるように，相手方配偶者の死亡によって当然に婚姻前の氏に戻るわけではなく，生存配偶者の意思によって選択できる制度となっている。離婚による婚姻関係の解消の場合は，婚姻によって自己の氏を改めた者は，婚姻前の氏に復する（767条1項）。このとき，婚姻解消により当然に婚姻前の氏に戻ることになるが，ただし，離婚後3ヶ月以内に所定の手続を行えば，離婚の際に称していた氏を続けて名乗ることができる（767条2項）。

　民法750条の憲法13条等違反を主張し，選択的夫婦別姓を認める法改正がなされないのは立法不作為であるとする国家賠償請求訴訟が提起された事案では，2015（平成27）年に最高裁によって民法750条は合憲という判断が下された（最大判平27・12・16民集69巻8号2586頁）。その後，夫婦とも婚姻前の氏を称することを記載して提出した婚姻届が受理されなかったため不服申立てがなされた事案では，憲法24条違反が問われたが，2021（令和3）年最高裁大法廷において引き続き合憲との判断が出た（最大決令3・6・23判時2501号3頁）。憲法24条違反を理由として提起された国賠訴訟については，2022（令和4）年最高裁が合憲と判断している（最大決令4・3・22裁判所ウェブサイト）。

(2)　同居・協力・扶助義務

　法律上の夫婦になると，「同居し，互いに協力し扶助しなければならない」義務が生じる（752条）。結婚したら，ともに暮らし協力して家庭を築いていくのは当たり前，という意識は社会に広く浸透しているように思われるが，他方，いわゆる単身赴任や夫婦それぞれの仕事の都合による別居結婚など，現実の夫婦の居住形態は一様ではなく，また協力の程度もさまざまである。752条の規定は，現実の夫婦生活のあり方をどのように規制しようとしているのだろうか。

①　同居義務

　まず同居義務からみていこう。どこに住むかは夫婦が協議のうえで決めるべきことであるが，協議が整わないか，夫婦の一方が正当な理由なく同居しない場合，他方は，同居の審判を請求することができる（家事事件手続法別表第2の1項）。上記のような仕事上の理由による場合の他にも，障害や病気療養による入院，子の教育上必要である場合のように，一時的な別居がやむをえない場合には，同居の請求は認められない。

　それでは，相当な理由があるとして夫婦の同居を命じる審判があった場合，同居を強制することができるのだろうか。この点，同居は，その性質上，直接強制にも間接強制にもなじまないとして，強制履行は許されないとされている。そのため，同居を命じる審判が相当であるためには，「同居を拒んでいる者が翻意して同居に応じる可能性が僅かでもあると認められることが必要であ

ると解すべき」であり，夫婦の一方に同居を拒否する意思が強固で同居に応じる可能性がない場合，同居請求が却下されている（札幌家審平10・11・18家月51巻5号57頁）。また，夫婦共同生活の前提となる夫婦間の愛情と信頼関係の回復が期待できず，かえって同居を再開することによって「互いの人格を傷つけ又は個人の尊厳を損なうような結果を招来する可能性が高い」ため，同居を命じることは相当ではないと判示した例もある（大阪高決平21・8・13家月62巻1号97頁）。なお，同居義務違反があれば，相手方は扶助義務を減免され（後述扶助義務参照），また，裁判上の離婚原因中「悪意の遺棄」（770条1項2号）に該当すると主張することもできる（第5章参照）。

② 協力義務

協力義務は，婚姻共同生活を営むための相互的援助のうち経済的なもの以外を指し，たとえば日常生活の維持，子どもの養育，家族の療養看護等，当事者の事情に応じて広範な援助の態様が対象となる。

③ 扶助義務

扶助義務は，婚姻共同生活を営むための相互的援助のうち経済的なものを指す。扶助義務は，夫婦が同居し一体的な共同生活を営むことを前提に，一方が要扶養状態に陥ったときには，他方は，相手方の生活を自己の生活と同程度まで保持する義務（生活保持義務）がある（第9章参照）。このように，扶助義務は，同居・協力義務と一体化したものであるため，相手方配偶者が同居・協力義務を怠っているときは，扶助義務の程度も軽減される。扶助義務の具体的な問題は，婚姻費用の分担（760条）というかたちで処理されることになる（後述参照）。

(3) 夫婦間の契約取消権

民法754条は，夫婦間で交わした契約は，婚姻中いつでも取り消すことができるが，第三者の権利を害することはできないとしている。なぜ，夫婦間であれば契約をいつでも取り消すことができるのだろうか。これは，夫婦間の契約について契約法上の一般原則とは異なる取扱いを表明したものであるが，批判は強く，民法の一部を改正する法律案要綱でも削除の対象となっている。そもそも立法趣旨としては，夫婦間の契約は，威圧や溺愛，気まぐれ等によるもの

が多く，真意の確保が困難であること，その履行について法的に介入することは家庭の平穏を害する，などにあったといわれている。しかし，近年指摘されているように，「法は家庭に入らず」という司法の姿勢が，家庭内の強者による権利濫用を許し，家族間紛争に適切な解決を与えることを怠ってきた。判例も，754条にいう「婚姻中」とは，形式的のみならず実質的にも婚姻関係が継続していることを指すとし，婚姻が破綻している場合には，本条の適用を排除している（最判昭42・2・2民集21巻1号88頁）。夫婦関係が良好であれば，協議により適切な解決が可能であり，本条により裁判所に訴える必要はなく，夫婦関係が悪化している場合はかえって不当な結果を招きかねない。学説においても削除論が主張されている。

2　貞操義務——不倫をした場合の法的責任は？

(1)　貞操義務とは何か

　浮気は配偶者の信頼を裏切る行為であり，決して推奨されるものではないというのが，一般的な社会通念であると思われるが，法的にも，婚姻の一般的効果の1つとして，貞操義務が挙げられている。しかし，民法に規定があるわけではない。貞操義務は，直接的には，婚姻の本質から生まれる当然の義務であるとされ，また間接的には，裁判上の離婚原因の中に「配偶者に不貞な行為があったとき」（770条1項1号）と定められていることによると解されている。貞操義務の内実やその性質については必ずしも明らかではないが，離婚原因における「不貞行為」については（第5章参照），判例は「配偶者ある者が，自由な意思にもとづいて，配偶者以外の者と性的関係を結ぶこと」としている（最判昭48・11・15民集27巻10号1323頁）。

(2)　貞操義務に違反したら

　配偶者に貞操義務違反があったとき，他方配偶者はどのような法的手段をとることができるだろうか。他方配偶者は離婚の訴えを提起することができる（770条1項1号）ほか，自らが被った精神的損害につき，違反配偶者に対して，慰謝料を請求することができると考えられている（福岡地判昭31・2・28下民7巻

2号484頁，長崎家審昭34・6・18家月11巻8号128頁）。

　また，不貞行為の相手方に対しても責任を追及することができる。判例は，不貞行為の相手方の不法行為責任を認めており，「夫婦の一方の配偶者と肉体関係を持った第三者は，故意又は過失がある限り，右配偶者を誘惑するなどして肉体関係を持つに至らせたかどうか，両名の関係が自然の愛情によって生じたかどうかにかかわらず，他方の配偶者の夫又は妻としての権利を侵害し，その行為は違法性を帯び，右他方の配偶者の被った精神上の苦痛を慰藉すべき義務がある」としている（最判昭54・3・30民集33巻2号303頁）。

　これに対し，学説から賛否両論が寄せられたが，とくに不貞行為の相手方の不法行為責任につき，何の制約もなくその成立を認めた点が問題になり，それにこたえるかたちで，後に最高裁は，婚姻関係の実質的な状況を踏まえて判断することを示した。すなわち，「甲の配偶者乙と第三者丙が肉体関係を持った場合において，甲と乙との婚姻関係がその当時既に破綻していたときは，特段の事情のない限り，丙は，甲に対して不法行為責任を負わないものと解するのが相当」であり，なぜなら「丙が乙と肉体関係を持つことが甲に対する不法行為となるのは，それが甲の婚姻共同生活の平和の維持という権利又は法的保護に値する利益を侵害する行為ということができるからであって，甲と乙との婚姻関係が既に破綻していた場合には，原則として，甲にこのような権利又は法的保護に値する利益があるとはいえないからである」と判示している（最判平8・3・26民集50巻4号993頁）。

(3)　不貞行為の相手方の責任

　不貞行為の相手方の損害賠償責任が一般的に認められていることに対して，学説上さまざまな議論が展開されている。不貞行為の問題は，あくまで夫婦の間の問題として扱うべきであり，第三者である不倫の相手方の不法行為責任を認めるべきではないとするもの，第三者が詐欺や暴力により配偶者に性行為を強いた場合や，前掲最判平8・3・26の論理にもとづき，第三者と配偶者との合意による不貞行為であっても，婚姻共同生活の平和を破壊した場合に限って，不法行為を構成するとするもの，等がある。

◆コラム4-2　貞操義務と性的自己決定権

　貞操義務は，配偶者以外の第三者と性関係を持たないという，民法上観念された不作為
義務である。一方，性に関する事柄は，個人の人格の中核的要素であり自己決定の対象で
あるとして，性的自己決定権という概念が刑法上性犯罪の保護法益として提唱されてき
た。では貞操義務と性的自己決定権はどういう関係にあるのだろうか。婚姻により夫婦が
相互に第三者と性関係を持たない義務を負うということは，自らの性的自己決定権がその
限度において制限されるということになる。それが嫌だという場合は，貞操義務は婚姻の
効力であるから，婚姻しないという選択をするしかなくなる。

　それでは，第三者との性関係ではなく，夫婦相互の関係において性的自己決定権はどの
ように扱われているのだろうか。配偶者からの性交渉の求めを拒否し続けることは，場合
によっては離婚事由となりうるが（福岡高判平5・3・18判タ827号270頁など。ただし，
いずれも，配偶者が性交渉を拒むだけでなく，夫婦生活全般において相互理解に欠けるた
め婚姻破綻に至ったケースである），民法上は，婚姻中夫婦が相手から性交を求められた
時に応じる義務があるとまで観念されていない。ところが刑法上の強制性交等罪が夫婦間
においても成立するか否かをめぐっては議論があり，過去には婚姻破綻の場合でなければ
夫婦間において強姦罪（当時の罪名）は成立しないという裁判例もみられた（広島高判昭
62・6・18高刑40巻1号71頁）。その後夫婦間でも強制性交等罪が成立すると考えるのが学
説や実務においても一般的であるとされながらも（裁判例として東京高判平19・9・26判
タ1268号345頁），実際の運用では認められたケースは極めて少ないとして長年法改正が求
められてきた。2017（平成29）年の刑法改正時に実現されなかったが，さらなる性犯罪規
定改正の検討を行ってきた法制審議会刑事法（性犯罪関係）部会は，2023（令和5）年発
表の要綱（骨子）案の中に「配偶者間において強制性交等罪などが成立することの明確
化」を盛り込み，第211国会で可決成立した。

　これで夫婦相互間の性的自己決定権の問題はある程度解決したといえるが，第三者との
関係に話を戻そう。ポリアモリーなど性関係の持ち方も実は多様であることを考えると，
貞操義務の将来はどうあるべきか，あなたも考えてみてほしい。

　また，不倫をした配偶者その者ではなく，その相手方の責任追及が問題とさ
れがちな傾向について，不貞行為をした配偶者の自由意思を無視し，人格権を
否定するものだという批判，あるいは，貞操義務とはいうものの，相互の義務
ではなく，相手の性関係を独占する権利としての「貞操権」という発想であ
り，そこでは不貞行為をした配偶者は義務を負う主体ではなく，財産のように
権利の客体としてしか扱われていないのではないか，という批判がある（コラ
ム4-2「貞操義務と性的自己決定権」参照）。さらに，「婚姻共同生活の平和の維
持」が必ずしも不貞行為の有無に直結するものではないことから，上記の事例
とは異なり，性関係はないが第三者と親密な関係になった結果，婚姻共同生活
の平和が破壊された場合にも，不法行為が成立する可能性が指摘されている。

なお，前掲1979（昭和54）年3月30日の最高裁判例は，未成年の子からも父の不貞行為の相手方に対して慰謝料請求が行われた事例である。この点につき最高裁は，「父親がその未成年の子に対し愛情を注ぎ，監護，教育を行うことは，他の女性と同棲するかどうかにかかわりなく，父親自らの意思によって行うことができる」として，「他の女性との同棲の結果，未成年の子が事実上父親の愛情，監護，教育を受けることができず，そのため不利益を被ったとしても」，「その女性が害意をもって父親の子に対する監護等を積極的に阻止するなど特段の事情のない限り」，当該女性の行為は未成年の子に対して不法行為を構成しないと判示した。

3　夫婦の財産関係——結婚したら私のものは二人のもの？

(1)　夫婦財産制

　婚姻後，夫婦の財産関係はどのようになるのだろうか。その問題を規律するのが，夫婦財産制である。夫婦が共同生活を営むにあたっては，費用の分担や，お互いの財産・収入の帰属や管理をどのように考えればよいのか，という問題が出てくる。その際に，夫婦間でも内輪の取決めや約束事をするだろうが，それとは異なり，第三者に対しても効力を生じるような法的なルールを定めたものが，民法755条から762条までの規定である。まず，民法は，夫婦は契約によって自由に財産関係を定めることができるとした（夫婦財産契約）。次に，そのような契約が締結されない場合のために，法定の夫婦財産制度が用意されている。現実には，夫婦財産契約の利用はめったになく，ほとんどの夫婦が法定財産制に従っている。

(2)　夫婦財産契約

　夫婦は，その財産について自由に契約をすることができる。契約締結の時期は，婚姻前でなければならない（755条）。夫婦財産契約の内容は，契約自由の原則から自由に決めることができる。しかし，個人の尊厳や両性の平等などの家族法の理念，公序良俗や強行法規に反する内容の取決めをすることはできない。また，夫婦財産契約は，婚姻の届出までに登記をしなければ，夫婦の承継

人および第三者に対抗することができない（756条）。さらに，婚姻の届出後には，管理者の変更などの場合（759条）をのぞき，契約内容を変更することはできない（758条）。前述のように，夫婦財産契約がほとんど利用されてこなかったのは，このように，形式が厳格であること，内容が自由であるために逆にイメージがわかず，契約締結を考える動機づけに欠けること等が理由であると考えられている。廃止論も主張されているが，近時は，契約しやすい制度に改める方向での法改正を求める議論も行われている。

(3)　法定財産制

夫婦が，婚姻前に夫婦財産契約を締結しなければ，法定財産制に服することになる（755条）。法定財産制は，婚姻費用の分担に関する規定（760条），日常家事債務における夫婦の連帯責任に関する規定（761条），夫婦間における財産の帰属に関する規定（762条）からなる。前二者については節をあらためて述べることにし，ここでは，夫婦の財産の帰属についてみてみよう。

①　夫婦の財産の帰属

民法762条は，夫婦の一方が，婚姻前から所有していた財産や，婚姻中自己の名で得た財産については，その者の特有財産とすると規定している（1項）。特有財産であるということは，その者が単独で所有権を有するということである。さらに，夫婦のいずれに属するか明らかでない財産については，これを夫婦の共有財産と推定する規定をおいている（2項）。つまり，各自が婚姻前から持っていた財産，婚姻中に贈与や相続によって得た財産や自己の財産からの収益，自己の収入などは，その者個人の財産となる（別産制）。夫婦どちらに帰属するか分からない財産については共有と推定されることになる（共有制）。特有財産の管理についてはとくに規定がなく，各自が自己の財産を管理することが前提とされている。また，所有名義が一方配偶者であっても，その財産の購入にあたっては他方配偶者が単独で対価を負担していた場合，その財産は対価を負担した配偶者の特有財産となる（最判昭34・7・14民集13巻7号1023頁）。この場合，第三者との関係では，虚偽表示にあたるとされている。

②　妻の財産権の保護

このような制度の下で問題とされてきたのは，収入がなく，家事・育児を一

　家事労働は，かつて経済的評価の対象とされてこなかったが，戦後，夫婦の財産の帰属をめぐる議論において，法的に評価し財産関係に反映させようとする議論が展開されてきた。家事労働は，報酬が支払われない労働という意味で，「アンペイドワーク」とも呼ばれている。外で働く場合賃金が得られるが，家庭内の労働が無報酬であること自体は，男女の役割が逆であっても同じことであり，その意味ではジェンダー・ニュートラルである。しかし，家事労働の担い手がほとんどの場合女性であるため，男女の間に明らかな経済的格差が生じている。とくに，財産分与において女性の家事労働が評価されなければ，女性の再就職が困難である社会状況下での離婚後の女性の生活は経済的に極めて厳しいものにならざるをえない。したがって家事労働を法的に評価しようという考え方は，女性にとって有利であることはいうまでもない。しかし，家事・育児の対価を具体的にどう算定するかは困難な問題であるという指摘と，家事労働を評価することによって，女性は家で家事育児をし，男性が外で働いて収入を得るという性別役割分担を固定化することにつながるのではないかという懸念が表明されている。女性がなぜ経済力のない専業主婦という生き方を選ぶのか。その1つの要因として，長時間労働という，性別役割分担の上に立った日本社会の働き方の問題がある。男性と同等に働こうと思えば，女性たちもまた自分以外の家事労働の担い手を必要とする。欧米では，第三世界の女性たちがその役割を担っており，性別役割分担が国際問題につながっている。家事労働がアンペイドであること自体が，問題の核心ではないということを，読者も考えてみてほしい。

手に引き受けている配偶者が不利になるということである。多くの場合，家事労働の担い手は妻であるが，別産制によれば，夫の収入や夫が自己の収入で購入した財産は夫のものとなり，婚姻生活の共同における妻の家事労働というかたちでの貢献は，財産の帰属にはなんら反映されないことになってしまう。これは，専業主婦に限った問題ではない。妻が仕事をもっている場合でも家事を分担する夫が日本ではまだ少なく，家事・育児の負担は妻にかかってくるため，妻は家事労働と仕事との両立を実現させるべく，外での働き方を制限せざるをえない。その結果として，男性と同等の収入を得ることは困難となる。このような夫婦の状況を鑑みるとき，別産制の形式的適用によっては財産関係における夫婦の実質的平等が達成されないことになる。

　最高裁は，民法762条1項の規定について，「夫と妻の双方に平等に適用されるものであるばかりでなく」「配偶者の一方の財産取得に対しては他方が常に協力，寄与するものであるとしても，民法には，別に財産分与請求権，相続権ないし扶養請求権等の権利が規定されており，右夫婦相互の協力，寄与に対しては，これらの権利を行使することにより，結局において夫婦間に実質上の不

資料4-1　夫婦財産契約の例

当事者
夫となる者
　　住所
　　氏名　　○山△男

妻となる者
　　住所
　　氏名　　□川▽子

　本件夫婦財産契約（以下，本契約という。）は，婚姻当事者である○山△男と□川▽子が，平成○年○月○日に婚姻の届出をなすに先立って，十分な話し合いと熟慮の末，平成○年□月□日に締結されたものである。

夫婦財産契約

第一条　次に掲げる財産は，婚姻後も，各自の特有財産とし，その使用収益は各自が行う。

○山△男の財産
　　　所在　　○○県△△市××町5丁目
　　　地番
　　　地目
　　　地積

□川▽子の財産
　　　所在　　○○県□□市×○町2丁目
　　　地番
　　　地目
　　　地積

第二条　夫の婚姻前の債務について妻は一切責任を負わず，妻の婚姻前の債務について夫は一切責任を負わない。

第三条　夫婦が婚姻中に新たに得た財産は，その名義に関わらず，夫婦の共有とする。

　本契約の存在を証するため，契約書2通を作成し，各自署名捺印の上，各々その1通を保有するとともに，夫婦財産契約登記規則に従い，これを登記する。

　　　　　　　　　　　　　　　　　　　　　　　　　　　　　　日付
　　　　　　　　　　　　　　　　　　　　　　　　　　　　○山△男　　印
　　　　　　　　　　　　　　　　　　　　　　　　　　　　□川▽子　　印

平等が生じないよう立法上の配慮がなされている」とし，別産制が憲法24条違反ではないと判示している（最大判昭36・9・6民集15巻8号2047頁）。これに対し，学説は，解釈によって妻の財産権の保護を試みる議論を展開してきた。たとえば，762条2項の共有財産のなかに，婚姻生活上必要な家財道具などの「性質上当然の共有財産」と「実質上の共有財産」という2つの類型を幅広く認める考え方である（実質的共有制論，または潜在的共有制論）。「実質上の共有財産」とは，婚姻中，夫婦双方の協力により獲得された土地や住居，預金を指し，名義は一方配偶者のものであったとしても，夫婦内部においては実質的に2分の1の持分が観念される。第三者に対しては名義人の特有財産となり，名義人が一方的に処分した場合，他方配偶者は対抗できない。したがって，婚姻中は潜在的な共有にとどまるが，離婚時の財産分与において持分が顕在化し，妻の財産権の確保につながるとされる（第5章の「婚姻の解消」参照）。

　このように，共有財産の範囲を拡大しようという議論が展開されている一方で，女性の社会進出が進んだことにともない，そのニーズが減少しているとの指摘や，実質的共有制論の前提となる妻の協力（「内助の功」）の評価の困難さなどから，夫婦を組合的に考える学説も主張されている。それぞれの特有財産を認めた上で，一種の組合財産が形成されているとみるものである。たしかに，国勢調査でも，共稼ぎの夫婦が増加傾向にあることが明らかにされており，夫婦の実態に即した財産関係の構成が望まれるところではある。しかしながら，社会における男女間の賃金格差や性別役割分担の問題が解消されず，今後も残存するのであれば，夫婦間の経済的不平等は解決されず，妻の財産権保護への配慮は引き続き必要となってくるだろう。

　また，とくに夫婦の居住用財産については，現在では名義人が一方的に処分することができ，他の配偶者，家族が住居を失うことも起こりうる。相続の場面では，配偶者居住権・配偶者短期居住権が設定されているが（第12章の「相続財産・遺産分割」第1節参照），婚姻中や離婚の際に，名義人でない配偶者の居住の保護のため，名義人が居住用財産を処分する場合には，他方配偶者の同意を必要とする制度の創設等が今後の課題とされている。

4　婚姻費用の分担──家庭の費用はどう分担する？

(1)　婚姻費用とは何か

　夫婦の共同生活が開始されたのち，その共同生活の維持・発展に必要な費用はどのように分担されるべきなのだろうか。夫婦は，婚姻生活における費用を，資産・収入その他一切の事情を考慮して，分担するとされている（760条）。婚姻費用とは，夫婦と未成熟の子から成る共同生活を営む上で必要となる費用である。具体的には衣食住にかかわる費用，医療費，子の養育や教育に関わる費用，娯楽教養費などである。子の状況（病弱である場合など）や親の経済状況等によっては，成年の子であってもその生活費や学費が婚姻費用として認められる。また，合意により相手方配偶者の親や連れ子が同居している場合，その生活費も婚姻費用に含めることができる。婚姻費用の分担として拠出された財産が，生活費に充当されて剰余を生じた場合は，拠出した配偶者の特有財産たる性質を失い，夫婦の共有財産となる（東京地判昭46・1・18判タ261号313頁）。

(2)　婚姻費用の分担方法

　婚姻費用の分担方法については，夫婦の協議に委ねられている。協議が調わないときは家庭裁判所による審判（家事事件手続法別表第2の2項）あるいは調停（家事事件手続法274条）による。現物出資という方法でもよいとされている。たとえば，一方配偶者が，居住用の土地建物を提供する，あるいは家事労働を提供する，という分担のしかたでもよい。婚姻費用の分担が実際に問題になるのは，婚姻破綻が進行し夫婦が別居している場合である。

　夫婦は自己と同一水準の生活を保障する義務（生活保持義務。第9章参照）を負うとされている。別居の場合，一般に同居より費用がかさみ，同一の生活レベルを維持することは，義務者にとって負担過重となる。ただ，単身赴任やいわゆる別居結婚など，婚姻関係に問題はなく，当事者の合意によって別居という形態がとられている場合であれば，通常の婚姻費用として夫婦が分担すればよいことである。しかし，婚姻関係が悪化し，別居に至った場合，生活保持義

務をそのまま維持させるべきかについて，以下のような裁判例がある。東京高決昭58・12・16家月37巻 3 号69頁は「民法760条，752条に照らせば，婚姻が事実上破綻して別居生活に入ったとしても，離婚しない限りは夫婦は互に婚姻費用分担の義務がある」と認めた上で，「夫婦の一方が他方の意思に反して別居を強行し，その後同居の要請にも全く耳を藉さず，かつみずから同居生活回復のための真摯な努力を全く行わず，そのために別居生活が継続し，しかも右別居をやむを得ないとするような事情が認められない場合」には，「少なくとも自分自身の生活費にあたる分についての婚姻費用分担請求は権利の濫用として許され」ないとした。ただし，同居の未成年の子については，「実質的監護費用を婚姻費用の分担として請求」できるとしている。また，夫婦双方に関係修復への期待と努力が欠けていることを理由に分担額を軽減したものや，相手方の協力がないことを理由に分担額を縮減するものなど，一般に婚姻関係が破綻し別居となっている場合については，義務者の負担を軽減する方向でバランスをとる工夫がなされている。なお，婚姻費用の分担額の決定について，養育費と同じ算定表と算定方式を使うことが認められている（最決平18・4・26家月58巻 9 号31頁）。

5　日常家事債務についての連帯責任
——夫婦ならお互いの借金も返済すべき？

(1)　制度の趣旨

　民法761条は，一方配偶者が，日常の家事に関して第三者と法律行為をした場合，これによって生じた債務につき，他方配偶者は連帯責任を負うと規定している。第三者に対して責任を負わない旨を予告した場合は，その責任を免れることができる（同条ただし書）。本条は，明治民法804条が日常の家事につき妻を夫の代理人とみなしていたものを，婚姻生活における両性の平等の観点から，連帯責任に変更したものである。夫婦の一方と法律行為を行う相手方にとって，当該法律行為が日常的な家事の範囲であれば，取引の相手方として夫婦双方を念頭におくのが通常である。そこで，第三者保護のために置かれたのがこの規定である。また，夫婦それぞれに経済力があり，単独で債務者となり

うる場合であっても，日常的な家事債務に関しては，夫婦生活の共同性を重視し，共同責任とするのが適切であると考えられている。したがって，婚姻破綻によって別居している場合は，共同生活の実質はなく共同の家事債務もないとして，連帯責任は生じないとされている（大阪高決昭49・10・29判時776号52頁）。

(2) 日常家事債務の範囲

　それでは，何が日常家事債務にあたるのだろうか。夫婦と未成熟子を含む婚姻共同生活を営むにあたって，日常必要とされるすべてのものが該当するとされている。具体的には，生活必需品の購入，住居や医療，子の養育・教育にかかわる法律行為などが含まれる。最高裁は，「民法761条にいう日常の家事に関する法律行為とは，個々の夫婦がそれぞれの共同生活を営むうえにおいて通常必要な法律行為を指すものであるから，その具体的な範囲は，個々の夫婦の社会的地位，職業，資産，収入等によって異なり，また，その夫婦の共同生活の存する地域社会の慣習によっても異なるというべきであるが，他方，問題になる具体的な法律行為が当該夫婦の日常の家事に関する法律行為の範囲内に属するか否かを決するにあたっては，同条が夫婦の一方と取引関係に立つ第三者の保護を目的とする規定であることに鑑み，単にその法律行為をした夫婦の共同生活の内部的な事情やその行為の個別的な目的のみを重視して判断すべきではなく，さらに客観的に，その法律行為の種類，性質等をも充分に考慮して判断すべきである」と判示している（最判昭44・12・18民集23巻12号2476頁）。

　たとえば，子のための学習用教材のように，一般には日常家事の範囲であると考えられている商品の購入については以下のような裁判例がある。妻が夫に無断で，総額約72万円の高校受験用教材を購入した事案では，夫婦の月収が合わせて約20万円で，300万円程度の借財があること，子どもの教育にとくに熱心であると認められないこと，地域の進学熱の程度，販売員が夜11時まで居座ったことなどから，当該夫婦の共同生活に通常必要とされる事務に相当しないと判断された（八女簡判平12・10・12判タ1073号192頁）。約60万円の児童用英語教材の割賦購入契約の事案では，夫の月収が約30万円で，妻も保険の外交員として収入があり（額は不明），1回当たりの分割金（月7000円）が，当該夫婦の生活水準に照らし不相当に高額であるとは認めがたいこと，子の英語教育を施

すために購入した教材であることから，夫婦の共同生活に通常必要とされる事項に該当するとされた（東京地判平10・12・2判タ1030号257頁）。

上記のうち何が「日常的」であるかを判断するため，悪質な訪問販売のような契約締結に至った状況が考慮されたケース（前掲八女簡判平12・10・12）は学説上も評価されているが，割賦購入の際に，月々の支払額を基準に判断したケース（前掲東京地判平10・12・2）については，購入価格自体で判断されるべきとする批判がある。学習教材以外に，寝具の立替金合計約21万円が，収入のない夫婦にとって日常の家事の範囲を逸脱したものとされた事例（大阪簡判昭61・8・26判タ626号173頁），約14万円の電子レンジにつき，購入した妻は家出して行方不明になっているものの，電気製品の普及状況から，大都市生活者の場合，電子レンジ購入は，日常家事債務の範囲に入ると判断された事例（武蔵野簡判昭51・9・17判時852号105頁）などがある。また以上のような，客観的には日常家事的な法律行為と考えられる場合と違って，一方配偶者名義の財産を他方配偶者が勝手に処分することや，一方配偶者名義で他方配偶者が多額の借金をすることなどについては，日常家事債務の範囲外とされている。

(3)　日常家事債務の範囲外の行為について

夫婦の日常家事の範囲外の法律行為であれば，夫婦の連帯責任は生じないが，取引相手である第三者が，日常家事債務の範囲内であると信じた場合，どう対応すればよいだろうか。最高裁は，「第三者においてその行為が当該夫婦の日常の家事に関する法律行為の範囲内に属すると信ずるにつき正当の理由のあるときにかぎり，民法110条の趣旨を類推適用して，その第三者の保護をはかれば足りるものと解するのが相当である」と判示した（前掲最判昭44・12・18）。制度の趣旨で述べたように，明治民法においては，妻は夫の代理人とみなされており，大審院は，妻が日常家事債務の範囲を超えた法律行為を行った場合，法律行為の相手方が妻に代理権ありと信ずべき正当の理由があるときは，夫は民法110条により責任を負うと判示した（大判昭8・10・25民集12巻2613頁）。1947（昭和22）年民法改正により，夫婦の連帯責任となってからも，学説の多くは，民法761条を夫婦相互に代理権を有することを定めたものと解し表見代理を認めてきた。しかし，前掲最判昭44・12・18は，民法761条について

「明文上は，単に夫婦の日常の家事に関する法律行為の効果，とくにその責任のみについて規定しているにすぎないけれども，同条は，その実質においては，さらに，右のような効果の生じる前提として，夫婦は相互に日常の家事に関する法律行為につき他方を代理する権限を有することをも規定しているものと解するのが相当である」とし

> **資料 4 - 2　民法109条 1 項・110条**
>
> 109条 1 項
> 　第三者に対して他人に代理権を与えた旨を表示した者は，その代理権の範囲内においてその他人が第三者との間でした行為について，その責任を負う。ただし，第三者が，その他人が代理権を与えられていないことを知り，又は過失によって知らなかったときは，この限りでない。
>
> 110条
> 　前条第 1 項本文の規定は，代理人がその権限外の行為をした場合において，第三者が代理人の権限があると信ずべき正当な理由があるときについて準用する。

ながらも，「夫婦の一方が右のような日常の家事に関する代理権の範囲を越えて第三者と法律行為をした場合においては，その代理権の存在を基礎として広く一般的に民法110条所定の表見代理の成立を肯定することは，夫婦の財産的独立をそこなうおそれがあって，相当でない」と判断した。民法110条の適用を認める考え方では，第三者は，一方配偶者が他方配偶者を代理する権限を有していることを信じていなければならない。それに対し，最高裁のいう，民法110条の趣旨を類推適用するという考え方では，第三者が信じているのは当該法律行為が日常家事債務の範囲に入る，ということである。その違いを以て，後者の考え方が，より表見代理の成立を制限するものと解されている。しかし，日常家事債務の範囲であるか否かの判断が，(2)で述べたように微妙なものである以上，果たしてどれほど110条の適用を制限する効果を有しているのかにつき，疑問も呈されている。

設題

1) 　AとBは婚姻届を提出し，共同生活を始めた。二人はそれぞれ仕事をもち，婚姻後も働き続けていたところ，Aに離島への赴任命令が出された。Aの赴任先にBがついていくと，Bの仕事の性質上，Bは職を辞さなければならない。AはBに対して，自分について来なければ，同居義務違反だといって，仕事を

辞めることを求めている。このとき，Aの主張に対して，Bは従わなければならないか。

2) C・Dは法律上の夫婦である。Cは，最近Xと不倫関係になった。C・X間の関係を知ったDは，ショックを受けたが，なんとかCとの婚姻関係を維持したいと考え，Cに対してXと別れることを求めると共に，Xに対して損害賠償を請求した。これに対して，XはCが婚姻していることは知っていたが，Dとの関係は家庭内離婚の状態で，もはや体裁だけの夫婦であると聞かされていたと反論して，損害賠償を拒否している。この場合，どのように解決すべきか。

3) E・Fは共稼ぎの夫婦である。Eの趣味は車で，毎月の小遣いの大半を車関連の出費につぎ込んでいた。E所有の車は，通常Eが通勤に使用しているが，Eの自宅は交通の便が悪い地域にあるため，家族の買い物や送り迎え等にも使用し，Eが使っていないときは，配偶者であるFも使用している。昨今の不況でEの手取りは減ったにもかかわらず，Eは車への支出を抑えることもなく，常々Eが欲しがっていた超高級スポーツカーの2012年型新モデル「Y」が発売されると，それまで所有していた車を売り（二束三文にしかならなかったが），自分には購入できる資力がないため，自分より収入の安定しているFの名義を勝手に用いて「Y」を購入した。販売店Gから請求書がFの元に届き，その金額を見て驚いたFがEに詰め寄ると，Eは上記の事情を白状した。FはGに対して，「Y」の代金を支払う義務があるか。

第5章
婚姻の解消——離婚

導　入

　愛し合って結婚した夫婦も，ときに破局を迎えることがある。残念ではあるが，しかし悲しんでばかりはいられない。ここで別れる夫婦が，不公正な別れ方にならないよう，離婚の仕方について，法はきちんとした配慮をしておかなければならない。また，婚姻関係が長く続いていればいるほど，そこで蓄積した財産をどう分けるか，二人の間に生まれた子どもをどうするか，などなど，「別れた後」のことを決めておかなければならないことになる。離婚は残念な出来事であるが，反面，人生の新たな再出発の機会でもある。これからの二人の人生が前向きなものであるため，離婚の法制度はいかにあるべきか，考えてみよう。

1　婚姻解消の原因——死亡と離婚

(1)　総　説

　婚姻関係が有効に成立しても，その後何らかの事情でその関係が解消する場合がある。その1つはいわゆる「死に別れ」，つまり死亡による婚姻解消，もう1つは「生き別れ」，つまり離婚である。いずれの場合にも，解消の効果は将来に向かって発生し，遡及しない。たとえば，婚姻中に生まれた子が婚姻の解消によって，非嫡出子になることはない。

(2)　死亡解消

　一方配偶者の死亡によって婚姻は解消する（民法には直接の規定はないが，当然のことと解されている）。それでは，一方配偶者が失踪したり，事件・事故に巻き込まれたりして生死不明の状況が生じた場合にはどうなるのだろうか。そ

の者が7年間生死不明の状況であるとき（普通失踪）または戦争・海難などで1年以上生死不明の状況であるとき（特別失踪），利害関係人は失踪宣告の申し立てをすることができる（民30条）。この申立てにもとづき家庭裁判所が失踪宣告をした場合，普通失踪の場合期間の満了した時に，特別失踪の場合その危難が去った時に死亡したものとみなされる（民31条）。また水難や航空機事故に遭遇し，死亡したことは明白であるが，死体が見つからないような場合には，死亡が認定され，戸籍に死亡記載がなされるという制度がある。これを認定死亡という（戸籍法89条）。

(3) 離 婚

離婚は死亡解消同様，婚姻の解消原因であるが，これについては民法典に規定が用意されている。以下では，まず，離婚制度が歴史的にどのように形成されてきたのかを概観し，離婚制度の基本的発想を解説する。それを踏まえた上で，離婚の方法（要件）とその効果に分けて，それぞれを詳しくみていこう。

2 総 説——離婚法の歴史としくみ

まず，ヨーロッパ圏の離婚制度がどのように展開していったのかをみてみよう。古代ローマ，ゲルマンの時代，離婚は自由に行われていたようである。しかし，中世ヨーロッパではキリスト教（カトリック教会）の影響によって，離婚が原則として禁止されるに至る。「神が結びあわせてくださったものを，人は離してはならない」（新約聖書　マタイによる福音書第19節）というわけである。

しかし，近世に入ると，啓蒙主義による婚姻の世俗化の影響などから，限定的にではあるが，徐々に離婚が認められるようになる。姦通などの有責原因が相手にある場合に限り，離婚が許されるようになっていくのである。これは有責主義の離婚制度が，法制度として採用されたことを意味する。この時代，離婚制度は婚姻上の義務に違反した相手方に対し，制裁としての役割を有していたといえるだろう。

20世紀後半，とりわけ1960年代から70年代にかけて，ヨーロッパ諸国の離婚法は，離婚の自由化の方向へと大きく舵を切ってゆく。相手の有責・無責を問

わず，婚姻関係が破綻したなら，離婚を認めるべきであるという，破綻主義の離婚制度が各国で採用されていくのである。このように，ヨーロッパ諸国の離婚法は，有責主義から破綻主義へと大きな変遷を経て現在に至っている。

　わが国は，歴史的にキリスト教の影響を受けなかったことから，ヨーロッパとは異なり，離婚は比較的自由に認められていた。江戸時代，庶民の間では，夫が妻に対し離縁状を突きつける，いわゆる三行半による離婚がなされていた。また妻は縁切り寺に駆け込むことで，わずかではあるが離婚の道が開かれていた。明治時代に入り民法が施行された後，日本の離婚法はヨーロッパの離婚法とほぼ同様の展開をしていくことになるが，協議離婚制度が，一方的な追い出し離婚につながっていたり，不当な離婚の温床となっていたりするなど，日本固有の問題も同時に抱えている。現行の離婚法制を理解するにあたっては，このような面を直視することが不可欠である。

3　離婚の方法──種々の離婚手続

⑴　協議離婚

①　総　説

　民法は当事者が合意のみによって離婚をすることを認めている。つまり二人が「離婚届」を作成し，役所に届け出ることによって離婚が成立するのである。これを協議離婚という（763条。口頭で届け出ることもできる，764条・739条）。日本の離婚の約9割は協議離婚である。協議離婚制度はその存在が当然であるかのごとくわれわれの社会に強く根付いているが，実は非常に問題がある。威圧や脅迫のような不当な方法で離婚届が作成されたとしても，受付窓口で実質的なチェックをする手段はない。また一方が勝手に離婚届を提出することもありうる。極めて簡便な手続で離婚ができる反面，不当な離婚を十分に防止できないという欠点があるのである。諸外国にも類例の少ない，わが国特有の制度であるということも知っておく必要がある。

②　離婚の「意思」とは

　離婚届が出されたとしても，それが当事者の意思を反映していない場合には，離婚は無効である。それでは離婚をする「意思」とはどのようなものだろ

資料5-1　手続別離婚件数および離婚割合

(2021年)

総数	協議離婚	調停離婚	審判離婚	和解離婚	認諾離婚	判決離婚
184384	159241	16975	3479	2737	8	1944
割合 100%	86.4%	9.2%	1.9%	1.5%	0.0%	1.1%

出典：人口動態統計

うか。生活扶助を受ける目的で離婚届を出すような，いわゆる「仮装離婚」も有効な離婚となるのだろうか。ここでいう「意思」を単に離婚届を出す意思（形式的意思）と考えれば離婚は有効となるだろうし，真に婚姻関係を解消しようとする意思（実質的意思）と捉えると離婚は無効ということになろう。判例は，単に届出の意思だけあればよいとして，このような離婚も有効であるとしている（最判昭57・3・26判時1041号66頁）。婚姻意思の場合との違いに注意が必要である（第2章「婚姻の成立」第2節参照）。

③　離婚届不受理申出制度

今までみてきたように日本の協議離婚制度はきわめて簡便な制度であるがゆえに，当事者の真意のチェックが十分に行われないまま離婚届が受理される危険性をはらんでいる。夫婦の一方が勝手に離婚届を提出すると，その形式が整ってさえいればその届出は受理されてしまうのである。このようなことを防止するために不受理申出制度が設けられている。この制度により，虚偽の離婚届が提出される危険性がある場合には，前もって離婚届を受理しないよう，役所に対し事前に申出ができるようになっている。また，届出の際には窓口で，運転免許証などによる本人確認が行われ，確認ができなかった場合には，届出を受理したことについて遅滞なく本人に通知がなされる（いずれも戸籍法27条の2）。

(2)　裁判所での離婚

①　調停離婚

夫婦間で協議がまとまらない場合には，裁判所の関与によって，離婚をするか否かを含めた夫婦関係の調整を行うことになる。その際，当事者はすぐ裁判所に離婚を求める裁判を起こすことはできない。まずは，家庭裁判所に調停の申立てをしなければならない。これを調停前置主義という（家事事件手続法257条）。2名の調停委員と1名の裁判官を交えて，離婚をすべきか否か，やり直

すことは不可能か，離婚をするにあたって，財産をどうするか，子どもの親権
者をどうするか，などの話合いが行われる。問題の解決を当事者の合意を基礎
として行うのである。調停がまとまりその内容が調書に記載されると，その調
書は裁判所の判決と同一の効力をもつ（家事事件手続法268条）。

②　審判離婚

　他方，当事者の合意を調達できなければ，調停は不成立となる。その際家庭
裁判所が相当と認める場合には，職権で，離婚の審判をすることができる（家
事事件手続法284条）。これによって成立した離婚を審判離婚という。しかしなが
らこの審判は当事者から異議が申し立てられた場合には，その効力が失われる
（家事事件手続法286条 5 項）。その意味で効力は弱く，利用はそれほど多くない。

③　和解離婚・認諾離婚

　離婚訴訟を裁判所に提起した後になってから，夫婦の間で離婚の合意がなさ
れることがある。その場合に和解調書が作成されると，その調書の記載は確定
判決と同一の効力をもち，離婚が成立する。これを和解離婚という。また離婚
訴訟の被告が，原告の主張を全面的に受け入れる場合にも，離婚が成立する。
これを認諾離婚という。いずれも人事訴訟法に規定されている離婚の方法であ
る（人事訴訟法37条）。

④　裁判離婚（判決離婚）

　調停・審判によっても解決が図られない場合には，一方が離婚の訴えを家庭
裁判所に提起して，離婚を求めることになる。裁判離婚である。以下では，裁
判離婚に焦点を当てて，その内容を詳しくみていくことにしよう。

4　裁判離婚

(1)　離婚原因
①　770条のしくみ

　ではまず，裁判離婚が認められるにはどのようなことが必要なのだろうか。
離婚の訴えを提起することのできる要件として，民法770条 1 項は不貞行為
（ 1 号），悪意の遺棄（ 2 号），配偶者の 3 年以上の生死不明（ 3 号），回復の見込
みがない強度の精神病の罹患（ 4 号）を挙げ，最後に「その他婚姻を継続し難

第八百十三条　夫婦ノ一方ハ左ノ場合ニ限リ離婚
ノ訴ヲ提起スルコトヲ得
一　配偶者カ重婚ヲ為シタルトキ
二　妻カ姦通ヲ為シタルトキ
三　夫カ姦淫罪ニ因リテ刑ニ処セラレタルトキ
四　配偶者カ偽造，賄賂，猥褻，窃盗，強盗，
　　詐欺取財，受寄財物費消，贓物ニ関スル罪
　　若クハ刑法第百七十五条第二百六十条ニ掲
　　ケタル罪ニ因リテ軽罪以上ノ刑ニ処セラレ
　　又ハ其他ノ罪ニ因リテ重禁錮三年以上ノ刑
　　ニ処セラレタルトキ
五　配偶者ヨリ同居ニ堪ヘサル虐待又ハ重大ナ
　　ル侮辱ヲ受ケタルトキ
六　配偶者ヨリ悪意ヲ以テ遺棄セラレタルトキ
七　配偶者ノ直系尊属ヨリ虐待又ハ重大ナル侮
　　辱ヲ受ケタルトキ
八　配偶者カ自己ノ直系尊属ニ対シテ虐待ヲ為
　　シ又ハ之ニ重大ナル侮辱ヲ加ヘタルトキ
九　配偶者ノ生死カ三年以上分明ナラサルトキ
十　壻養子縁組ノ場合ニ於テ離縁アリタルトキ
　　又ハ養子カ家女ト婚姻ヲ為シタル場合ニ於
　　テ離縁若クハ縁組ノ取消アリタルトキ

い重大な事由があるとき」（5号）という抽象的な要件を掲げている。

この条文は戦後の民法改正により内容を抜本的に改められたものである。よって，その内容を理解するためには旧規定と内容を対比してみることが有意義だろう。本条の前身である旧法813条は，離婚の訴えを提起できる場合として10個の要件を挙げていた。たとえば，旧規定の2号には，妻の姦通が離婚原因として規定されている。他方で，旧3号によると，夫の離婚原因は，姦淫罪で刑に処せられた場合となっている。つまり，性関係につき，妻は姦通をすれば離婚の訴えを提起されるのに対し，夫は姦通を行っても，姦淫罪の処罰を受けない限りは離婚を求められることがなかったのである。ここからは性のダブルスタンダードを見て取ることができる。

さて，この旧1～3号を含めて他の規定をみてみると，一定の罪を犯し刑に処せられたこと（旧4号）や配偶者から同居をするに堪えざる虐待や重大な侮辱を受けたこと（旧5号）など，全体にわたって配偶者の有責事由が列挙されている（ただし旧9号は異なる。3年以上の生死不明の状態が行方不明者の責任によらない場合もあるからである）。ここからわかるように，旧規定は離婚原因として，基本的に，有責事由を限定列挙するという，有責主義の立場に立っていた。

一方で，現行規定である770条をみてみると，1項に掲げられている離婚原因は，3年以上の生死不明や強度の精神病が挙げられているように，有責事由に限られない。加えて5号には，それ以外に婚姻を継続しがたい重大な事由，という抽象的な離婚原因が掲げられている。つまり，1号から4号までの事情

がなかったとしても，婚姻を維持することが困難なほどに関係が破綻していれば，離婚は認められるのである。そのため，本条の第2項は，1項1号から4号までの事由があっても，裁判所が婚姻の継続を相当と認めるときは，離婚請求を棄却できるとしているが（裁量棄却条項），1項5号に該当し，婚姻の破綻がある場合には，もはや裁判所は離婚請求を棄却できないわけである。とすれば，1号から4号は5号の「婚姻を継続し難い重大な事由」の例示であると理解することができる。以上からわかるように，現行離婚法は破綻主義の立場に立っているのである。

② 精神病離婚

配偶者が強度の精神病にかかり，回復の見込みがないときには，離婚請求をすることができる（4号）。本来，夫婦には協力扶助義務（752条）があるので，一方配偶者は，精神病に罹患した他方配偶者を支える義務があるはずである。また，精神病に罹ったことに関して，一般的に本人に落ち度はないのだから，有責な原因が本人にあるわけではない。しかし意思疎通が困難な状態にある配偶者の看病を強制することは，一方配偶者にとって厳しい状況となるだろう。精神病離婚を認める趣旨はそこにある。この規定は，現行離婚法が破綻主義を採っている証左の1つだといえる。

とはいえ，精神病の配偶者が離婚されることで，その後の生活や療養の道が閉ざされてはいけないだろう。そのため，判例は，夫婦の一方が不治の病にかかったからといって直ちに離婚できると解するべきではなく，「諸般の事情を考慮し，病者の今後の療養，生活等についてできるかぎりの具体的方途を講じ，ある程度において，前途に，その方途の見込のついた上でなければ，ただちに婚姻関係を廃絶することは不相当と認めて，離婚の請求は許さない法意であると解すべきである」，として，精神病離婚の要件を新たに付け加えている（最判昭33・7・25民集12巻12号1823頁）。ただ，この「具体的方途」をあまりにも厳格に解すると，本条の意義が失われてしまう。判例も，療養費支払いの実績や将来にわたる支払いの意思表明があることや，療養の態勢が整っていることがある場合には，離婚を認める（最判昭45・11・24民集24巻12号1943頁）など，柔軟な判断をしている。

(2) 有責配偶者からの離婚請求

① 「踏んだり蹴ったり」判決から昭和62年大法廷判決へ

それでは，不倫などで関係を破綻させる原因を作った配偶者からでも，婚姻関係の破綻を理由として離婚を求めることができるのだろうか。つまり日本の破綻主義離婚法は有責配偶者からの離婚請求をも認める趣旨であるのかどうか，ということが問題となる。判例は当初，他の女性と関係をもって家を出た夫が妻に対し離婚を請求した事案で，「結局上告人〔＝夫〕が勝手に情婦を持ち，その為め最早被上告人〔＝妻〕とは同棲出来ないから，これを追い出すということに帰着するのであつて，もしかかる請求が是認されるならば，被上告人は全く俗にいう踏んだり蹴たりである。法はかくの如き不徳義勝手気儘を許すものではない」，として離婚請求を認めなかった（最判昭27・2・19民集6巻2号110頁・この判決は俗に，「踏んだり蹴ったり判決」と呼ばれる）。つまり破綻主義離婚法の下でも有責配偶者からの離婚請求は認めないとしたのである。このような立場を消極的破綻主義という。この「踏んだり蹴ったり判決」は，ともすれば追い出し離婚をされかねない，社会的に弱い立場にある妻の地位を守るという役割を担う面があった。当時の社会状況を考えると，本判決が有した意義は決して小さくない。

しかしながら他方で，形骸化した婚姻を長年にわたって法的に維持することが，それほど意味のあることとはいえないだろう。このような扱いは有責配偶者への制裁としては機能するかもしれないが，他方配偶者の再スタートを精神的・経済的に支援するための根本的な解決策とはならない。むしろ他方配偶者の救済は，離婚給付によってなされるべきともいえる。また離婚訴訟のなかで双方の有責性を争って泥仕合が行われることも避けられなければならない。その後裁判所は，このような見地から，1952（昭和27）年最高裁判決の判例法理を緩和する方向に進んでいったのである。たとえば，夫婦相互に有責性がある場合には，有責性の小さいほうからの離婚請求が認められた（最判昭30・11・24民集9巻12号1837頁）。また婚姻外の女性関係があっても，それが婚姻関係の破綻後に生じたものであれば離婚が認められる（最判昭46・5・21民集25巻3号408頁）などの判断がなされた。

このような状況のなか，最高裁判所は，大法廷を開き，ついに従来の判例を

変更するに至った。夫の不貞行為によって不和が生じ，その後36年間の別居が続いている夫婦につき，有責配偶者である夫が離婚請求をした事案について，最高裁は次のように判示した。まず「離婚請求は，正義・公平の観念，社会的倫理観に反するものであってはならない」ので，「離婚請求は，身分法をも包含する民法全体の指導理念たる信義誠実の原則に照らしても容認されうるものであることを要する」として，離婚請求が信義誠実の原則に照らして許されるものであるかどうかを判断するにあたっては，有責配偶者の責任の態様・程度，相手方配偶者の婚姻継続についての意思や請求者に対する感情などの種々の要素を考慮しなければならないとする。その結果，(ア)夫婦の別居が両当事者の年齢や同居期間との対比において相当長期間に及び，(イ)未成熟の子がおらず，(ウ)相手方配偶者が離婚によって精神的・経済的・社会的に極めて苛酷な状態に置かれる等，離婚請求を認容することが著しく社会正義に反するといえるような特段の事情が認められない，という3つの要件を充たす場合には，有責配偶者からの離婚請求を認めるとしたのである（最大判昭62・9・2民集41巻6号1423頁）。この立場を積極的破綻主義という。

　② 　要件の吟味──別居期間の変化を中心に

　上でみた最高裁大法廷判決において，夫婦の別居期間は36年間にも及んでいた（同居していた期間は12年間）。以後の判決で，この別居期間は徐々に短縮されていく。そして，同居期間23年，別居期間7年半で離婚を認める判決が現れた（最判平2・11・8家月43巻3号72頁）。ただし別居期間8年（同居期間26年）でも離婚を認めないとしたものもあり（最判平元・3・28家月41巻7号67頁），結局のところ別居期間の基準は絶対的なものではなく，他の要素とあわせて総合的に判断されるべきものだといえよう。

　(3)　立法の動向

　このような判例の動向をうけて，法制審議会民法部会は1996（平成8）年，民法の一部を改正する法律案要綱を公表した。そこでは，離婚原因から「強度の精神病」を削除することとあわせて，次のような改正案が示されている。すなわち「夫婦が5年以上継続して婚姻に反する別居をしているとき」という離婚原因が追加され，「離婚が配偶者又は子に著しい生活の困窮又は耐え難い苦

痛をもたらすとき」（苛酷条項と呼ばれる）や「離婚の請求をしている者が配偶者に対する協力及び扶養を著しく怠っていることによりその請求が信義に反すると認められるとき」（信義則条項と呼ばれる）には離婚の請求を棄却できるとしている。このように上記判例の趣旨を立法化しようという試みが行われているが，現在のところ，この要綱は立法に結実していない。

5　離婚の効果──これからの生活は？　子どもは？

(1)　総　説
　続いて，離婚によって二人の法的関係がどのようになるのかをみていく。つまり離婚の効果を検討する。これを人的効果，財産的効果，子の処遇の3つに分類してみていこう。

(2)　人的効果
①　人格的効果
　まずは人的効果である。この効果の中には人格的効果に関するものがある。つまり婚姻によって当事者間の人格的結びつきに関する種々の法的効果が消滅するのである。同居・協力・扶助義務（752条）や貞操義務（770条1項1号）の消滅がそれにあたる。また再婚も可能になる。
②　身分的効果
　さらに法的な身分の変動が生じる。これも人的効果のうちの1つである。離婚によって姻族関係は終了し（728条1項。ただし直系姻族間の婚姻禁止は離婚後も継続する（735条）），原則として婚姻前の氏に復氏する（767条1項）。これに対し死亡解消の場合は，いずれも生存配偶者がそれぞれの終了の意思表示をした場合にこれらの効果が生じる（姻族関係につき728条2項，復氏につき751条1項）。
　離婚後も婚姻中の氏を名乗り続けたいときは，離婚の日から3ヶ月以内に戸籍法上の届出をすることによって，引き続き婚姻の際に称していた氏を称することができる。これを婚氏続称という（767条2項）。

(3)　財産的効果

①　離婚給付

　次に検討するのは財産的効果である。通常，離婚を契機として一方配偶者から他方配偶者へと，財産的給付が行われる。これを離婚給付という。民法は768条に「財産分与」の規定を置き，他方配偶者に財産分与の請求権を与えている。この規定によって，他方配偶者への離婚給付を実現しようとしているのである。

②　財産分与制度

　当事者で財産分与の協議がまとまらないときは，家庭裁判所は，当事者の申立てにより，一切の事情を考慮して，分与をさせるべきかどうか，また分与する場合には分与の額および方法を定めることになる（768条 2 項・ 3 項）。別居中生じた過去の婚姻費用についても，「その他一切の事情」の枠の中で分与の対象となる（最判昭53・11・14民集32巻 8 号1529頁）財産分与請求権は 2 年の除斥期間があり，この期間を過ぎれば請求権は消滅する（768条 2 項ただし書。なお，2022（令和 4 ）年の「家族法制の見直しに関する中間試案」ではこの期間の延長が提案されている）。財産分与はその趣旨に反して不相当に過大で，財産分与に仮託してなされた財産処分であると認めるに足りるような特段の事情のない限り，詐害行為取消権の対象とはならない（最判昭58・12・19民集37巻10号1532頁）。

　ではこの財産分与請求権はどのような根拠に基づいて認められるものなのだろうか。まずもって考えられるのは，婚姻継続中，夫婦の協力によって一方に蓄積した財産を実質的に分配することである。財産分与の中核的内容になるのは，このような財産の「清算」であろう。居住用不動産や預貯金など，一方（多くは夫）の特有財産であっても，その財産形成にあたり他方（多くは妻）の寄与・貢献があったとして，潜在的な持分の清算を行うのである。さらに離婚後生活に困窮する相手に対する「扶養」の要素もここには含まれる。離婚後扶養を認める根拠については，婚姻の「余後効」などと説明されることもあるが，近時は，婚姻によって労働能力を失った一方に対する補償給付であるという説明が有力に提唱されている。

　上記 2 つが財産分与の内容であることにはほぼ異論がないが，離婚に伴う精神的損害の賠償，つまり「慰謝料」はこの中に含まれるのだろうか。慰謝料要

素が財産分与に含まれるとする考え方を包括説，含まれないとする考え方を限定説という。包括説に立つと，これら３つを区別せず一括で請求できることになり，紛争の一回的解決という点で望ましいことになる。その反面，一度財産分与の請求をしてしまうと，後から慰謝料だけを別途請求することはできなくなってしまいそうである。また，慰謝料はそれを支払うべき相手の有責性が問題となるという点で，清算・扶養とは性質が異なる。このように考えると慰謝料はむしろ不法行為の規定（709条・710条）によって処理すべきだといえる。すると慰謝料は財産分与請求権の２年の除斥期間ではなく，不法行為債権として３年の消滅時効に服する（724条１号）。限定説の論拠はここにあるわけである。

　判例は，離婚にあたり夫が整理ダンスと食器棚を財産分与として妻に給付したのに対し，後になって妻が慰謝料を求める訴えを起こした事案につき，以下のような判断を示した。まず財産分与請求権は，相手方の有責な行為によって離婚をやむなくされ精神的苦痛を被ったことに対する慰謝料の請求権とは，その性質を必ずしも同じくするものではないから，すでに財産分与がなされても，その後不法行為を理由として別途慰謝料請求をすることは妨げられない，とした。しかし，財産分与を裁判所が定めるにあたっては，当事者双方における一切の事情を考慮すべきなのであるから，財産分与に慰謝料の要素を加えることも可能であり，その場合，損害賠償額がその財産分与で十分満たされているときはあらためて慰謝料を求めることはできないとした。他方で，財産分与がなされても，それが損害賠償の要素が含まれていないか，その額・方法において，精神的苦痛を慰謝するには足りないと認められるときには，すでに財産分与がなされたからといって慰謝料請求権が消滅するわけではなく，別個に不法行為を理由として離婚による慰謝料を請求することもできるとしている（最判昭46・7・23民集25巻５号805頁）。判例は，原則として限定説的な立場に立ちつつも，包括説的な修正を加えていると理解することができる。折衷的な立場が採用されているといえるだろう。

③　２分の１ルール

　これとは別に，請求者は財産分与をいったいどのくらいもらえるのか，という問題がある。民法の条文は分与額を決めるにあたって考慮すべき事柄をそれほど明確に示していない(ｱ)，ただ財産分与の中核的性質が清算であるとするな

◆コラム 5−1　年金分割制度

　2004（平成16）年に成立した年金改革関連法により，年金分割制度が実現した。サラリーマンは通常，厚生年金に加入し，基礎年金と報酬比例の年金を受け取る資格を与えられる。たとえばサラリーマンと専業主婦の夫婦が離婚した場合，従来では，妻は，基礎年金部分についての年金は受給できるが，報酬比例部分は夫の権利であるので，当然には妻に渡ることはなかったのである。年金分割制度の導入により，妻はこの報酬比例部分の一部を取得する権利を手に入れることができるようになった。年金分割には 2 種類のものがある。1 つは，離婚時の夫婦の合意によって，報酬比例部分の分割をするものである。分割割合の上限は 2 分の 1 である。これを合意分割という。合意がまとまらない場合には，裁判所の審判等によって分割割合が決められるが，裁判所は特段の事情がない限り，原則 2 分の 1 という判断を行っている（名古屋高決平20・2・1家月61巻 3 号57頁等）。

　もう 1 つは国民年金の 3 号被保険者（専業主婦など）のみを対象としたものである。この場合には，2008（平成20）年 4 月以降の婚姻期間分の報酬比例部分につき，当然に 2 分の 1 の分割がなされる。3 号分割とよばれるものである。

| 分割対象→ | 厚生年金・共済年金など（報酬比例部分） |
| | 国民年金（基礎年金部分） |

ら，財産の蓄積に対する貢献度が明らかでないときには，衡平の観点から分与額を 2 分の 1 にするのが妥当だろう(イ)。前述の民法の一部を改正する法律案要綱と「家族法制の見直しに関する中間試案」は，(ア)について，考慮対象を「当事者双方がその協力によって取得し，又は維持した財産の額及びその取得又は維持についての各当事者の寄与の程度，婚姻の期間，婚姻中の生活水準，婚姻中の協力及び扶助の状況，各当事者の年齢，心身の状況，職業及び収入その他一切の事情」と細密化し，かつ(イ)については「各当事者の寄与の程度は，その異なることが明らかでないときは，相等しいものとする」という 2 分の 1 ルールを採用した。

(4)　子の処遇

①　親権者と監護者

　婚姻中父母は，未成年の子に対し，共同で親権を行使する（818条 1 項・3 項本文）。しかし夫婦の離婚によって，親権はいずれか一方の親が単独で行使することになる。協議離婚の場合には，夫婦の協議で親権者を定め，裁判離婚の場合には，家庭裁判所が親権者の指定を行う（819条 1 項・2 項）。なお，協議離

婚の際，夫婦間で協議がまとまらない場合には，裁判所の調停・審判によって親権者指定がなされる（819条5項，家事事件手続法39条および別表第2の8項。なお，「家族法制の見直しに関する中間試案」を含む親権法制の改正の方向性については，第8章を参照のこと。）。

　また，親権者とは別に監護者を指定することもできる（766条1項）。これにより親権と監護権を分属させることができる。たとえば，子の財産管理は親権者である父が行い，子の実際の監護は監護権を有する母が行う，というような場合に用いられる。親権と監護権の分属という。なお，本条によって，祖父母など，第三者を監護者に指定することの可否について，下級審で判断が分かれていたが，近時，最高裁は，父母以外の第三者は，事実上子を監護してきた者であっても監護者指定の審判を申し立てることはできないとし，否定説の立場を明らかにした（最決令3・3・29民集75巻3号952頁）。もっとも，「家族法制の見直しに関する中間試案」では，第三者による子の監護や面会交流について，引き続き検討するものとしている。

　② 子の奪い合い

　離婚後の単独親権制度は，離婚後の親権を獲得するために父母が熾烈な争いをする原因ともなりうる。子を現実に監護しているという既成事実を作ってしまえば親権の獲得に有利であるということで，子を自分の手許に置くべく離婚前から夫婦が激しく争うこともまれではない。ときには一方の親が下校途中に子を奪って，そのまま自分の家に連れ去る，というようなことも起こりうる。

　このような子の奪取に対抗するために，子の引渡し請求が行われることがある。請求の方法としては，(ア)民事訴訟において，親権に基づく妨害排除請求権を行使するという方法（最判昭35・3・15民集14巻3号430頁），(イ)家庭裁判所の審判によって子の引渡しを求めるという方法（民766条，家事事件手続法39条および別表第2の3項），(ウ)人身保護法に基づき子の釈放を求める方法などがある。(ア)の手続は，親権者が第三者に対し子の引渡しを求める場合に主に用いられる。したがって，父母間での子の引渡し紛争は家庭裁判所において(イ)の手続のなかで解決されるのが望ましく，合理的理由がないにもかかわらず(ア)の手続を用いることは，権利の濫用となり認められない（最決平29・12・5民集71巻10号1803頁）。

③　人身保護手続

このうち従来広く使われていたのは㋑の手続である。人身保護法は，もともと国家権力の不当な人身拘束によって人権を侵害されている者を早期に解放するため，戦後まもなく作られた法律である。人身保護請求がなされると1週間以内に審問期日を開かねばならず（人身保護法12条4項），判決の言い渡しは審問終結の日から5日以内になされる（人身保護規則36条）。また被拘束者を出頭させない場合には，勾引や勾留がされたり，過料が課されることもある（人身保護法18条）。このように本法は，手続の迅速性や強制力の点で他の手続に比べ優れていたことから，子の引渡し請求の場面でも頻繁に使われたのである。

しかしながら，この裁判は地方裁判所で行われるために，家庭裁判所の調査官が活用できない。子どもの心理や福祉に関する知見を必ずしも十分にもっていない裁判官が，弁護士の提出した資料だけをもとに，非専門的判断で子どもの将来を決めてしまう事態が生じうることは，子どもの福祉を考えた解決のためには適切ではないだろう。そのため，判例は人身保護手続が利用できる場面を限定し，子の引渡しの問題を家庭裁判所の審判手続に誘導する判断を示した。すなわち，離婚前の共同親権者間で，人身保護法にもとづき子の引渡しの請求がされた場合には，一方の監護は親権にもとづくもので原則として適法なものであるため，その監護が子の福祉に反することが明白でない限り，引渡し請求は認められない，としたのである（最判平5・10・19民集47巻8号5099頁）。そして，その後の最高裁判決で，子の福祉に反することが明白な場合とは，㋐子の引渡しを命ずる仮処分または審判が出され，その親権行使が実質上制限されているのに，拘束者がこの仮処分等に従わない場合や，㋑請求者の監護の下で子は安定した生活を送ることができるのに，拘束者の監護下では著しくその健康が損なわれたり，満足な義務教育を受けることができないなど，拘束者の子に対する処遇が親権行使という観点からみてもこれを容認することができないような例外的な場合であるとした（最判平6・4・26民集48巻3号992頁）。

④　子の引渡しの実現

家事審判において子の引渡しが命じられた場合，民事執行法172条に基づき，間接強制の方法により，履行の強制をすることができる（ただし引渡しの実現が子に悪影響を及ぼしたり，子が拒絶の意思を示したりする場合には，間接強制が権利濫

用とされることもある（最決平31・4・26判時2425号10頁））。その上で，直接強制
（民執169条）が可能であるかどうかについて，かつては子の引渡しを動産執行
に準じた扱うことに対する批判から，否定説が有力であった。しかし実効性の
観点から，近時実務において直接強制も利用されるようになっていた（東京家
審平8・3・28家月49巻7号80頁等）。そして2019（令和元）年の民事執行法改正に
より，一定の場合には直接強制が認められ（民事執行法174条），かつその際には
子の心身に有害にならないよう配慮しなければならないとされた（民事執行法
176条）。

　⑤　面会交流

　離婚後，親権者とならなかった親であっても，子の福祉に反しない限り，定
期的に子との交流をもつことが望ましいであろう。これを面会交流（面接交渉）
といい，調停や審判等を通じて，子と非親権者との交流が行われている。裁判
所は比較的早い時期から，面会交流を家庭裁判所が審判により定めることがで
きるとし（東京家審昭39・12・14家月17巻4号55頁），最高裁も，その取扱いを肯
定した（最決昭59・7・6家月37巻5号35頁）。しかしかつて民法には面会交流を定
めた直接の明文がなかったこともあり，その法的性質については，㋐親の自然
権説，㋑監護に関連する権利説，㋒子の権利説等さまざまな議論がなされた。
判例・実務では，766条の「子の監護に関する処分」を根拠とした運用を行っ
ていた。離婚前の別居中夫婦であっても，766条の類推適用により，面会交流
が認められている（最決平12・5・1民集54巻5号1607頁）。ただし，最高裁は祖父
母等第三者が面会交流の申立てをすることはできないとする（最決令3・3・29
判タ1500号84頁）。

　面会交流の権利は諸外国ではかなり以前から明文化されており，民法の一部
を改正する法律案要綱も「父又は母と子との面会及び交流」を「子の利益を最
も優先して考慮しなければならないもの」として，面会交流を明文化する方向
性を示していたため，わが国でも早期の明文化が待たれていたところであった
が，2011（平成23）年の民法改正で，766条が改正され，民法の一部を改正する
法律案要綱と同様のかたちで面会交流の規定が入れられるに至った。

　もっとも現実の運用面における問題点は，まだまだ少なくない。特段の事情
のない限り面会交流は原則として認められるべきというのが実務の立場とされ

◆コラム5-2　子どもの代弁人制度

　離婚紛争において，子どもの気持ちはどのように評価されるのだろうか。もちろん紛争の当事者は夫婦（父母）であるが，そこで行われる監護に関する判断は，子ども自身に大きな影響を与えるものである。そのため，監護紛争手続のなかに子の気持ちを反映させることで，手続において子に実質的な「当事者」としての地位を保障すべきであるという考え方が出てくる。その方法の1つが，子どもの代弁人制度である。たとえばドイツでは1997年に手続保護人と呼ばれる者によって，子どもの「思い」を監護紛争手続において代弁させる制度が実現した（その後，2009年には「手続補佐人」という名前に改称され，職務内容なども再編されている）。

　家事事件手続法は，手続能力のない者につき，一定の事件で手続代理人として弁護士を選任できることとし（23条），子が自らの監護に関する手続に関与できる道を開いたが，意思能力のない幼児を含む子一般につき自分の意向を代弁する制度の実現は見送られた。今後は外国の制度等を参考にしつつ，代弁者の資格，代弁すべき内容，費用負担等々細部の議論を行い，わが国での実現可能性を探る必要があるだろう。他方で，「子に親を選ばせる」ような心理的負担を子に負わせることにならないのか，といった問題についても検討することが求められる。

るが，DV被害を受けた配偶者の保護に欠けるなど，このような実務の態度には批判もある。「家族法制の見直しに関する中間試案」でも面会交流を定めるにあたっての考慮要素については引き続き検討するとされている。

　また面会交流の取決めが破られた場合，執行方法として間接強制が可能であるが，子どもの事情等に配慮して調停・審判で面会交流の内容を緩やかに定めた場合（たとえば「月2回程度交流する」など），債務名義の前提となる給付内容の特定性を満たさず，強制執行ができなくなる可能性がある。判例は，「面会交流の日時又は頻度，各回の面会交流時間の長さ，子の引渡しの方法等が具体的に定められているなど監護親がすべき給付の特定に欠けるところがないといえる場合」に間接強制が認められるとして，交流の日時・頻度・各回の交流時間の長さ・子の引渡し方法の特定の有無を判断基準としている（最決平25・3・28民集67巻3号864頁）。同中間試案も指摘するように，面会交流の取決めにかかる特殊性に配慮しつつ，執行の実効性を高めるための制度改善が必要だろう。

　また，面会交流の円滑な実施のために，当事者への助言や，面会場面での立会いなど，適切な第三者の交流サポートが必要な場合がある。現在，いくつかの民間団体（「家庭問題情報センター（FPIC）」など）や自治体（明石市）がこのような当事者支援を実施している。民間団体職員の立会い・指示を条件として面

会交流を認めるとした裁判例もある（東京家審平18・7・31家月59巻3号73頁）。今後，支援体制の質的・量的発展が期待されるが，費用負担の問題や，支援者の関与権限や関与手法等，検討すべき課題も少なくない。

⑥　**養育費**

　離婚によって非親権者となった親であっても，子に対する扶養義務を果たさなくてはならない。別居親が果たすべき扶養の程度は生活保持義務と解されており，それを金銭，すなわち養育費というかたちで支払うことになる。養育費についても今まで明文規定が存在せず，766条の「監護について必要な事項」を根拠としていたが，2011（平成23）年民法改正によって，同条に「子の監護に要する費用の分担」という文言が入れられ，養育費の明文化が図られた。

　養育費の算定方法については，労研方式，生活保護基準方式などが用いられていたが，2003（平成15）年に東京・大阪養育費等研究会によっていわゆる「標準的算定表」が公表され，実務で広く用いられた。定型的に養育費が試算でき便利である反面，支払額が低額に抑えられる傾向のあることが指摘されていたことから最高裁司法研修所は2019（令和元）年に「改定標準算定方式・算定表（令和元年度）」を公表した。

　では養育費支払いの実態はどのようなものだろうか。厚生労働省による全国ひとり親世帯等調査（2021（令和3）年度）によると，現在，養育費の支払いを受けている離婚母子世帯は全体の28.1％，過去に受けたことがあるのは14.2％と，養育費支払いが十分になされていない状況が浮かび上がってくる。民事執行法には，養育費等について不履行が生じたときに，確定期限が到来しているもののみならず，期限未到来のものについても，給料等からの差し押さえができるとしたり（民事執行法151条の2），支払いを怠った者に対する間接強制を認めるなど（民事執行法167条の15），養育費の履行確保に配慮した規定が置かれている。また2019（令和元）年の改正によって，申立てにより，裁判所が市町村や日本年金機構等に扶養義務者の給与情報を提供するよう命じることも可能となった（民事執行法206条）。「家族法制の見直しに関する中間試案」はさらに，支払義務者の収入の情報に関する開示義務や養育費債権の1回の申立てで複数の手続を可能にする執行の容易化を提案している。将来的には国による養育費の立替制度など，さらなる施策も求められよう。

　なお2011（平成23）年民法改正に伴って，離婚届中に養育費と面会交流の取り決めの有無を問うチェック欄が設けられた。さらに，同中間試案では，面会交流・養育費の取り決めや，子の養育に関する講座の受講を協議離婚の要件にする等の案が示されている。

設題

1)　妻Aは，夫Bの不倫現場を目撃し，そのことを夫に問い詰めたところ，「その女性とは2年前から付き合っている。お前にはもう愛情を感じていないので離婚してほしい，離婚は望めば自由にできるはずだ」といわれた。Aはそんな身勝手な話には応じられないと考えている。Aは離婚を甘受しなくてはならないのだろうか。

2)　妻Aは夫Bと離婚するにあたり，夫の貯金額の3分の1を財産分与として受け取った。Aは受け取った額には不満足であったが，早く離婚をしたい一心で，その額でよいと同意した。しかし，後になってからBから受けた仕打ちを思い出し，さらに慰謝料をもらいたいと考え，離婚から2年半後Bに対し，慰謝料を求める訴えを起こした。この請求は認められるだろうか。

3)　妻Aは夫Bと離婚協議中であるが，子どもの親権をめぐって争いが生じている。現在A・Bは別居中であり，ひとまず子はAの下で生活することで話がまとまっていた。しかしその後Bから「息子に会いたい」という電話が頻繁に来るようになった。Aは子どもを絶対Bに会わせたくないと思い，一切の要求を拒否していたが，ある日，下校途中の子どもを突然Bが連れ去っていった。AはBに子の引渡しを求めることができるだろうか。また，このような子をめぐる争いをどのように解決したらよいだろうか。

第**6**章
実　子（嫡出子・非嫡出子）

導　入

　　生まれたばかりの赤ちゃんは無力である。誰かが手を差し伸べなければ生きていくことができない。生まれた子を養育する責任を担うのは，第一次的に，その親であると考えられている。したがって，養育責任を負う親（法律上の父，法律上の母）を早期に確定しなければならない。

　　法はどのようにして親を決めるのか。つまり，「母は誰か」「父は誰か」という問題である。この答えは，自明のようでとても難しい。

　　「私と血がつながっている者が私の母であり，私の父である」。ある者とある者との間に血縁があるということは，その両者の間に生物学上の親子関係があると評価することができる。しかし，血縁があることを証明するのは容易ではない。科学の進歩は DNA 鑑定による血縁の有無の解明を可能にした。では，そのような技術が存在しなかった時代の人々はどのようにして「母は誰か」「父は誰か」という問題を解決したのだろうか。

　　かつてローマ法下の人々は，「母は誰か」「父は誰か」を法的に決定する仕組みを考える中で，「母は常に確実なり」「父は婚姻が指示する者なり」という法諺を生んだ。「母は誰か」について，子を出産した女性を母と解する。出産の事実は誰の目にも明らかであり，母子関係の存在を認めることができる。「父は誰か」について，子の母と婚姻している男性を父と解する手法を発案した。婚姻による夫婦間の貞操が守られるならば，子を出産した女性，すなわち母の夫が父であろうということになる。他方，婚姻していない男女間に生まれた子については，自らの意思で，自分の子であると認めた男性を父とする。このように法的に決定する仕組みに従って定まる親子関係を「法律上の親子関係」，あるいは「法律上の父子関係」「法律上の母子関係」という。

　　法律上の親子関係は一定の事実だけでなく意思などのさまざまな要素を加味して成立する仕組みとなっている。法律上の親子関係と生物学的親子関係は，多くの場合，一致する。しかし，一致しないこともありうることに注意

が必要である。

　以下，法律上の親子関係を定める仕組みについて確認しよう。

1　実親子関係の成立──親子であるには？

　法律上の親子関係には，血縁を基礎として親子関係を設定する実親子関係（実親・実子）と人為的に親子関係を設定する養親子関係（養親・養子）とがある。

　実親子関係における父子関係と母子関係の成立方法は，まず母子関係を設定し，それにもとづいて父子関係を設定する構造となっている。母子関係は，原則として分娩の事実により成立する（判例・通説）。父子関係の成立は，子の母の婚姻の有無を媒介として，嫡出推定（772条）や認知（779条）という仕組みを利用する。一般的に，婚姻している夫婦を父母とする子を嫡出子，婚姻していない男女を父母とする子を非嫡出子という。

2　嫡出親子関係の成立──婚姻夫婦に子が生まれたら？

(1)　母子関係

　嫡出子の母子関係の成立に関する明文規定はない。分娩の事実により母子関係は定まると解されている（この点について，後述の非嫡出子の母子関係で説明する）。

(2)　父子関係
①　嫡出推定

　父子関係については，母子関係のように外形上明確ではない。そのため，婚姻にもとづいて法律上の父を定めるルールとして，「嫡出推定」という仕組みを利用する。嫡出推定は，夫婦の同居義務（752条）や貞操義務にもとづき，事実として，子の懐胎から子の出生までの間に，母が婚姻していたならば，その婚姻における夫が子の父である蓋然性が高いこと，および，夫婦の協力・扶助

義務に照らせば，夫婦による子の養育が期待できること等を根拠とする。

まず，「妻が婚姻中に懐胎した子」は，当該婚姻における夫の子と推定する。そして，婚姻成立の日から200日を経過した後または婚姻の解消もしくは取消しの日から300日以内に生まれた子（772条2項後段）は，婚姻中に懐胎したものと推定する（同条1項前段）。

次に，「妻が婚姻前に懐胎し，婚姻の成立後に生まれた子」は，当該婚姻における夫の子と

資料6-1 戸籍法49条〔届出期間，届出事項，出生証明書の添付〕

① 出生の届出は，14日以内（国外で出生があったときは，3箇月以内）にこれをしなければならない。

② 届書には，次の事項を記載しなければならない。

　一 子の男女の別及び嫡出子又は嫡出でない子の別

　二 出生の年月日時分及び場所

　三 父母の氏名及び本籍，父又は母が外国人であるときは，その氏名及び国籍

　四 その他法務省令で定める事項

③ 医師，助産師又はその他の者が出産に立ち会つた場合には，医師，助産師，その他の者の順序に従つてそのうちの一人が法務省令・厚生労働省令の定めるところによつて作成する出生証明書を届書に添付しなければならない。ただし，やむを得ない事由があるときは，この限りでない。

推定する。そして，婚姻の成立の日から200日以内に生まれた子（同条2項前段）は，婚姻前に懐胎したものと推定する（同条1項前段）。

この結果，「婚姻の成立の日」から「婚姻の解消もしくは取消しの日から300日以内」までの間に生まれた子は，当該婚姻における夫の子と推定する。この

資料6-2 嫡出推定が及ぶ範囲

民法772条1項

夫の子と推定

婚姻　　離婚

300日

民法772条3項

前夫の子と推定　　再婚後の夫の子と推定

婚姻　　離婚　　再婚

300日

◆コラム6-1　戸籍上の性別変更と嫡出推定

　性同一性障害を抱える者（性同一性障害者）が社会生活上直面するさまざまな社会的不利益を解消するため，戸籍上，男性から女性へ，または，女性から男性へ，性別の取扱いを変更することが認められている（性同一性障害者の性別の取扱いの特例に関する法律〔平成15法律第111号〕）。性同一性障害者（同法2条）が，一定の要件を満たすとき，家庭裁判所に対して性別の取扱いの変更の審判を請求することができる（同法3条）。性別の取扱いの変更の審判を受けた者は，民法その他の法令の適用について，他の性別に変わったものとみなされる（同法4条）。変更後の性別において，婚姻や養子縁組などをすることが可能となる。

　判例は，性別の取扱いの変更の審判を受けて，戸籍上の性別を男性に変更した者が婚姻し，その妻が精子提供により婚姻中に懐胎した子について，民法772条の規定により，子は夫の子と推定されると判示した（最決平25・12・10民集67巻9号1847頁）。

ように，婚姻にもとづいて夫の子と推定することを，「嫡出推定が及ぶ」と表現する。

　しかし，上記の嫡出推定が及ぶ期間を前提とすると，女性が再婚した後に生まれた子について，嫡出推定が重複する場合がある。たとえば，離婚した後再婚し，離婚の日から300日以内に生まれた子について，嫡出推定により，前婚の夫の子とする推定と再婚後の夫の子とする推定とが重なるため，子の父を定めることができない。このような嫡出推定の重複を回避するため，母が，子を懐胎した時から子の出生の時までの間に複数の婚姻をしていたときは，子の出生の直近の婚姻の夫の子と推定する（同条3項）。つまり，再婚した後に生まれた子は，再婚後の夫の子とする推定を優先する。そして，再婚後の夫の子であることが否定された場合には，前婚の夫（子の出生の直近の婚姻の1つ前の婚姻の夫を「前夫」という）の子と推定する（同条4項）。

②　嫡出否認

　嫡出推定は，法律上の父を定めるルールではあるが，生まれた子について，とりあえず夫の子と推定する仕組みである。生まれた子が夫の子ではないという場合は，「子が嫡出であること（774条）」を否認すること（＝婚姻にもとづいて夫の子とする推定を否定すること）ができる。

　子が嫡出であることを否認することを「嫡出否認」といい，否認することができる権限を「否認権」という。否認権の行使は嫡出否認の訴えによって行うこととされている（775条）。否認権を行使することが認められるのは，父およ

び子（774条1項），母（同条3項），前夫（同条4項）である。嫡出否認の訴えの出訴期間は，原則として，父または前夫が否認権を行使する場合は子の出生を知った時から3年以内（777条1号・4号），子または母が否認権を行使する場合は出生の時から3年以内（同条2号・3号）である。なお，子が否認権を行使する場合について，子が出生の時から3年以内に自ら否認権を行使することはできないので，親権を行う母，親権を行う養親または未成年後見人が，子に代わって子の否認権を行使する。子は，否認権を有するものの，事実上，自ら行使することはできないことになる。そこで，子は，父と継続して同居した期間が3年を下回るときは，21歳に達するまでの間，自ら否認権を行使することができる（ただし，子の否認権の行使が父による養育の状況に照らして父の利益を著しく害するときは，行使することができない。778条の2第2項）。

　なお，否認権が行使されなかった場合は，父子関係をもはや覆すことはできない。生物学上の親子関係と一致しない法律上の親子関係が確定することとな

る。

(3) 推定の及ばない子

　「婚姻の成立の日」から「婚姻の解消もしくは取消しの日から300日以内」までの間に生まれた子（772条2項）は，夫の子と推定される（同条1項）。

　民法772条2項が定める期間内に出生した子であるけれども，妻が子を懐胎すべき時期に，夫婦が別居していたなど，夫婦間に性的関係が存在しないことが明らかな場合がある。このような場合でも，父子関係を否定するには嫡出否認の訴えによらなければならないのだろうか。婚姻夫婦間の同居義務や貞操義務という嫡出推定の前提を欠く場合には，夫による妻の懐胎は不可能であり，したがって，出生した子について，嫡出推定が及ばないと考えることができる。

　判例は，離婚後300日以内に出生した子であるけれども，夫婦関係は「離婚の届出に先だち約2年半以前から事実上の離婚をして，爾来夫婦の実態は失われ，たんに離婚の届出がおくれていたにとどまる」場合には，子は「実質的には民法772条の推定を受けない嫡出子」であると判示した（最判昭44・5・29民集23巻6号1064頁）。学説は，このような子を「推定の及ばない子」という。

　そして，民法772条の嫡出「推定の及ばない子」であるとされたならば，父子関係は，嫡出否認の訴え（774条以下）ではなく，親子関係不存在確認の訴え（人訴2条2号）によって否定すること，および，生物学上の父と思われる男性に対して認知を請求することができる。

　どのような場合に嫡出推定が及ばなくなるのかが問題となる。判例・通説は，事実上の離婚，長期の別居（収監，行方不明，海外赴任，出征を含む）等，夫による妻の懐胎が不可能であることが外観上明白である場合に限定して，嫡出推定が及ばないとする（外観説）。対して，外観上明白な場合のみならず，血液型の背馳やDNA鑑定等により，科学的客観的に生物学上の父子関係の存在が否定される場合をも含めて，嫡出推定が及ばないとする（血縁説）。他にも，家庭がすでに破綻している場合（家庭破綻説），生物学上の父と子と母との間で新たな家庭が形成されている場合（新家庭形成説），当事者（子・母・夫）の合意がある場合（合意説）には嫡出推定が及ばないとする学説もある。

◆コラム6-3　親子関係不存在確認の訴え

　親子関係不存在確認の訴えは，民法ではなく，人事訴訟法に規定されている（人訴2条2号）。親子関係の存否の確認の訴えは，確認の利益を有するものであれば誰でも，いつでも訴えを提起することができる。嫡出否認の訴えと比して，訴えの当事者および出訴期間の制限がないことから，利害関係人により法律上の父子関係は争われ覆される危険性を秘めており，子の身分は不安定な地位におかれる。

◆コラム6-4　藁の上からの養子

　わが国では，子に恵まれない夫婦が，生後間もない他人の子をもらい受け，養子縁組ではなく，自分たちの嫡出子として出生を届出て養育をする慣行があった。このような子を「藁の上からの養子」という。

　虚偽の嫡出子出生届により戸籍上は嫡出子と記載されているものの，戸籍上の母による分娩の事実はないのだから法律上の母関係は発生せず，婚姻中の妻が懐胎した子ではないのだから，嫡出推定は及ばず，法律上の父子関係も成立しない。

　親子関係が良好であれば問題視されないが，ひとたび不和になると問題は表面化する。従来，藁の上からの養子の親子関係は，虚偽の届出をした戸籍上の父母や相続に利害関係を有する者（戸籍上の兄弟姉妹）が提起した親子関係不存在確認の訴えにより争われ，容易に覆されてきた。

　しかし，長期間実の親子と同様の生活実体があったにもかかわらず，後になって親子関係を否定されることは，藁の上からの養子にとって酷な現実である。判例は，一定の場合には，親子関係不存在確認の訴えは権利の濫用（1条3項）に当たり許されないとしている（最判平18・7・7民集60巻6号2307頁）。

　現在では，DNA鑑定により，父子間の自然的血縁の存否を明らかにすることができるようになった（コラム6-5参照）。判例は，DNA鑑定により，元夫と子との自然的血縁の不存在が明らかになり，子（法定代理人母）が元夫に対し，親子関係不存在確認の訴えを提起した事案で，「夫と子との間に生物学上の父子関係が認められないことが科学的根拠により明らかであり，かつ，夫と妻が既に離婚して別居し，子が親権者である妻の下で監護されているという事情があっても」，民法772条による嫡出推定が及ばなくなるものとはいえないから，親子関係不存在確認の訴えにより父子関係の不存在を争うことはできないと判示している（最判平26・7・17民集68巻6号547頁）。最高裁は一貫して外観説を採用している。

　ただし，上記の2件の判例は，妻が婚姻中に懐胎したものと推定される子（＝婚姻成立の日から200日を経過した後または婚姻の解消もしくは取消の日から300日以内に生まれた子）に関して判断したものである。したがって，妻が婚姻前に

懐胎したものと推定される子（＝婚姻の成立の日から200日以内に生まれた子）について，「推定の及ばない子」とする取扱いが認められるのか明らかでない。なぜならば，婚姻の成立の日から200日以内に生まれた子について，婚姻の成立前の同居・別居等の生活態様を問わず，一律に嫡出推定が及ぶ。確かに，夫の子である蓋然性が高く，また，夫も子を養育する意思を有するであろうものの，上記の２件の判例が採用する外観説において，婚姻前の男女間において「夫による妻の懐胎が不可能であること」を「外観上」どのように判断するのだろうか。婚姻の成立の日から200日以内に生まれた子について，「推定の及ばない子」とする取扱いが認められるのか，今後の判例に注目したい。

3　非嫡出親子関係の成立
——婚姻していない男女の間に子が生まれたら？

　非嫡出子とは，一般的に，法律上の婚姻関係にない男女の間に出生した子をいう。条文上は「嫡出でない子」と表記されている。非嫡出親子関係は，父母の婚姻という一定の事実を欠くため，親子関係の成立には「認知」という仕組みを用いる。

(1)　母子関係
　民法は，非嫡出子の母子関係は認知により成立すると規定する（779条）。ただし，通説判例は，非嫡出子とその母との間の親子関係は，原則として，母の認知を必要とせず分娩の事実により当然に発生するとしている（最判昭37・4・27民集16巻7号1247頁）。

(2)　父子関係
①　任意認知
(ア)　方式・要件
　非嫡出子とその父との間の親子関係は，父が自発的に自分の子であることを認める意思表示により成立する（779条）。これを任意認知という。
　認知をするには父が未成年者または成年被後見人であっても，意思能力があ

る限り，その法定代理人の同意は不要である（認知能力，780条）。認知は，認知の届出（781条1項）または遺言（遺言認知，同条2項）により行う。届出時に父子関係の証明も不要である。

　ただし，認知される子について，子が成年であるときは，その承諾が必要である（782条）。胎児を認知するには，胎児の母の承諾が必要である（胎児認知，783条1項）。死亡した子を認知するには，その者に直系卑属があるときに限られる。その直系卑属が成年子であるときは，その承諾が必要である（同条2項）。

　(イ)　認知の無効

　任意認知は，それが認知者の意思にもとづかない場合，たとえば，認知者に意思能力がない場合や第三者が父になりすまして届出をした場合には，たとえ生物学上の親子関係があっても，認知は無効であり，法律上の親子関係は成立しない（最判昭52・2・14家月29巻9号78頁）。また，父でない者による認知の場合も，事実に反する認知であり無効である。このような認知に対して，反対の事実があることを理由として，認知無効の訴えを提起することができる（786条柱書）。

　認知無効の訴えを提起することができる者および提訴期間について，子またはその法定代理人は子またはその法定代理人が認知を知った時から7年以内（同条1項1号），認知をした者は認知の時から7年以内（同項2号），子の母は子の母が認知を知った時から7年以内（同項3号）に限定されている。なお，子自身による認知の無効の主張を認めるため，子は，認知をした者と認知後に継続して同居した期間が3年を下回るときは，21歳に達するまでの間，認知について反対の事実があることを理由として，認知の無効の訴えを提起することができる（ただし，子の認知の無効の主張が認知をした者による養育の状況に照らして認知をした者の利益を著しく害するときは，認知の無効を主張することができない。同条2項）。

　②　**強制認知**

　(ア)　認知の訴え

　非嫡出子とその父との間の親子関係について，父が任意認知しない場合には，子は父であると思われる者に対して認知の訴えを提起することができる

◆コラム6-5　DNA鑑定導入の是非
　科学技術が進歩した現在では，DNA鑑定を用いてほぼ100％に近い確率で生物学的親子関係の存否を認定することが可能となった。1990年代より，認知，嫡出否認，親子関係不存在確認等の訴訟や調停において，DNA鑑定が利用されるようになった。DNA鑑定の実施は，間接事実の立証における当事者のプライバシーの暴露合戦を封じる一方で，DNAという個人の究極のプライバシーを扱うためその保護が図られなければならない。他に，当事者の一方がDNA鑑定に同意しない場合に，鑑定強制が認められるのだろうか。鑑定実施への拒否は法的判断において不利に扱われるのだろうか。また，DNA鑑定の利用拡大は，法律上の親子関係と生物学上の親子関係の一致を指向するものである。養育や意思に裏付けられた親子としての実体を尊重し，社会学上の親子関係の存在を考慮する余地はないのであろうか。検討課題は山積している。

（787条）。判決により，父の意思にかかわらず父子関係を成立させることから，これを強制認知あるいは裁判認知という。

　認知の訴えの原告は，子，その直系尊属またはこれらの者の法定代理人である。被告は父である。

　父であると思われる者が死亡した後も，死亡の日から3年以内であれば，認知の訴えを提起することができる（死後認知，787条ただし書）。

(イ)　父子関係の証明

　認知の訴えが認容されるには，原告は，被告との間に生物学的親子関係が存在することを立証しなければならない。父子関係の客観的かつ直接的な立証は困難であるため，裁判では，懐胎可能期間中，原告の母と被告男性との間に継続的な性的関係があったこと，他の男性との性的関係があった事情が認められないこと，血液型が一致すること等の間接事実を総合的に考慮し，経験則にもとづいて父子関係の存在を推認する。

　かつては，被告男性の抗弁として，懐胎可能期間中，原告の母が他の男性と性交渉があったとする主張（不貞の抗弁または多数関係者の抗弁）がなされると，原告はそのような事実がなかった旨の立証をしなければならなかった（大判明45・4・5民録18輯343頁）。これでは原告に過重な立証責任を負わせる結果となるとの批判を受けて，最高裁は判例を変更し，反証を被告に求めるに至った（最判昭32・6・21民集11巻6号1125頁）。

(3) 認知の効果

認知により法律上の親子関係が成立すると，その効果は出生時にさかのぼる（784条）。つまり，子は，出生時から認知した者との間に法律上の親子関係があったことになる。したがって，父としての扶養義務にもとづいて，子は父に対して扶養請求することができる。また，子の親権者について，父母の協議により，親権者を母から父へ変更すること（819条4項）や，子の氏について，家裁の許可を得て母の氏から父の氏へ変更すること（791条1項）ができる。

(4) 認知請求権の放棄

父が非嫡出子やその母に金銭を給付し，その代わりに認知の訴えを提起しないことを約束することがある。判例は，認知請求権は身分上の権利たる性質およびこのような権利を認めた法意に照らし，権利の放棄は認められないとする（最判昭37・4・10民集16巻4号693頁）。

(5) 準 正

非嫡出子について，婚姻外の父母が子の出生後に婚姻した場合には，子は嫡出子の身分を取得する（789条）。これを準正という。

父の認知の後に父母が婚姻する婚姻準正の場合，子は父母の婚姻の時から準正の効果が生じる。父母の婚姻の後に父が認知する認知準正の場合，条文上は「認知の時から」とあるが，婚姻の時から準正の効果が生じると解されている。

4 生殖補助医療と法的親子関係
——人工生殖によって子が生まれたら？

生殖補助医療とは，一般的に不妊治療と呼ばれ，人工授精や体外受精等の生殖技術を介して人為的に妊娠を成立させることを目的とする医療行為をいう。具体的には，人工授精とは，人工的に男性の精子を妻の胎内に注入する医療行為である。夫の精子を用いる配偶者間人工授精（AIH = Artificial Insemination by Husband）と夫以外の男性の精子を用いる非配偶者間人工授精（AID = Artificial Insemination by Donor）とがある。また，体外受精とは，女性の卵巣か

ら卵子を取り出して体外で精子と受精させ，受精卵（胚）を妻の子宮内に移植する医療行為である。さらに，代理出産とは，妻以外の女性（代理母）に，夫の精子を人工授精する方法や夫婦の体外受精卵を移植する方法により行われる医療行為である。

(1)　生殖補助医療に関する立法

生殖補助医療については，①行為規制－生殖補助医療行為について，どの医療行為がどのような要件の下で行うことが許されるのかという問題と，②法律上の親子関係－生殖補助医療により出生した子の親子関係をどのように定めるのかという問題がある。

生殖補助医療技術の進展や生殖補助医療による出生子の増加といった現状を踏まえ，生殖補助医療の提供等に関し，「生殖補助医療の提供等及びこれにより出生した子の親子関係に関する民法の特例に関する法律」（令和2年法律第76号，以下「特例法」という）が制定された。特例法は，生殖補助医療の提供等に関して，基本理念を明らかにし，国および医療関係者の責務ならびに国が講ずべき措置について定める。

①　行為規制

現在，行為規制に関する法律は存在しない。特例法附則では，生殖補助医療の適切な提供等を確保するため，生殖補助医療およびその提供に関する規制の在り方，生殖補助医療に用いられる精子，卵子または胚の提供またはあっせんに関する規制の在り方，生殖補助医療の提供を受けた者，精子または卵子の提供者および生殖補助医療により生まれた子に関する情報の保存・管理，開示等に関する制度の在り方について検討し，その結果にもとづいて法制上の措置等を講ずるものとするが，実現には至っていない。

なお，日本産科婦人科学会では，行為規制に関する自主的なルールを定めている。たとえば，代理懐胎に関して「代理懐胎の実施は認められない。対価の授受の有無を問わず，本会会員が代理懐胎を望むもののために生殖補助医療を実施したり，その実施に関与してはならない。また代理懐胎の斡旋を行ってはならない。」としている（日本産科婦人科学会「代理懐胎に関する見解」，平成15(2003)年4月）。しかし，自主規制にすぎず，法的な拘束力はないため，自主

規制に違反して，日本国内で代理懐胎が実施された事例が報道されている。また，日本人夫婦が，代理懐胎を認容する国で実施する事例も報道されている。

② 法律上の親子関係

民法は，自然生殖を前提として制定されている。人工生殖は，男女間の性的関係を欠く受胎であること，カップル以外の者の配偶子（精子・卵子・胚）が利用可能であること等から，民法の特例が規定されている。「生殖補助医療の提供等及びこれにより出生した子の親子関係に関する民法の特例に関する法律」（令和2年法律第76号）は，生殖補助医療の提供を受ける者以外の者の卵子または精子を用いた生殖補助医療により出生した子の親子関係に関するルールを定めている（この法律は，令和3年12月11日以降に生殖補助医療により出生した子について適用される）。

特例法9条では，女性が自己以外の女性の卵子を用いた生殖補助医療により子を懐胎し，出産したときは，その出産をした女性をその子の母とすると規定する。つまり，提供卵子を用いた体外受精により出生した子の母は，出産した女性（妻）である。代理出産により出生した子の母は，出産した女性（代理母）である。

特例法10条では，妻が，夫の同意を得て，夫以外の男性の精子を用いた生殖補助医療により懐胎した子については，夫，子または妻は，その子が嫡出であることを否認することができないと規定する。つまり，妻が，夫の同意を得て，夫以外の男性の精子を用いた生殖補助医療（非配偶者間人工授精，体外受精）により懐胎した子について，夫，子または妻は，嫡出否認の訴えを提起して，父子関係を否認することができない。

(2) 生殖補助医療により生まれた子の法律上の親子関係に関する判例

① 死後懐胎子

夫の死後に凍結精子を用いた体外受精により生まれた子の法的親子関係が争われた事例がある。夫は放射線治療を受けるにあたり無精子症になるおそれがあったので，精子を冷凍保存した。夫は生前，生殖補助医療の実施に同意していた。夫の死亡から2年後，妻は，医師に夫死亡の事実を伝えないまま，冷凍精子を用いた体外受精により懐胎・出産した。これを死後懐胎という。

死後懐胎により出生した子について，妻は亡夫の嫡出子として出生の届出をしようとしたが，夫死亡による婚姻解消の日から300日（772条）を経過しているため受理されなかった。これを不服として争ったが，最高裁は子と亡父との間の嫡出親子関係の成立を認めなかった（最判平14・4・24判例集未登載）。そこで，妻は，亡夫の非嫡出子として死後認知の訴えを提起した。最高裁は，死後懐胎子と死亡した父との関係に関する特別の立法がない以上，子と亡父との間の非嫡出父子関係の成立を認めないと判示する（最判平18・9・4民集60巻7号2563頁）。

②　代理懐胎子

日本人夫婦の精子と卵子を用いて，米国人女性を代理母とする代理懐胎により生まれた子の法的親子関係が争われた事例がある。なお，国内における外国判決の承認についてはここで言及しない。

妻が子宮を摘出したため，日本人夫婦は，米国ネバダ州在住の女性を代理母する代理出産契約を締結した。この契約にもとづいて，代理母が子を出産した。ネバダ州裁判所は，日本人夫婦が子の血縁上および法律上の実父母であることを確認すること等を内容とする裁判を行った。帰国後，代理懐胎により出生した子について，依頼人夫婦の嫡出子として出生の届出をしようとしたが，妻が分娩者ではないことを理由に受理されなかった。これを不服として争ったところ，高裁は依頼者である妻を母とする判断を示した（東京高決平18・9・29民集61巻2号671頁）。しかし，最高裁は，「現行民法の解釈としては，出生した子を懐胎し出産した女性をその子の母と解さざるを得ず，その子を懐胎，出産していない女性との間には，その女性が卵子を提供した場合であっても，母子関係の成立を認めることはできない」として原決定を破棄し，分娩した女性を母としている（最決平19・3・23民集61巻2号619頁）。その後，依頼者夫婦と子との特別養子縁組（817条の2）の成立が認められている。

なお，現行法下では特例法9条が適用されると考えられている。

設題

1)　父子関係を否定する方法として，嫡出否認の訴え，認知無効の訴え，親子関

係不存在確認の訴えがある。これらを比較して，相違をまとめなさい。

2) 生殖補助医療により出生した子が，精子・卵子・胚の提供者に関する情報を知ること（遺伝上のルーツを知ること）ができるよう，「子どもの出自を知る権利」を保障しなければならない。では，この権利がどの範囲（提供者の情報として，氏名・年齢・身長・趣味・病歴・居住地等がある）で認められるべきか。検討するに際しては，「子どもの出自を知る権利」と衝突する「匿名性の原則」との調和を意識してほしい。匿名性の原則とは，生殖補助医療において第三者から精子・卵子・胚の提供を受ける場合には，提供者に関する情報を一切公表しないことをいう。提供者の子に対する養育責任の免責，提供者の家族への介入の防止など提供者を保護するためのものであり，かつ，提供者の数を確保するためのものである。

第7章
養　子——親子をつくる

導　入

　養子縁組制度とは，養子と養親との間に法定血族関係および嫡出の親子関係を発生させる制度である。

　養子縁組には，「普通養子縁組」と「特別養子縁組」がある。養子縁組制度の目的は，かつては，家の継承者を得ること（「家のための養子」），子のない親に子を与えること（「親のための養子」）であったが，近時では，親のない子，親による監護に恵まれない子に親を与えること（「子のための養子」）にシフトしてきたとされる。

　この章では，養子縁組制度の歴史とその動向，「普通養子縁組」，「特別養子縁組」の成立要件とその効果，離縁について学ぶ。現代社会における養子縁組の意義等についても考えてみてほしい。

1　養子縁組制度の歴史——養子縁組は誰のためのものか？

⑴　養子縁組制度の目的とその変遷

　養子縁組制度とは，親子関係を人為的に創り出す制度である。養子縁組の目的は，それが必要とされる時代背景や社会によって異なる。欧米諸国では，中世に養子縁組制度が廃れた後，第一次世界大戦による戦災孤児・棄児・非嫡出子を救済する手段として，子のための養子縁組制度が発展してきた。さらに，第二次世界大戦後には，国内では適当な養親に恵まれなかった戦災孤児等を中心に，国際養子縁組が世界的に活発化した。しかし，急速な国際養子縁組の普及は，とりわけ養子となる者の利益やその福祉を危険に晒す事態を引き起こした。このような問題を背景として，近時では「国際養子縁組に関する子の保護及び協力に関する条約（国際養子に関するハーグ条約）」（1993（平成5）年）（以下，

「ハーグ条約」という）の下に，国際養子縁組における国際的な協力体制の構築が目指されている。アメリカ・イギリス・フランス・ドイツ・インド・中国・フィリピンなど世界105ヶ国以上がハーグ条約を批准しているが，日本は未だ批准していない（2023（令和5）年3月現在）。

　一方，日本においては，養子縁組は古くより家の承継を目的としてなされてきた。明治民法（以下，「旧法」という）における「家」制度では，戸主の地位と家の財産は，戸主の死亡や隠居などにより開始する家督相続によって長男子が継承し，一括して単独相続された（旧法964条）。法定推定家督相続人は，戸主の直系卑属で親等のより近い年長の男子が優先されるが（旧法970条），男子がいない場合（旧法839条），実子がいない場合には養子縁組を用いて（旧法860条・861条），養子を法定推定家督相続人とすることができた。

　旧法には上記のような「家」制度に特有の規定が多数存在していたため，戦後の現行憲法の施行にともない，親族編・相続編は全面的に改正され，養子縁組制度についても，憲法の基本原理に抵触する規定，または「家」制度に特有の規定などが廃止された。このようにして，現行民法における養子縁組制度は，親のための縁組制度としての色合いを残しながらも，未成年養子に対する家庭裁判所の許可制度（798条），特別養子縁組制度（817条の2～817条の11）を規定するなど，子のための養子縁組を保障するものとして発展してきた。

(2)　養子縁組制度の実際

　日本における養子縁組の件数は，年間約6万件程度で推移しているが，その大半が成年養子であり，家の跡継ぎ・扶養・節税対策などを目的とする縁組が多い。他方，未成年養子の場合には，親の再婚にともなう縁組（いわゆる連れ子養子）が多く，家族関係を安定させることを目的とする利用が目立つ。

　未成年者の養子縁組について，司法統計年報（家事編）をみると，家庭裁判所における家事審判・調停事件として集計されている新受件数（2021（令和3）年）は，「養子をするについての許可」が697件，「特別養子縁組の成立及びその離縁に関する処分」が741件となっている。

　子の福祉の観点から導入された特別養子縁組については，近年増加傾向にあるものの，被虐待児等，社会的養護・家庭養護を必要とする子の数は年々増加

していることから，2016（平成28）年の児童福祉法の改正に続き，2020（令和2）年4月からは特別養子縁組の利用促進に向けた改正法が施行されている。

(3) 日本における国際養子

国際養子縁組について，司法統計年報（家事編）をみると，家庭裁判所における家事渉外事件として集計されている新受件数（養親夫婦の双方もしくは一方または養子のいずれかが外国人である養子縁組に関する件数）（2021（令和3）年）は，「養子をするについての許可」が267件，「特別養子縁組の成立及びその離縁に関する処分」が48件となっている。

ところで，上記の数字には，日本人の子を国外に連れ出して外国で養子縁組をするというケースは含まれていない。日本は，前述のハーグ条約を批准しておらず，国際養子縁組を管理する中央当局となる部署も存在しないため，政府は国際養子縁組のために国外に送り出される日本国籍の子どもの正確な数を把握できていないのが現状である。国際養子縁組という状況におかれる子の福祉を守るための制度整備が喫緊の課題である。

2 普通養子縁組の成立要件──養親・養子になるためには？

(1) 普通養子縁組の成立要件

普通養子縁組は，養親となる者と養子となる者との間の契約であり，合意にもとづく届出が受理されることによって成立する（799条・739条）。婚姻と同様に届出主義が採られており（形式的要件），届出の方式・要件等は婚姻の場合に準じる。また，家庭裁判所の許可が必要な場合には（本節(2)参照），許可審判書の謄本を添付する必要がある（戸籍法38条2項）。

養子縁組の実質的な成立要件・有効要件は，以下の①〜⑤である。

① 縁組意思の合致

養子縁組の当事者間に縁組意思の合致がない場合，当該縁組は無効となる。ここでいう縁組意思とは，婚姻意思の場合と同様に，届出意思だけでは足りず，社会通念上，真に親子であると認められる関係を成立させる意思であるとされる（実質的意思説）。前述のように，養子縁組は，家の跡継ぎ・扶養・節税

対策など多様な目的で行われており，縁組意思の存否の判断は困難である。なお，最判平29・1・31民集71巻1号48頁は，「相続税の節税の動機と縁組をする意思とは，併存し得るものである」として，節税対策としての養子縁組を認めた。

② 養親適格

養親となる者は，20歳に達した者でなければならない（792条）。

③ 尊属養子・年長養子の禁止

自己の尊属または年長者を養子とすることはできない（793条）。したがって，おい（めい）が年下のおじ（おば）を養子にすることはできないが，兄（姉）が弟（妹）を養子にすることは可能である。

④ 後見人・被後見人間の養子縁組

後見人が被後見人（未成年被後見人・成年被後見人）を養子とする場合には，家庭裁判所の許可が必要となる。後見人の任務が終了した後も，管理の計算が終わるまでは許可が必要である（794条）。後見人の職務怠慢や不当な後見事務の隠蔽を防止するためである。

⑤ 夫婦共同縁組

配偶者のある者が未成年者を養子とする場合には，夫婦共同縁組が原則である。ただし，配偶者の嫡出子を養子とする場合（いわゆる連れ子養子の場合）には，単独で縁組をすることができる。また，配偶者が意思を表示することができない場合にも，単独で縁組をすることができる（795条）。

なお，配偶者のある者が成年に達した者を養子とする場合または配偶者のある者が養子となる場合には，他方配偶者の同意があれば単独で縁組をすることができる（796条）。同意を必要とするのは，縁組により扶養・相続・氏などの面で利害関係を有する他方配偶者の利益を保護するためである。

(2) 未成年者の普通養子縁組

養子となる者が15歳未満の場合には，その法定代理人が子に代わって縁組を承諾する（代諾縁組）。法定代理人が縁組の承諾をするにあたり，養子となる者を監護すべき者と定められた父母がほかにいる場合（離婚の際に親権者のほかに監護者が定められていた場合），養子となる者の父母で親権を停止されている者が

資料7-1 養子縁組届

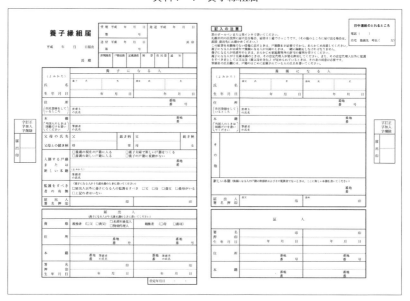

ある場合には，その同意を得なければならない。養子となる者が15歳に達して
いる場合には，未成年者自身が縁組をすることができる（797条）。

　未成年者の養子縁組（代諾縁組および15歳に達した養子本人による縁組）につい
ては，家庭裁判所の許可が必要である（798条）。未成年者自らが養子縁組をす
ることについて，親権者が反対している場合であっても，家庭裁判所が許可を
与えることは可能である。裁判所の縁組許可基準については，とくに規定がな
いが，不当な養子縁組を排除し，当該縁組が養子となる未成年者の福祉に合致
すれば足りるとされているようである。しかし，このような許可基準のあり方
については，当該縁組が子の福祉を増進するかどうかといった積極的な子の福
祉の実現をも考慮して許可すべきであるとの見解もある。

　自己または配偶者の直系卑属を養子とする場合には，例外的に，家庭裁判所
の許可は不要である（798条ただし書）。前記の例外は，自己または配偶者の直
系卑属を養子とする場合には，子の福祉が害されるおそれはないという希望的
観測にもとづくものであり，これに対しては批判的な学説が多い。

(3)　虚偽（の）嫡出子出生届と養子縁組

　子に恵まれない夫婦などが，生後間もない他人の子を引き取り，養子縁組の届出をせずに自己の嫡出子として出生届を出すことがある（藁の上からの養子）。このような虚偽の嫡出子出生届を出す背景には，「婚姻すれば子をもって当たり前」とする社会風土，戸籍上の「養親」，「養子」という記載から受ける差別を回避したいという人々の思惑がある。

　虚偽の嫡出子出生届によって嫡出親子関係を発生させることは可能であろうか。虚偽の嫡出子出生届をした者には，少なくとも子と親子関係を結ぼうとする意思（縁組意思）があり，実親子と同様の生活実体があることから，従来，虚偽の嫡出子出生届をもって養子縁組の成立を認めることはできないかという議論がなされてきた。判例は，養子縁組が要式行為であり，強行規定であることから，縁組としての効力を否定している（大判昭11・11・4民集15巻1946頁，最判昭25・12・28民集4巻13号701頁，最判昭50・4・8民集29巻4号401頁，最判平9・3・11家月49巻10号55頁等）。このような判例の立場については，子の福祉の観点からは，裁判所の許可要件等の実質的成立要件の遵守を担保する必要があると考

えられる一方，長期間にわたる親子関係を後に覆されるのは子にとって酷であるとする批判もある。また，無効行為の転換法理などにより，出生届に養子縁組届の効力を認めるべきであるとする学説もある。

判例は，虚偽の嫡出子出生届をした父母（戸籍上の父母）および親族からの親子関係不存在確認請求は，権利濫用にあたり認めないとしている（最判平18・7・7家月59巻1号98頁，最判平18・7・7民集60巻6号2307頁）。

3　普通養子縁組の効果──養親・養子になると変わること

(1)　養親子間

養子となった者は，縁組の日から養親の嫡出子としての身分を取得する（809条）。したがって，養子は原則として養親の氏を称し（810条）（本節(3)参照），養親・養子の双方に扶養・相続関係が発生する。他方，縁組後も養子と養子の実親および実方親族との関係は存続するため，養子の実親・養子の相互の扶養・相続関係も存続する。

なお，未成年の養子は養親の親権に服するため（818条2項），親権は実親から養親に移行するが，実親の子に対する扶養義務が消滅するわけではない。

(2)　養親の血族と養子間

養子と養親およびその血族との間においては，養子縁組の日から，血族間におけると同一の親族関係が生ずる（727条）。したがって，養子もしくはその配偶者または養子の直系卑属もしくはその配偶者と養親またはその直系尊属との間では，離縁（4節(3)参照）により親族関係が終了した後でも，婚姻をすることができない（736条）。ただし，養子と養方の傍系血族との間では婚姻障害は存在しない（734条1項ただし書）。

なお，養子縁組前に生まれていた養子の子と養親とは親族関係を有しない。

(3)　氏と戸籍

養子は養親の氏（縁組成立時の養親の氏）を称するのが原則である（養親子同氏の原則）。しかし，日本法では成年養子が認められていることから，養子が婚

　近時，未成年の子をもつ親の離婚および再婚が増加傾向にある。未成年子をもつ母（父）が再婚した場合，その再婚相手である夫（妻）と未成年子の間に，法律上の親子関係は当然には発生しない。そこで，未成年子の親権・扶養・相続・氏の変更等の観点から子の利益を保障するため，未成年子と母または父の再婚相手との間で養子縁組を行うのが一般的である。このような養子縁組は，子の福祉に資することがほとんどであると思われるが，離婚時に未成年子の親権者・監護者とならなかった実親（多くの場合は実父）の同意なく縁組が行われる（797条）ことも多く，これに起因する問題も生じている。

　一方，成年養子においては，養子縁組における諸効果を利用するために，さまざまな目的で縁組がなされている。たとえば，同性婚を認めていない日本では，ホモセクシャルのカップルが法的保護を受ける手段として利用しているケースがある。また，氏変更の効果を悪用し，消費者金融からの借金を繰り返したり，相続の効果を悪用した保険金殺人，臓器提供を受けるための養子縁組（日本移植学会の倫理指針では，提供者を親族に限定）といった事件も散見される。

　上記のような養子縁組の現状を踏まえたうえで，子の福祉，多様な家族のあり方を尊重することができる法改正・制度整備が求められている。

姻している（または婚姻していた）という場合があり，さらに，配偶者のある者が養子になる場合に単独で養子となることができるため，夫婦同氏制度における夫婦間の氏と養親子間の氏の不一致が問題となる。養子の氏（810条）と戸籍については，下記のようになる。

　①　原　則

　㋐　養子が婚姻していない場合

　養子は養親の氏を称し（未成年養子・成年養子を問わない），養子は養親の戸籍に入る（戸籍法18条3項）。続柄欄に「養子」，「養父母」と明記されるとともに，実父母についても記載される。

　㋑　養子が婚姻している場合

　養子となる者の配偶者が婚姻の際に養子となる者の氏を選択していた場合には，養子縁組の成立にともない，養子とその配偶者は養親の氏を称する。したがって，このような場合に養子が離縁し，縁組前の氏に復すると（4節(3)参照），養子の配偶者の氏も縁組前の氏に復することになる。

　②　例　外

　養子となる者が婚姻の際に氏を改めた者である場合，婚姻の際に定めた氏を称すべき間は，婚姻の際に選択した氏を称するものとされる（810条ただし書）。

これは，一般に，養親子間の結び付きよりも夫婦間の結び付きのほうが強固であろうという理由からである。

　なお，婚姻の際に定めた氏を称すべき間とは，婚姻中はもちろん，離婚または婚姻の取消しがあった場合で婚氏続称の届出があったとき，婚姻が死亡解消し，養子が生存配偶者であって復氏しないときをいう。

　③　**養子縁組時にすでに存在している養子の子の氏**

　養子縁組前に出生した養子の子は，養親の氏を称しない。したがって，嫡出子の父母が養子縁組により養親の氏を称することになっても，子は養子縁組による父母の新戸籍には入らない。

4　普通養子縁組の無効・取消し・離縁
──養親子関係がなくなるとき

(1)　普通養子縁組の無効

　養子縁組は，人違いその他の事由によって当事者間に縁組をする意思がないとき，当事者が縁組の届出をしないときに限り無効である（802条）。

　婚姻と同様に，届出主義を採用しているため，縁組意思の存在時期，仮装縁組の効力等の問題については，婚姻届の場合と同様に処理される。判例では，兵役逃れを目的とする兵隊養子，人身売買の隠れ蓑として行う芸娼妓養子のほか，相続人のない養親の財産取得のみを目的とする縁組等が無効とされる。

　そのほか，代諾権のない者の代諾による縁組，養親に意思能力がない場合（たとえば，養親が高齢で弁識能力・判断力等にかなりの衰えが認められた場合等）の縁組も無効とされる。なお，未成年者の養子縁組において，夫婦共同縁組（795条）が必要であるにもかかわらず，単独で養子縁組が行われた場合，当該養子縁組は，原則として，縁組意思がある者についても無効であるが，同条の趣旨に反するものでないと認められる特段の事情がある場合には，縁組意思を欠く配偶者の縁組のみを無効とし，縁組意思を有する配偶者の縁組を有効とすることができるとされる（最判昭48・4・12民集27巻3号500頁等）。

　縁組の無効について，判例は，当然かつ絶対的無効であるとしている。無効確認の訴え（人事訴訟法2条3号）のみならず，他の訴えの前提としても無効の

主張をすることができる。

(2) 普通養子縁組の取消し

養子縁組は，以下の①〜⑦の場合にのみ取り消すことができる（803条）。①養親が20歳未満の者である場合（804条），②養子が養親の尊属または年長者である場合（805条），③後見人・被後見人間の無許可縁組（806条），④配偶者の同意のない縁組（806条の2），⑤代諾縁組の場合における監護者等の同意のない縁組（806条の3），⑥養子が未成年者である場合の無許可縁組（807条），⑦詐欺・強迫による縁組（808条，747条）。取消権者は，各条文の規定による。また，②以外の縁組については，追認が可能である。取消しの効果については，婚姻の取消しの効果等が準用される（808条）。

なお，未成年者の養子縁組において夫婦の一方に取消原因がある場合については，夫婦共同縁組（795条）の趣旨に反しない特段の事情があるときには，取消原因のある一方との縁組だけを取り消せば足りると考えられている。

(3) 普通養子縁組の離縁

養子縁組の解消は，離縁による。普通養子縁組の主な離縁の方法としては，①協議離縁，②裁判離縁，③死後離縁がある。

① 協議離縁

縁組当事者双方の合意により解消する（811条1項）。協議離縁は，協議離婚と同様に，届出によって成立する（812条・739条）。養子が15歳未満の場合には，離縁は養親と養子の離縁後にその法定代理人となるべき者との協議による（811条2項）。法定代理人になるべき者とは，実父母の一方または双方が生存している場合には実父母，養子の縁組後に実父母が離婚している場合には実父母の協議による（協議が調わない場合は家庭裁判所の審判による。811条3項，4項）。法定代理人となるべき者がないときは，養子の親族その他の利害関係人の請求によって，家庭裁判所が養子の離縁後にその未成年後見人となるべき者を選任する（811条5項）。

なお，養親夫婦が未成年者と離縁する場合は，原則として，夫婦がともに離縁しなければならない（811条の2）。離縁により夫婦の一方とのみ縁組を継続

させることは，子の健全な育成のために望ましくないと考えられているためである。したがって，養父母がすでに離婚している場合には，養親の一方と離縁することができ，また，養子が成年者である場合および養子が夫婦である場合には養親の一方とのみ離縁することが可能である。

② 　裁判離縁

離婚と同様に，協議離縁・調停離縁・審判離縁を経ても離縁が成立しない場合には，縁組当事者の一方は，㋐他の一方から悪意で遺棄されたとき，㋑他の一方の生死が3年以上明らかでないとき，㋒その他縁組を継続し難い重大な事由があるときに限り，離縁の訴えを提起することができる（814条1項各号）。養子が15歳未満の場合には，養親と離縁の協議をすることができる者から，またはこれに対して，離縁の訴えを提起することができる（815条）。

裁判離婚の際の離婚原因と同様に，破綻主義を採用しているが，上記㋐および㋑については，裁判所の裁量による請求棄却が認められている（814条2項）。また，㋒の縁組を継続し難い重大な事由があるときとは，養親子間の信頼関係が破壊され，親子としての精神的・経済的生活関係の維持もしくは回復がきわめて困難なほどに養親子関係を破綻させる事由が存在する場合をいう。

なお，有責当事者からの離縁請求について，判例は，有責配偶者からの離婚請求と同様に消極的な態度を採っており，このような離縁請求は認められないとしている（最判昭39・8・4民集18巻7号1309頁等）。しかし，有責配偶者からの離婚請求が一定の条件下に認められている現在では，判例の立場を疑問視する学説も多い。

③ 　死後離縁

養親または養子の一方の死亡により，養親子関係は消滅する。しかし，養親の親族と養子との間に生じた法定血族関係は，縁組当事者の一方の死亡によっても当然には消滅しない。そこで，生存当事者が前記法定血族関係を消滅させるために離縁をしようとするときは，家庭裁判所の許可を得て，これをすることができる（811条6項）。家庭裁判所の許可が必要なのは，死後離縁が一方当事者の意思にもとづく単独行為であることから，離縁される側の他方の親族の利益を考慮する必要があるためである。

前記①から③のような方法で離縁がなされると，養子およびその配偶者なら

資料7-2 普通養子と特別養子の比較表

	普通養子縁組	特別養子縁組
目　　　的	「家のため」,「親のため」,「子のため」等,当事者間の合意により成立するため,様々	子の福祉のため
方　　　式	・当事者の合意,届出 ・養子が未成年者の場合,原則として家裁の許可が必要	児童相談所長または養親となる者からの請求による家裁の審判,届出
養　　　親	20歳以上	・法律上の婚姻関係にある夫婦 ・原則として25歳以上
養　　　子	養親の尊属または年長者でないこと	・原則として15歳未満 ・養子が15歳以上の場合,養子の同意が必要
父母の同意等	・養子が15歳未満の場合は法定代理人の代諾が必要 ・養子が15歳以上の場合,同意は不要	・原則として父母の同意が必要 ・意思表示できない場合,虐待・悪意の遺棄の場合,同意は不要
共　同　縁　組	養子が未成年者の場合,原則として共同	原則として共同
要　保　護　要　件	—	子の利益のために特に必要がある場合
試　験　養　育	—	6ヶ月以上の養育期間の状況を考慮
実　親　子　関　係	養子と養子の実父母およびその血族との親族関係は存続	養子と養子の実父母およびその血族との親族関係は終了
離　　　縁	協議離縁,調停離縁,審判離縁,裁判離縁,死後離縁による	・家庭裁判所の審判による(縁組の継続により養子の利益が著しく害される事由があり,かつ実父母の監護が可能な場合に限る) ・養親からの離縁請求は不可
戸　　　籍	・父母欄に実父母,養父母双方の氏名を記載 ・続柄欄は「養子」,「養女」	・父母欄には養父母の氏名のみ記載 ・続柄欄は「長男」,「長女」 ・身分事項欄に「民法817条の2による裁判確定」の記載

びに養子の直系卑属およびその配偶者と養親およびその血族との親族関係は終了する(729条)。養親の配偶者との間の親族関係についても同様となる。養子は原則として縁組前の氏に復し(816条),それにともない縁組前の戸籍に入る(戸籍法19条1項)。ただし,養子が養親の一方と離縁した場合には復氏しない(816条1項ただし書)。また,縁組の日から7年を経過した後に離縁により縁組前の氏に復した者は,離縁の日から3ヶ月以内に戸籍法の定めるところにより届け出ることによって,離縁の際に称していた氏を称することができる(縁氏続称:816条2項)。7年以上という期間の制限は,縁組が氏変更の代用として濫用されるのを防止するためである。なお,縁組後に出生した養子の子の氏は,養子が離縁により復氏した場合であっても当然には変わらず,子が復氏した親と同じ氏を称するためには,子の氏の変更手続が必要となる(791条)。

　そのほか，離縁の前に養子が養親の祭祀財産を承継していた場合には，当事者とその関係者が協議を行い，その権利を承継すべき者を定めなければならないが（817条・769条），離縁については，離婚における財産分与に相当する規定がないため，養子の協力で養親の財産を形成した場合には，不当な離縁については損害賠償を請求することができるとの見解もある。

5　特別養子縁組──子のための養子縁組

(1)　特別養子縁組の趣旨

　特別養子縁組（817条の2から817条の11）は，子の福祉のための縁組であり，養子と養子の実方血族との親族関係を終了させるものである。このため，特別養子縁組は，普通養子縁組に比べると，成立要件・手続がかなり厳格になっている。具体的には，第1段階として「特別養子適格の確認の審判」では，実親の同意の有無（817条の6），要保護要件の充足性（817条の7）が判断され（家事事件手続法164条2項），第2段階の「特別養子縁組の成立の審判」では，養親となる者による試験養育の状況にもとづき，養親となる者と養子となる者の適合性が判断される（家事事件手続法164条の2）。

　「子のための養子縁組制度」の導入については，昭和30年代に検討されていたものの，戸籍の取扱いを含めて養子を養親の実子とする縁組制度の導入については反対も多く，留保された。しかし，1973（昭和48）年に菊田医師事件が報道されると，一般市民の間においても養子法改正の必要性が広く意識されるようになった。同事件は，産婦人科医である菊田昇氏が，人工妊娠中絶を希望する女性に中絶を思いとどまらせる一方，生まれてきた子を子に恵まれない夫婦に斡旋し，その夫婦の嫡出子として届出をするために虚偽の出生証明書を作成したというものである。1987（昭和62）年に新設された特別養子縁組制度は，戸籍上も実子と同様の記載となるなど子の出自について一定の配慮がなされており，現在では棄児・被虐待児等の要保護児童と子に恵まれない不妊カップル等を結ぶ1つの手段として利用されている。

(2) 特別養子縁組の成立要件

特別養子縁組の成立要件は，民法817条の3から同条の7までに規定されている。特別養子縁組は，養子縁組の特別規定であるから，民法その他の法令における養子に関する規定は，特別養子の規定に反するものを除き，そのまま適用される。以下，成立要件（①から⑤）と養子縁組成立の審判にあたり考慮される試験養育期間（⑥）について整理する。

① 夫婦共同縁組

特別養子縁組は，子の福祉の観点から，子に適切な親と安定した養育環境を与え，子の健全な育成をはかることを目的とする制度である。このため，子には父母双方がそろった家庭を与えることが求められた（817条の3第1項）。ただし，夫婦の一方の嫡出子（いわゆる連れ子）を特別養子とする場合には，他の一方（養親となる者）がその子と特別養子縁組をすればよい（同第2項）。なお，ここでいう夫婦とは，法律上の夫婦（婚姻カップル）をいう。

② 養親となる者の年齢

子の福祉の観点から，養親となる者は，養子となる者の監護教育にあたり，精神的・身体的・社会的に成熟していることが求められる。このため，養親となる者は父母（夫婦）ともに原則として25歳以上でなければならないが，夫婦の一方が25歳に達している場合には，他の一方は20歳以上であればよい（817条の4）。

③ 養子となる者の年齢

特別養子縁組成立の審判の申立て時において，原則として15歳未満でなければならないが（817条の5第1項），一定の事由がある場合には，例外的に，18歳に達するまで特別養子となることができる（817条の5第1項・第2項）。養子となる者が15歳に達している場合，特別養子縁組の成立には，その者の同意が必要である（817条の5第3項）。

④ 養子となる者の父母の同意

特別養子縁組が成立すると，養子となる者とその父母との間の法律上の親子関係が終了することから，父母の同意が要件となっている（817条の6）。ただし，父母が所在不明・心神喪失などにより意思表示をすることができないとき，父母による虐待・悪意の遺棄その他養子となる者の利益を著しく害する事

由があるときなど（福島家会津若松支審平 4・9・14家月45巻10号71頁，福岡高決平
3・12・27家月45巻 6 号62頁），同意が不要とされる場合もある（817条の 6 ただし
書）。なお，養子となる者が非嫡出子で，父から認知されていない場合には，
母の同意で足り，養子となる者に親権代行者や後見人がいる場合（養子となる
者の父母が未成年者である場合や親権を停止，喪失している場合）には，裁判所はそ
の者の陳述を聴かなければならない。

　父母が特別養子適格の確認の審判手続の裁判所の期日等でした同意は，同意
した日から 2 週間を経過した後は，撤回することができない（家事事件手続法
164条の 2 第 5 項）。

⑤　要保護要件

　父母による養子となる者の監護が著しく困難または不適当であることその他
特別の事情がある場合において，子の利益のためにとくに必要があると認めら
れるときに縁組を成立させる（要保護要件：817条の 7 ）。要保護要件の充足性
は，個別具体的に判断されるが，虐待・父母の死亡・棄児・未婚の母で養育困
難な場合等が挙げられる。

⑥　試験養育期間

　養親となる者が養子となる者を 6 ヶ月以上監護養育した状況が考慮される。
試験的な養育期間を通して，養親としての適格性，養親となる者と養子となる
者の相性を判断すること等が目的である。養育期間の起算点は，通常は縁組を
申し立てた時からであるが，例外的に，子が里親委託をされていた場合のよう
に，子の監護を開始したときから起算することも認められる（817条の 8 ）。

(3)　特別養子縁組の効果

①　親子関係

　特別養子は，普通養子と同様に，養父母の嫡出子として扱われるが，特別養
子とその実父母およびその血族との親族関係は，特別養子縁組成立の日から終
了する（817条の 9 ）。ここで終了するのは，法的な親子・親族関係（親権・扶
養・相続関係等）であるから，近親婚の禁止は存続する（734条 2 項）。なお，養
子が実親から認知されていない場合，実親の認知する権利は原則として消滅す
るとされる（ただし，最判平 7・7・14民集49巻 7 号2674頁）。

②　戸　籍

　特別養子縁組は、普通養子縁組とは異なり、実親子と同様の親子関係を構築することが目的であるから、養親子の家庭の平穏が担保されるよう、戸籍の編

製・記載事項にも配慮がなされている。戸籍編製の手続と記載事項等は次のようになる。まず，養親による縁組成立の届出（戸籍法68条の2・63条1項）がなされると，養子の従前の本籍地に養親の氏で新戸籍（特別養子本人の単独戸籍）を編製し（戸籍法20条の3），養子を従前の戸籍から除籍する（戸籍法23条）。その後，養子を前記の単独戸籍から除籍し（戸籍は除籍簿として保存），養親の戸籍に入籍させる。特別養子の戸籍の身分事項欄には「民法817条の2による裁判確定」の記載，父母との続柄欄には「長男／長女」等の記載がなされる。身分事項欄の記載は，養子の出自を知る権利を保障するものであり，続柄欄の記載は，続柄記載にもとづく不当な差別を防止しようとするものである。

(4) 特別養子縁組の離縁

特別養子縁組は，子のための縁組制度であり，その実方血族との法的関係も断絶してしまうことから，例外的に，家庭裁判所の審判により離縁が認められる。具体的には，養親による虐待・悪意の遺棄その他子の利益を著しく害する事由があり，かつ養子の実父母が相当の監護をすることができる場合において，家庭裁判所が養子の利益のためとくに必要があると認めるときである。離縁の請求権者は，養子・実父母・検察官であり，養親は含まれない（817条の10）。

離縁が認められると，特別養子と養親との間の親子関係およびその親族関係は終了し（729条），特別養子であった者と実親およびその血族との間には，特別養子縁組によって終了した親族関係と同一の親族関係が生じる（民817条の11）。このほか，普通養子縁組の離縁と同様の効果が生じる。

> ### 設題
>
> 1) A・B夫婦は，実子に恵まれなかったため，生後間もないC（A・B夫婦とは非血縁関係）を自分たちの子として引き取り，嫡出子出生届を出した。以後，A・B夫婦とCは実親子同様に共同生活を送ってきたが，Aの死亡後，相続をめぐってB・C間に争いが生じた。BはCの相続権を否定するために，親子関係不存在確認の訴えを提起した。この訴えは認められるか。
> 2) A・B夫婦は，被虐待児であるCと特別養子縁組をし，以後，実子同様の生

活を送ってきた。Cは高校1年生の時にその戸籍の記載から「自分の家には何か秘密がある」と感じ，A・B夫婦に自らの出自について尋ねたが，A・B夫婦が真実を話してくれなかったため，親子関係が悪化し，CはA・B夫婦に対して暴力をふるうようになった。A・B夫婦はCの暴力に耐えられなくなり，養子縁組の離縁を考えるようになった。離縁はできるだろうか。

3) A女は妻帯者であるB男と不倫関係にあったが，B男の子Cを妊娠し，B男の反対を押し切ってCを出産した。出産後，生活に困窮したA女は，CをB男夫婦の特別養子とすることに同意し，CはB男夫婦のもとに預けられた。その1年後，A女はD男と婚姻し，A女とD男とCの3人で生活したいと思うようになった。A女は特別養子縁組の同意を撤回し，Cを取り戻すことができるだろうか。

第8章
親権と子どもの保護

導入

　子どもの「自立」といっても，子どもは自分の力だけで自然に育つわけではない。子どもが社会的・経済的にも大人として成長するまでには，その成熟状況に応じて適切な養育・世話が必要となる。さらに，その子どもが財産を取得した場合や何らかの法律行為（契約等）をするときには，その財産の適切な管理や法的なサポートを誰かがする必要が生じる。子どものために必要なさまざまな事柄を誰がどのように行うのかが，「親権」にかかわる問題である。この章では，親権をめぐる法制度が歴史的にどう移り変わってきたかを踏まえつつ，親権を誰がもつこととなるのか，また，親権をもつ者は子のために何をすることができ，また，しなければならないのかを整理していこう。また，近年，子を保護すべき者が子を適切に保護せず，痛ましい事件へと発展する児童虐待が深刻な社会問題となっている。このような場合のほか，親権者の死亡等により親権を行う者がいなくなってしまった場合，子どもの利益を保護するためにどのような対応を法は考えているのだろうか。

1　親権の意義——親権は「誰」のためのものか？

(1)　親権制度の変遷

　かつて親権は父の家父長権として構成され，親は子を権力的に支配でき，子は親に服従する義務を負うと考えられていた。家父長的・支配権的性格のもと，親は子の婚姻について同意権をもち，子の財産に対する収益権が認められていた。いわば，親権制度を歴史的に辿ると，当初，「家のため」「親のため」の制度であったといえる。

　明治民法では，子は，成年に達していても独立の生計を立てていない間，なおも親権に服するとされ，親権者はまず「家ニ在ル父」とし，父の死亡や父が

家を去る等の場合に，制限をつけた上で，母の親権行使を認めていた（旧法877条）。なお，この起草段階では，親権を子に対する権利としてのみ規定するように主張されている。

その後，第二次世界大戦後に成立した日本国憲法により，個人の尊厳と両性の本質的平等の下で家族に関する法律が制定されるべき旨が示され，1947（昭和22）年民法改正により，未成年の子のみが親権に服すると定め（818条1項），両性の平等の下，婚姻中の父母が共同で親権を行使すると定められた（818条3項本文）。しかし，これらの改正は，子の利益の保護や子の権利性をも十分に考慮して行われたとは言い難いものであった。

(2) 諸外国における親権制度

① 児童の権利条約の理念

1924（大正13）年に国際連盟にて採択された「児童の権利に関する宣言」は，1959（昭和34）年に拡張され，第14回国際連合総会で採択された。その後，1989（平成元）年11月20日，第44回国連総会において，18歳未満の児童の保護と基本的人権の尊重を促進することを目的に，「児童の権利に関する条約（子どもの権利条約）」（以下，「児童条約」とする）が採択された。この条約は，児童を未熟な権利の客体（保護の対象）ではなく，権利の主体として捉えていることを強調しなければならない。条約の前文で児童が発達する個人として尊重する存在であると位置づけつつ，子の最善の利益の尊重（児童条約3条），子の権利行使主体性の承認（児童条約5条），子の生存および発達の最大限の確保（児童条約6条）を保障している。さらに，権利の具体的内容として，意見表明権（児童条約12条）やさまざまな市民的自由（児童条約13条以下）を規定している。子の最善の利益の確保と子の権利主体性という条約の理念が，世界的に「子のための親権法」に向けた法改正へもたらした影響は大きい。日本もこの条約に批准しているため，「子のための親権法」のあり方について真摯に考える必要がある（1994（平成6）年4月22日批准・同年5月発効）。

② 諸外国との比較

諸外国においては，子に対する親の義務・責任を強調するように，親権制度はさまざまに変化してきている。たとえば，ドイツでは，1979（昭和54）年の

◆コラム8-1　自分のことを自分で決める──子の自己決定

　自分が子どもだった頃を思い出してみよう。周囲の大人によって「子どもだから」と自分の意見が軽視されたことはないだろうか。すべての国民が個人として尊重される旨を憲法13条が定めている以上，子も一人の人間として1つの人格を有する個人として尊重されなければならないはずである。その一方で，子の判断能力は未成熟であるため，親がその不足した能力を補い，身体的精神的に成熟するまで子を保護する必要もある。しかし，児童の権利条約の理念から考えると，子が単に保護の客体であるのではなく，権利行使の主体であることを忘れてはならない。この条約12条では子の意見表明権（1項）や司法・行政上の手続における意見聴取の機会の保障（2項）を定めている。子は年齢に応じて自分の考えを外部に表明することで自らの利益を擁護し，社会との関係性を築きながら成長していく。親が子の利益のために親権を行使しない場合に，年齢に応じて他の大人から適切な助言を受けながら自分の利益を守る必要があることはもちろん，自律と責任を自覚した人格の段階的形成という観点からは，子の自己決定を尊重していく必要があろう。

　なお，民法では親権者による子の人格の尊重（821条）について定め，家事事件手続法は子の意思の把握（家事65条）や代弁人制度（第5章コラム5-2を参照）を定めている。児童福祉法では，児童の意思の尊重（児福2条1項）を総則に定めており，2022（令和4）年の法改正では施設入所や一時保護等の措置決定における児童の意見聴取や意見表明等事業支援事業等について整備された。また，こども家庭庁の設置に関心が寄せられる中，こども基本法（令和4年法律77号）では，こども施策に際しての子どもの人権・意見表明権の尊重（同法2条）もうたわれている。子の権利擁護をめぐる法状況も少しずつ変化しているといえよう。

　法改正により，子の福祉の下で親の支配権的性質を払拭し，自立した個人へと成長する子の保護と支援のための制度として，「親の配慮」へと転換させた。イギリスでは，親の責任と子の権利を強調すべく，1989（平成元）年児童法により，親が子に対して有する権利・義務を「親の責任」と定めた。また，フランスは，親権という表現を用いつつ，親権行使に際して子の年齢や成熟度に応じて子に関する決定に子を関与させる旨を定めている。このように，子の利益保護のみならず，子が権利の主体であることを承認したかたちで，「子のための親権法」の確立に向けた法改正が世界的に行われている点に注目しよう。

（3）　子の利益と親権

　子の利益のもとで親権が行使される重要性については，日本でも従前より認識されていたものの，民法上，それを明示する規定はなく，児童虐待防止法の中で，親権行使に際して，できる限り児童の利益を尊重する努力義務を親権者

に課すにとどまっていた（児童虐待防止法（以下，「虐待防止」とする）4条6項）。そのため，親権行使における子の利益保護の理念が国民に浸透し，正確に理解されているとはいえない状況が続いていた。また，親権は支配権的なものであるとの誤解が児童虐待を助長する結果をもたらしているとの指摘もなされていた。しかし，児童虐待防止の観点から，2011（平成23）年の法改正によって「子の利益のために」子の監護・教育がなされる旨が明示され（820条），また，2022年（令和4）年の法改正によって懲戒規定が削除され，子の人格の尊重・体罰の禁止等が定められた（821条）。なお，同年11月に法制審議会家族法制部会は，子の最善の利益の確保や子の年齢・発達の程度に応じた子の意思尊重について規律する「家族法制の見直しに関する中間試案」をとりまとめている。

2　親権者と子──誰が親権を行うのか？

> ㋐　A男とB女は婚姻している。A・B間に子Cが生まれたが，A男は現在，単身赴任をしているため，電話越しには毎日B・Cの声を聞いているが，一緒に生活していない。Cの親権者は誰か。
> ㋑　D男とE女は未婚であるが，D・E間に未成年の子Fがいる。D・Eは，婚姻届を出す意思がないものの，Fとともに3人で共同生活をしている。D・EはともにFの親権者であるか。
> ㋒　婚姻夫婦であるG・H間には子X（16歳）がいる。XはI・J夫婦を養親として普通養子縁組をしたものの，その後，I・Jは不慮の事故で亡くなった。G・Hは自分達が親権者となることを望んでいるが，G・Hは再びXの親権者となると考えられるか。

(1)　親権者

　未成年の子は，父母の親権に服する（818条1項）。ただし，子や親権者となる父母の法的地位の違いに応じて，親権者は異なる。なお，2018（平成30）年6月13日に成立した民法の一部を改正する法律により，成年年齢は20歳から18歳に引き下げられた（平成30年法律第59号。2022年4月1日施行）。

①　実子──嫡出子の場合

父母の婚姻中は，父母が共同して親権を行使することが原則である（共同親権行使の原則。818条3項本文）。設例(ア)のように，一方が何らかの事情で子と離れて生活していたとしても，婚姻中の父母については共同親権が原則である。親権の共同行使とは，父母共同の意思決定のもとで親権の内容を行使することをいう。一方の親権喪失や辞任等の法的原因があるとき，電話等で交信不可能な状態，たとえば病気等で意思表示ができないような，父母の一方が親権行使できないときは，他の一方が行う（同項ただし書）。この父母とは，法律上の親子関係が存在する場合でなければならず，戸籍上の父母の記載が虚偽の出生届による場合のように，法律上の親でない者は親権者とはならない（大判昭15・9・18民集19巻1636頁）。

父母の一方が死亡した場合，生存している他方の単独親権となる。行方不明等のように父母の一方が事実上親権を行使できない場合，親権喪失（834条）や親権停止（834条の2）等のように法律上親権を行使できない場合，他方の単独親権となる。父母が離婚をした場合についても父母の一方の単独親権となる（819条1項・2項）。子の出生前に父母が離婚した場合には母が親権者となるが，子の出生後，父母の協議で父を親権者と定めることができる（819条3項）。

②　実子──非嫡出子の場合

非嫡出子については，分娩の事実により法的に母子関係が認められるため，母の単独親権となる。設例(イ)のように，たとえ未婚の父が母子とともに共同生活したとしても，父親は親権者ではない。父が親権者となるには，父の認知によって法的父子関係が成立した後に，父母の協議または審判を経る必要があるが（819条4項），この場合も単独親権である。非嫡出子が婚姻準正または認知準正によって嫡出子としての法的地位を取得したときには，父母の婚姻時にさかのぼって，父母の共同親権に服することとなる。

③　養子──普通養子縁組の場合

未成年養子は養親の親権に服する（818条2項）ため，実親は親権者でなくなる。養親が婚姻中のときは養父母が共同で親権者となり，離婚をする際には，その一方が養子の単独親権者となる。親権者である養親の一方が死亡した場合には，他方が単独で親権を有することとなるが，設例(ウ)のように，養親双方が

死亡した場合には，実親の親権が復活すると解すべきか，または未成年後見が開始すると解すべきかが問題となる。かつての通説・戸籍実務においては，実親の親権は回復せず，未成年後見が開始するとされており，この立場によれば，養親 I・J 双方の死亡により G・H の親権が回復するとは考えにくい。なお，近時は，実親の親権が復活すると捉える有力説がある。

養父母と離縁をするときには，実親が親権を回復する（811条2項・3項はこれを前提とする）。縁組後に実親が離婚をしているときには，実親が協議によって離縁後の親権者となるべき者を定め（811条3項），協議が調(ととの)わないとき，または協議できないときには，家庭裁判所が親権者となるべき者を定め，離縁の協議者となる（818条4項）。養親の一方が死亡し，その後，単独親権者となった生存している他方と養子が離縁をする場合について，多数説・戸籍実務によれば，実親の親権は回復せず，未成年後見が開始するとされている。

なお，夫婦の一方が他方の実子を養子とする場合には（たとえば，連れ子養子），養親となる一方と実親の一方との共同親権となる。

④ 養子──特別養子縁組の場合

普通養子と同様に，養親が親権者となる（818条2項）。特別養子縁組の成立により実親との法的親子関係が終了するため，養父母双方が死亡した場合には未成年後見が開始する。817条の10第1項の要件の下，特別養子の利益のために家庭裁判所が離縁を認めるときは，離縁後，実父母が親権者となる。

(2) 親権者の変更

親権者は子の利益のために責務を果たす必要があるため，子の利益のために必要があると認められる場合，子の親族の請求により家庭裁判所は親権者を変更できる（819条6項）。親権者である父母の一方から親権者ではない他方への変更を予定しているため，単独親権が前提となる。連れ子養子縁組によって子が実親と養親の共同親権に服する場合，819条6項にもとづき，親権者を実親の他方へ変更することはできない（最決平26・4・14民集68巻4号279頁）。

① 離婚に関する場合

離婚後は，父母の共同親権から一方の単独親権となる。この単独親権者が死亡した場合，かつては，生存親への親権者変更はできず，未成年後見が開始す

ると解されていたが，通説・実務では，生存親が子の監護教育や財産管理につき適任であれば，家庭裁判所の審判により親権者変更ができるとされる。また，この場合においても，判断基準となるのは子の利益であり，子の年齢や意思，兄弟姉妹の関係，これまでの生活環境の継続性と環境変化への子の適応性，父母の監護状況や環境，監護に対する意欲・能力等を総合的に判断した上で，変更を認めるか判断する。

②　非嫡出子に関する場合

父が非嫡出子を認知した後に，父母の協議によって父を親権者とすることができるが（819条4項），子の利益のために必要があると認められるときには，家庭裁判所は，子の親族の請求により，親権者を他の一方に変更できる（819条6項，家事事件手続法（以下，「家事」とする）別表第2の8項）。非嫡出子の単独親権者が死亡したときも未成年後見が開始するとされるが，子の養育状況を踏まえて生存親を親権者とする審判例がある（819条5項を類推適用し，死亡した単独親権者である母から父を親権者とする事例：東京家審昭44・5・9家月22巻2号62頁）。

(3)　離婚後の親権帰属・共同監護について——法改正の議論

離婚後の単独親権制度（819条1項，2項）をめぐり，近時，大きな動きがみられる。819条2項の違憲性を争い，共同親権制度創設についての立法不作為を問う国家賠償請求訴訟が提起された。しかし第1審（東京地判令3・2・17訟月67巻9号1313頁）・第2審の合憲判断に続き，最高裁は令和4（2022）年9月28日に合憲決定を下している（未登載）。また，2022（令和4）年11月，法制審議会家族法制部会において共同親権の導入を含む「家族法制の見直しに関する中間試案」がとりまとめられた。

この試案では，「甲：共同親権に関する規律を新設」「乙：現行の規律を維持」との2案を併記している。さらに甲案については，「①原則，共同親権」「②原則，単独親権」「③要件や基準について規律せず，個別事案に応じて判断」の3案が出されている。また，離婚した父母双方が従前のように子と一緒に同居生活をするケースは多くないだろう。共同親権となったとしても，現実に子の養育にあたる「監護者を定めるかどうか」が問題となる。一方を監護者と定めた場合の親権行使については，「a：監護者の単独行使（他方へ事後通

知)」,「β：協議に基づく親権行使（協議不調等の場合，監護者の単独行使）」,「γ：父母の共同行使（重要事項については協議により，協議不調等の場合，家裁が親権行使者を定める）」の３案が出されている。

海外の法制度はどうだろうか。法務省民事局による海外法制調査結果（令和２年４月時点。G20含む24ヶ国の調査）によれば，離婚後単独親権とするのはインドとトルコであり，その他多くの国々では共同親権も認めている（米国（ニューヨーク州等），カナダ（ケベック州等），英国（イングランド，ウェールズ），アルゼンチン，ブラジル，メキシコ，インドネシア，韓国，中国，タイ，フィリピン，オランダ，イタリア，スイス，スウェーデン，スペイン，ドイツ，フランス，ロシア，オーストラリア，サウジアラビア，南アフリカ）。その中でも，裁判所の判断等がない限り原則的に共同親権とする国（イタリア・オーストラリア・ドイツ・フィリピン・フランス等），父母の協議により単独親権を可能とする国（スペイン等），単独親権を選ぶ例が多い国（インドネシア等）に分類できる。

共同親権の導入の是非をめぐり，賛成派は，単独親権制度による父母間の深刻な親権争いの回避，離婚後における父母双方による子の養育責任の拡充，海外の法制度の情勢等を挙げ，反対派は，DVや虐待事案における被害者保護の観点，問題は「子の利益に適う共同監護のあり方」であること，この視点から共同親権制を再検討する海外の状況（例：オーストリア）等を挙げる。双方の見解はそれぞれの視点で「父母の離婚後における子の最善の利益の確保」を目指す。法制審議会はこの点をどう捉えるか，注視する必要がある。

(4)　親権の代行
①　子をもうけた未成年者の親権者による代行
子の親が未成年者の場合には，その子の親権者が代わって親権を行使することとなる（833条）。親権に服する未成年の子自身は自らの子に対して親権を十分に行使できないとされるため，子の祖父母が親権を代行することとなる。また，未成年者の親に親権者がいない場合には，その未成年後見人が未成年者の親に代わって親権を代行する（867条）。
②　児童相談所長・施設長等による代行
児童福祉施設に入所中の児童に親権者や未成年後見人がいない場合には，児

童福祉施設長が親権を代行する（児童福祉法（以下，「児福」とする）47条1項）。また，里親等に委託中の児童について，親権者や未成年後見人がいない場合には，親権を行う者または未成年後見人が定まるまでの間，児童相談所長が親権を代行する（児福47条2項）。

3　親権の内容

親権者は，子の「身上」と「財産」に関する権利義務を有する。前者は子の身の回りの世話養育に関する内容を対象とする「身上監護（権）」と呼ばれ，後者は，子の財産を適切に管理する「財産管理（権）」と呼ばれる。

(1)　子の身の回りの世話

①　監護教育権

親権者は，子の利益のために子を監護および教育する権利を有し，義務を負う（820条）。成長発達すべき子の心身に応じて，子の肉体的生育を図ること，子の精神的発達を図ることを，それぞれ監護・教育と区別されることもあるが，通常は両者が一体となって子の健全な成長発達に寄与する。監護教育の方法は，原則，親権者の自由裁量に委ねられるが，学齢期の子に義務教育を受けさせる等の公法上の制約がともなう。また，子の生命や健康に大きな影響を及ぼす医療行為に同意する権限も，親権者の監護教育の内容と解される。

②　子の人格の尊重・体罰等の禁止

親権者は，子の監護教育をするに当たって，子の人格を尊重し，その年齢および発達の程度に配慮しなければならず，かつ，体罰その他の子の心身の健全な発達に有害な影響を及ぼす言動をしてはならない（821条）。この規定は2022（令和4）年の法改正により新設された（令和4年法律102号。同年12月16日公布・同日施行）。

かねてより，親権者には子に対する懲戒権が認められていた（改正前822条）。しかし，この規定をめぐっては，2011（平成23）年に，当時既に空文化していた懲戒場規定（家庭裁判所の許可を得て子を入所させることができる施設）が削除されるとともに，児童虐待問題への対応として，懲戒権を認める範囲について

「民法820条の規定による監護及び教育をするのに必要な範囲内」と明文化された。しかし，その後も児童虐待問題は深刻化の一途をたどり，また，懲戒権が児童虐待を正当化する口実に使われている社会状況などから，2022（令和4）年改正法により，懲戒権規定は削除された。なお，同改正に伴い，児童相談所長（児福33条の2第2項）・児童福祉施設長や里親等（児福47条3項）もまた，子の人格の尊重等についての義務を負う。

　子の監護教育が体罰その他の心身に有害な影響を及ぼす言動に該当する場合，当該行為は，820条の監護教育権の範囲を逸脱したものと考えられる。当該行為は，児童虐待（虐待防止2条）に該当しうる行為であり，親権喪失（834条）や親権停止（834条の2）の事由となり，場合によっては不法行為に基づく損害賠償の問題も生じうる。また，児童福祉法上，親権者の意に反して一定の措置がなされる場合もある（児福28条）。さらには，刑法上，傷害罪（刑法204条）や暴行罪（刑法208条），傷害致死罪（刑法205条）等の犯罪となる場合もある。

③　居所指定権

　子は，親権者が指定した場所に居所を定めなければならない（822条）。親権者には，子の利益となるように監護教育をする義務があるため，指定した場所に子を居住させる権利が認められる。子は，親権者の指示を理解する必要があるため，意思能力者に限定される。父母の婚姻中は共同で居所指定権を行使することとなるが，父母間で意見が一致せず，適切な居所指定ができない場合には，家庭裁判所の調停・審判によって決することが可能とされる。なお，親権者とは別に監護者が指定されている場合であっても，親権者が完全に居所指定権を失うとはされていない。

　親権者と子が同居し，共同生活を送っているときには問題とならないが，第三者が不当に子を自分の下に留める場合，親権者は，親権行使の妨害として，子の引渡しを請求することができる。十分な意思能力がある子が自由意思に基づいて第三者と同居する等して指定居所以外に居住する場合には，第三者に対して子の引渡しを請求できないものとされる（大判昭13・3・9民集17巻378頁）。ただし，子が，自身に危険が及びかねないような環境に自ら身をおこうとする場合には，真の自由意思，総合的な子の福祉が何かを吟味する必要があろう。子の利益に反して居所指定権が行使される場合は，親権の喪失または停止事由にあたる。

◆コラム8-2　親の命名権

　赤ちゃんができたとき，親は，その子の名前をどのように付けるか，さまざまな事情を踏まえて考える。たとえば，自分の人生観や周囲の意見，または姓名判断等もあるし，最近では名付けランキングというものもある。

　子の監護教育のため，親権者は，子に名を付ける権利を有する（命名権の性質につき，親権の作用として親権者の権利として捉える説や，子固有の権利だが親権者が代行するとの説などがある）。子が出生すると，親権者は出生届に子の名を記載し，戸籍法52条により届け出をしなければならない。子にいかなる名を付けるかは親権者の裁量に委ねられるが，戸籍法上の制限として，法務省令で定める常用平易な文字を用いる必要がある（戸籍法50条）。そのため，この文字以外の漢字の使用を巡る事案もみられる（「曽」という文字を含む名での出生届の不受理処分に対する不服申立事件で，当該文字を常用平易な文字と判断し，使用を認めた事案として，最決平15・12・25民集57巻11号2562頁。その他，「琉」「巫」「渾」等が認められている）。

　名は社会生活を送る上で個人を識別する重要な意義をもつが，親権者が，社会通念上，不適切な名を子に付ける場合も考えられる。親権者（父）が男児に「悪魔」と命名して出生届をし，いったんは戸籍に記載したが，市は子の福祉を害するとしてこれを抹消し，別の名で届けるよう求めた事案がある（東京家審平6・1・31判時1486号56頁）。父は市の処分に対して不服申立てを行ったが，裁判所は，この名が，いじめの対象となり，ひいては社会的不適応を引き起こす可能性を指摘し，この命名は命名権の濫用にあたり不適法と評価しつつも，市長の戸籍抹消処分を不当として父の不服申立てを容認している（その後，父は「亜駆」へと名を変更し，市はこれを受理）。親権者は，当該命名が子の成長過程でいかなる影響を及ぼしうるか，子の利益の下で命名する必要があろう。

　なお，法制審議会（戸籍法部会）において，戸籍の記載事項（戸籍法13条）として氏名の仮名表記を追加し，仮名表記の許容性や氏名との関連性に関する審査について，氏名に用いられる文字の読み方を一般に認められているものに限定する趣旨の規定を新たに設ける旨，戸籍法改正の要綱案がまとめられている（令和5年2月2日決定）。

④　職業許可権

　子が職業を営むには親権者の許可を得なければならない（823条1項）。未成年者が職業を営むことは自身の身上や財産に大きな影響を及ぼしうるために，未成年者保護の観点から，親権者に職業許可権を認めている。許可の方法は，明示でも黙示でもよいとされる。

　この「職業」は，営利を目的としない職業をも含み，また他人に雇われて単に労務提供する場合も含まれると解されている。未成年者は職業許可を親権者から得ることで，適法に職業を営むことができるが，未成年者がその職業または営業に堪えることができない事由があるときは，親権者は，許可を取り消したり，制限したりすることもできる（823条2項・6条2項）。許可を得た職業が

6条に定める営業にあたるときは，未成年者は，許可された営業に関して成年者と同一の行為能力を有する（6条1項）。

労働基準法上，未成年者は，満15歳に達した日以後の最初の3月31日が終了するまで，原則として労働者となれず（労働基準法（以下，「労基」とする）56条1項），親権者または後見人は，未成年者に代わって労働契約を締結してはならないとされる（労基58条1項）。労働契約が未成年者に不利と認められる場合には，親権者は労働契約を解除することができる（労基58条2項）。

また，児童福祉法34条に定める子の利益とならない職業（こじき等）を営むことに許可を与えることは，職業許可権の濫用にあたると考えられよう。

(2) 子の財産の管理
① 財産管理権

親権者は子の財産を管理する（824条本文）。未成年者は自分の財産について十分に管理できる能力を備えていないため，未成年子の保護にあたる親権者に子の財産を管理する権限が認められているのである。親権者は，一部の例外を除き（5条・6条），未成年の子が有する一切の財産を管理する。なお，第三者が未成年の子に財産を無償で与え，この財産を親権者に管理させない意思を表示した場合，その財産は，親権者が管理する対象財産から外れる（830条1項）。

子の財産管理にあたり，親権者は，自己の財産管理と同一の注意義務を負う（827条）。親権者がこの注意義務を怠り，不適切な管理によって子に損害を与える場合には，財産管理権の喪失原因（835条）となるばかりか，不法行為にもとづく損害賠償責任を負うこととなる。

子が成年に達すると，親権者は，遅滞なくその管理の計算をしなければならない（828条）。管理の計算とは，子の養育や財産管理の費用について収支を計算し，子が所有する財産を確定させ，子に報告することとされる。なお，子の財産から収益があれば，子の養育と財産管理の費用をあわせて子の財産収益と相殺したものとみなされる（同条ただし書）。そのため，子の財産管理を通じてなお収益が出る場合には，親権者はこの収益を子に返還する必要がないこととなる。しかし，このような収益権を親権者に認めることは親権の義務的性質から批判が強く，余剰の収益も子に返還すべきと考えられている。

財産管理の終了にともない，親権者には，委任の終了時における応急処分義務等が課される（831条）。親権者と子の間で財産管理について生じた債権は，管理権が消滅した時から 5 年で時効により消滅する（832条 1 項）。

②　代理権

親権者は，子の財産に関する法律行為（たとえば契約や贈与，抵当権設定等）について，その子を代表する（824条本文）。この「代表」とは，親権者が「子の全人格に代わって行為するという性質」をもつことから，代理よりも適切と説明されるが，実質的には法定代理と同じ意味と解される。子の行為を目的として債務が生じる場合には，本人である子の同意を得る必要がある（同条ただし書）。同規定に定める「子の行為」とは，法律行為を含まず，労働契約により子が労務を提供する等の事実行為を意味する。しかし，親権者が子を代理して労働契約を締結することが禁止されているため（労基58条 1 項），同規定の適用を受ける場面は限定される（家事使用人として未成年子が労働する場合などに，労働基準法は適用されない。労基116条 2 項）。

(3)　親の利益と子の利益の対立——利益相反行為

①　利益相反行為とは何か？

親権者は子の財産に関する法律行為について代理権を有するが，代理権の行使に際して，親の利益が優先され，子に不利益が生じるような場合または複数人の子を親権者が代理する際にその内の一人だけに不利益が生じるような場合もある。たとえば，被相続人が親の一方で，法定相続人が親の他方（配偶者）と子一人とする。共同相続人である親権者が子を代理して相続放棄をすることとなれば，その子ははじめから相続人とならないために，その子の持分を親権者が取得することとなる。また，共同相続人である子が二人いるとすれば，親権者が一方の子のみを相続放棄させるとなれば，その子には不利益が生じる一方で，他方の子に利益が生じる。さらに，子の財産を親権者自身が購入するような場合には，不当に安い値段で親権者が購入したり，自らに無償で譲渡するなどで，子に不利益が生じる場合も考えられる。このように，親権者と子の利益または親権に服する子の一人と他の子の利益が相反する法律行為（利益相反行為）については，親権者は，その子のために，特別代理人の選任を家庭裁判

資料8-1 特別代理人選任申立書の書式（記載例）

特別代理人選任申立書

（この欄に収入印紙800円分を貼ってください。）

（貼った印紙に押印しないでください。）

収入印紙　　円
予納郵便切手　円

関連事件番号　平成・令和　　年（家）第　　　号

〇〇家庭裁判所　御中
令和〇年〇月〇日

申立人の
記名押印　甲野　春子　印

申立人
住所　〒000-xxxx
〇〇県〇〇市〇〇町xx番〇号
電話　〇〇（〇〇〇〇）〇〇〇〇
フリガナ　コウノ　ハルコ
氏名　甲野　春子
フリガナ　コウノ　ブオ
氏名　甲野　夏夫
未成年者との関係　1 父　2 母　3 祖　4 後見人　5 利害関係人

未成年者
住所　申立人の住所と同じ。
フリガナ　コウノ　アキオ
氏名　甲野　秋男
職業又は在校名　〇〇中学校

申立ての趣旨

特別代理人の選任を求める。

申立ての理由

特別代理人が反する行為の内容

申立人と未成年者との間で利益が相反する。

後見人と未成年者との間で利益が相反する。

※裁判所ウェブサイトを参照

130

所に請求しなければならない（826条，家事別表第1の65項）。なお，親権者が自己の15歳未満の子を養子にするなど，身分行為についても826条の適用があるとされるが，親権者の財産管理権への制約として設けられた立法趣旨からは，身分上の利益についても本条の射程とすることに疑問もある。

②　特別代理人の選任

このような場合に，なぜ特別代理人の選任が必要となるのだろうか。親と子双方の利益が衝突する状況では，子の利益を保護すべき親権者に公正な親権行使が期待できないために，子の利益保護の下で，親権者の代理権を制限し，親権者に代わって特別代理人が代理するのである。代理権の制限という観点からは，本人に不利益をもたらす行為を認めない自己契約・双方代理（108条）と類似するといえる。この規定は，任意代理のみならず，親権者が子の財産につき代理する法定代理にも適用されるものの，同条の特則として，家庭裁判所により選任された特別代理人によって法律行為ができるようにしている。なお，親が自分の財産を贈与する等，子の利益となる一方で親に不利益をもたらす行為は，利益相反行為に該当しない。

(ア)　A・B夫婦には子C（16歳）がいる。Bが死亡し，単独親権者となった父Aは，C名義で知人のDより1000万円を借り入れ，この債務の担保のため，Cの代理人として，C所有の不動産に抵当権を設定した。この代理行為は利益相反行為にあたると考えられるか。

(イ)　E・F夫婦には子G（17歳）H（15歳）I（12歳）がいる。Eが死亡したために，Fは，自ら相続放棄をした上で，共同相続人となるG，H，Iを代理し，Eの遺産を長男であるGにすべて取得させるように，遺産分割協議をしようとしている。このような遺産分割協議をどう考えるか。

---

③　利益相反の判断基準

親権者の行為が利益相反行為にあたるかどうかは，当該行為の外形を基準に客観的に判断し，その行為の動機や目的，実質的な結果等を考慮しないとされる。最高裁は，親権者である母にたとえ子の養育費に借入金をあてる意図があっても，母自らの貸金債務につき未成年子の所有不動産に抵当権を設定する行為は利益相反行為にあたると判断している（最判昭37・10・2民集16巻10号2059

頁)。この立場を外形説（形式的判断説）と呼ぶ。

　しかし，設例(ア)のような場合に外形説の立場から考えると，取引の安全を保護する一方で，子の利益を損なう結果に陥る場合も生じてしまう。親権者が子の名義で借金をし，子の不動産に抵当権を設定すれば，その借入金をどう使おうが，その行為の動機や目的は考慮されない以上，利益相反行為に該当しないのである。そのため，外形説では考慮の対象外となる行為の動機等一切の事情を含めて子の利益を実質的に害する行為かどうかで判断すべきとする実質説（実質的判断説）が有力に主張されている。ただし，この説は細やかな未成年子の利益保護に資する一方で，法律行為の相手方に不測の損害を与え，取引の安全を害するおそれもある。

　利益相反行為が問題となるのは，具体的にどのような行為か。第三者の金銭債務について，親権者自らが連帯保証人となり，子の法定代理人として同一債務につき連帯保証契約をし，かつ，親権者と子が共有する不動産に抵当権を設定する行為（最判昭43・10・8民集22巻10号2172頁）や，設例(イ)の場合のように，単独親権者が共同相続人である未成年子について代理し，全遺産を長男に取得させる等の遺産分割協議をすることは，利益相反行為にあたる（最判昭49・7・22家月27巻2号69頁）。相手方のいない単独行為である相続放棄はどうか。放棄により相続分が変化することから客観的に利益相反行為となるが，親権者自身がまず相続放棄をするか，親権者が相続放棄をするのと同時に共同相続人である子の相続放棄をする場合には，利益相反行為に該当しない（最判昭53・2・24民集32巻1号98頁。ただし，後見人に関する事案であることに注意）。

④　親権者の代理権濫用

　親権者が子を代理して子が所有する不動産を第三者の債務の担保に供する行為は，外形説によれば，利益相反行為に該当しない。しかし，それでもなお，子の利益に適うように考える必要がある場合もある。そのような場合には，一定の要件の下で親権者の代理権濫用と判断し，子に法律行為の効果が及ぶことを否定する。つまり，当該行為が子の利益を無視して自己または第三者の利益を図ることのみを目的としてされる等，親権者に子を代理する権限を授与した法の趣旨に著しく反すると認められる特段の事情があり，親権者が代理権を濫用して法律行為をした場合，その行為の相手方が代理権濫用の事実を知り，ま

たは知ることができたときには，（改正前）民法93条ただし書を類推適用し，本人である子に法律行為の効果が及ばないとする（最判平 4・12・10民集46巻 9 号2727頁）。なお，債権法改正（平成29年法律第44号。2020年 4 月 1 日施行）により，代理権濫用に関する107条が新設された。代理人が代理権濫用行為をした場合に，相手方が悪意有過失であったときは，無権代理行為とみなされる。

⑤　利益相反行為の効果

> ㈱　単独親権者である母Ａと子Ｂとの間において，ＡがＢの法定代理人として行った行為について，利益相反行為にあたると裁判所は判断した。なお，特別代理人の選任もなされていなかった。Ａによる代理行為は無効となるか。

　設例㈱のように，特別代理人の選任なく，親権者が利益相反行為をした場合には，当該行為は当然に無効と解せず，無権代理行為として捉え（最判昭46・4・20家月24巻 2 号106頁），未成年の子が成年到達後に追認（113条）するかどうかを問題とする。つまり，追認をすれば本人に効力が帰属し，追認を拒絶すれば本人へ効力が帰属せず，無権代理人の責任（117条）が問題となる。

　なお，親権者の一方だけについて利益相反が認められるとき，誰が代理行為をすべきだろうか。この場合に，利益相反関係のない親権者の他方が単独で行うか，特別代理人が単独で行うか，他方親権者と特別代理人が共同で行うか，学説が分かれるが，判例・通説では，共同代理説をとる（最判昭35・2・25民集14巻 2 号279頁）。

　選任された特別代理人と未成年子の間で利益相反が生じる場合には，特別代理人は選任の審判により付された権限を行使できず，これを行使しても無権代理行為として，新たに選任された特別代理人または成年到達後の本人の追認がなければ，無効と解されている（最判昭57・11・18民集36巻11号2274頁）。

4　親権濫用への法的対応──親権の制限

(1)　親権が濫用される場合

　子の利益に反する不適切な親権行使に対しては，親権者としての地位を剥奪し，または一時的に停止する必要性が問題となる。このような親権の制限は，とりわけ児童虐待の場合に問題となる。また，子の財産を適切に管理できない，または適切な管理が困難なために子の利益を害する場合には，財産管理権を制限する必要が生じる。

(2)　親権喪失と親権停止

①　親権の喪失

　父または母による虐待・悪意の遺棄，親権行使が著しく困難または不適当であるために子の利益を著しく害するときは，家庭裁判所は，子，その親族，未成年後見人，未成年後見監督人または検察官の請求により，その父または母について，親権喪失の審判をすることができる（834条）。審判により親権を喪失した親権者は，親権を行使できない。なお，児童相談所長もこの申立権が認められる（児福33条の7）。ただし，2年以内にその原因が消滅する見込みがあるときは，親権喪失の審判はすることができない（834条ただし書）。2011（平成23）年の法改正前は，申立権者が子の親族と検察官に限定されており，喪失原因を「親権を濫用し，又は著しく不行跡であるとき」とだけ定めていた。しかし，改正後は，申立権者の範囲を拡大し，喪失原因を明確化した。なお，申立権が認められる子の具体的年齢は定めていないが，意思能力があることが必要と解される。子が単独で審判を申し立てたような場合でも，必要があると認めるとき，裁判長は，弁護士を手続代理人に選任することができる（家事23条）。

②　親権の停止

　2011（平成23）年の法改正前は，親権喪失宣告の申立てがされるのは稀で，実際に審判となってもその重大な効果から裁判所も非常に慎重であり，極めて深刻な事案に限って認容されていた。たとえば実父による性的虐待の事案につき，親権喪失宣告の申立てに伴い，審判前の保全処分として親権者の職務執行

停止および職務代行者の選任（旧家事審判規則74条。現・家事174条）を求めている（東京家審昭54・5・16家月32巻1号166頁）。いわば，親権喪失という制度では，児童虐待の実情に即して，柔軟に対応できなかったといえる。

　そのため，法改正により，親権の停止制度が新設された（834条の2）。申立権者は親権喪失の場合と同じである。児童相談所長も申立権を有する（児福33条の7。一時保護措置中の子の親権者に対する親権停止申立事案として，東京高決令元・6・28判時2491号3頁）。未成年者自身が医療行為に同意しない母と養父の親権停止を申し立て，2年の停止が認められた事案がある（宮崎家審平25・3・29家月65巻6号115頁）。停止原因は，父母による親権行使が困難または不適当なために子の利益を害することのみである。家庭裁判所は，停止原因の消滅まで要すると見込まれる期間，子の心身の状態および生活状況その他一切の事情を考慮して，2年を超えない範囲で，親権停止の期間を定める（834条の2第2項）。上限を2年と定めているのは，児童の家庭復帰や心身の改善を図るための児童福祉法における強制入所等の措置期間を参考としているためである（児福28条2項）。なお，親権停止の期間満了後は原則として親権停止されていた父または母は親権行使が可能となる。ただし，その親権行使が子の利益を害するような場合には，改めて親権停止の審判をすることが求められる。

　コラム8-3の医療ネグレクトに関する事案のほか，未成年子の進学や就職に関する不適切な親権行使に対しても，親権停止の審判や保全処分が認められる傾向にある（千葉家館山支審平28・3・31判タ1433号250頁，広島家審平28・11・21判時2351号54頁）。

③　管理権の喪失

　財産管理権のみを喪失させる制度もある。父または母による財産管理権の行使が困難または不適当であるために子の利益を害するときは，家庭裁判所は，子，その親族，未成年後見人，未成年後見監督人または検察官の請求により，管理権喪失の審判をすることができる（835条）。たとえば，親権者が子の自立にとって必要な契約に同意しないために子の利益が害されるとき等が考えられる。なお，申立権者には児童相談所長（児福33条の7）が含まれる。管理権を喪失した親権者であっても，身上監護権については引き続き行使できる。

◆コラム8−3　医療ネグレクトと親権の制限

　未成年者に治療や手術が必要な場合，通常，医療機関は，親権者の同意を得て医療行為を行う。親権者が正当な理由もなく同意しないために未成年者の生命・身体に重大な被害が生じうる場合，医療ネグレクトにあたると考えられる。

　親権喪失制度（834条）をめぐって，2011（平成23）年の法改正前から，医療ネグレクトへの対応のあり方が問題視されていた。このような場合には法的介入が必要となる一方，親権喪失は過剰な制限となる可能性もある。また，短期間で治療の終了が見込まれる場合には親権を一定期間制限するだけで足りる。そのため，親権喪失宣告を本案事件として職務執行停止と職務代行者選任の保全処分を申し立て，医師や弁護士等の職務代行者が治療行為に同意し，それが終了すれば本案事件の申立てを取り下げるという運用がなされてきた（親権者による子の手術への同意拒否は親権濫用とし，児童相談所長がこの保全処分を申し立て，職務代行者に弁護士が選任された事案として，名古屋家審平18・7・25家月59巻4号127頁）。

　法改正により親権停止の審判が定められたことで（834条の2），現在は，この審判による対応が図られており，親権停止の審判を本案事件として，親権者の職務執行停止等の審判前の保全処分（家事174条）を認める事案が公表されている（東京家審平27・4・14判時2284号109頁，東京家審平28・6・29判時2333号107頁等）。

　児童相談所長は，一時保護中の児童について親権者がいても，監護に関して児童の福祉のため必要な措置をとることができる（児福33条の2第2項）。児童福祉施設長や里親も同様である（児福47条3項）。これらの者は，子に必要な医療行為を親権者が受けさせないような場合に，監護措置として医療を受けさせることができる。そして，児童の生命・身体の安全を確保するため緊急の必要があると認めるときは，親権者等の意に反しても（緊急時のため同意の意思が把握できない場合も），児童相談所長等が医療行為に同意することができる（児福33条の2第4項・47条5項）。

④　親権・管理権の辞任・回復

　親権を行う父または母は，やむを得ない事由があるときは，家庭裁判所の許可を得て，親権または管理権を辞任できる（837条1項）。たとえば，親権の辞任については重病・服役・海外滞在等，管理権の辞任については健康・知識・能力等の理由で財産管理が困難な場合等が辞任事由にあたる。辞任事由が消滅したときは，当該父母は，家庭裁判所の許可を得て，親権または管理権を回復することができる（同条2項）。

(3)　児童虐待をめぐる諸法の連携——児童福祉法と児童虐待防止法

　近年，児童虐待は深刻な社会問題となっている。厚生労働省によれば，2021（令和3）年の全国児童相談所における虐待相談対応件数は20万7659件（速報値）

資料 8 - 2　児童相談所における児童虐待相談対応件数とその推移

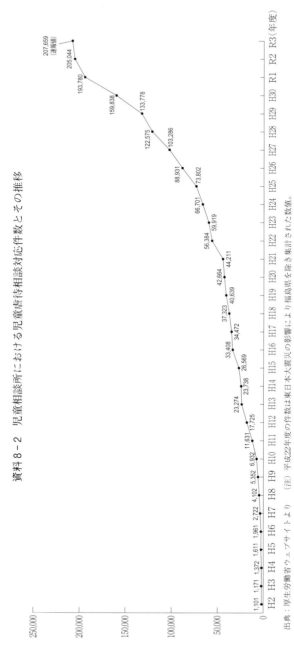

出典：厚生労働省ウェブサイトより　（注）平成22年度の件数は東日本大震災の影響により福島県を除き集計された数値。

であり，児童虐待防止法（以下，「虐待防止」という）施行前の1999（平成11）年に比べて約17.9倍に増加している（資料8-2を参照）。

　児童虐待とは，保護者がその監護する児童に対して行う，①身体的暴行（身体的虐待），②わいせつ行為（性的虐待），③心身の正常な発達を妨げるような育児放棄・同居人による虐待行為の放置・監護の懈怠（ネグレクト），④著しい暴言または拒絶的な対応・児童が同居する家庭における配偶者に対する暴力・その他著しい心理的外傷を与える言動（心理的虐待）をいう（虐待防止2条）。児童虐待は，児童の心身の成長や人格形成に影響を及ぼす，重大な人権侵害であることを認識しなければならない。

①　通告制度と要保護児童の保護

　児童虐待は早期の発見が重要である。児童本人や保護者が自ら児童相談所や福祉事務所等に相談する場合もあるが，近隣住民個人のほか，教育機関，医療機関や保健所等の関係機関からの通告により虐待問題が見つかる場合もある（通告義務。虐待防止6条，児福25条1項）。相談や通告を受けた児童相談所は，受理会議により調査を開始し，速やかな子の安全確認のほか，必要に応じて一時保護の措置（児福33条）をとり，または親の同意を得て子を児童養護施設等に入所させ，もしくは里親等に委託することができる（児福27条）。

②　危機介入

　児童虐待が疑われる場合，都道府県知事は，児童の安全確保のため，児童相談所職員に立入り調査をさせることができ（虐待防止9条），保護者が立入り調査を拒絶・妨害するような場合には当該児童を同伴して出頭することを求め，児童委員等に必要な調査・質問をさせることが可能である（虐待防止9条の2）。この出頭要求にも応じない場合には，所定の手続のもと，住居を臨検し，児童を捜索することも認められる（虐待防止9条の3）。立入調査や臨検に際しては，警察署長の援助を求めることも可能である（虐待防止10条）。

　また，親が児童相談所による保護措置に同意しない場合も考えられる。その場合，児童相談所長は，家庭裁判所の承認を得て，施設入所または里親委託等の措置を行うことができる（児福28条1項）。ただし，措置の期間は最長2年とし，期間の更新には再び家庭裁判所の承認を要する（同条2項）。虐待親が施設入所中の被虐待児童を連れ戻そうと強硬な態度をとる場合も考えられるが，児

資料 8-3　児童虐待に対する諸機関の連携

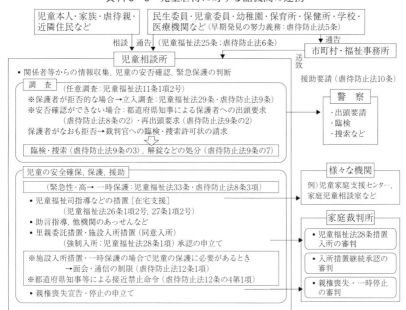

童相談所長は虐待親と児童との面会や通信を制限することができ（虐待防止12
条），虐待防止・被虐待児童の保護の観点から，親権喪失等を適切にとる必要
も生じうる（親権喪失制度の適切な運用につき，虐待防止15条）。

③　刑法による処罰

　児童虐待により児童に重大な危害が及ぶとき，刑法にもとづき，虐待親に処
罰を加えることで矯正し，再発を防止することも必要となる。たとえば，虐待
親につき，暴行罪（刑法208条）・傷害罪（刑法204条）・保護責任者遺棄罪（刑法
218条）・監護者わいせつ罪および監護者性交罪（刑法179条）等で処罰すること
が考えられる。親権者であることを理由に，児童虐待に関連する犯罪について
責任を免れることはない（虐待防止14条2項）。

④　自立支援・親子の再統合に向けて

　虐待を受けた子を親から一時的に引き離すことが必要だとしても，親子分離
が最終的な問題解決となるのではなく，また，子の権利擁護の観点からは，虐
待を受けた児童が心身のケアを受けつつ社会的に自立できるよう，適切な支援

をすることが必要である。国・地方公共団体には，児童虐待の予防・早期発見，迅速かつ適切な被虐待児童の保護と自立支援，虐待親に対する親子の再統合の促進への配慮等のため，各関係機関や民間団体の連携強化等，必要な体制整備に向けた努力義務がある（虐待防止4条）。児童虐待の早期発見・適切な保護を図るために，各関係機関が情報交換し，地域的ネットワークを構築すべく，全市町村に要保護児童対策地域協議会が設置されており，また，2019（令和元）年の児童福祉法の改正によって，市町村および児童相談所の体制強化のほか，関係機関の連携の強化が図られている。虐待の防止から親子の再統合への支援に至るまで，各機関の有機的な連携が重要である。措置解除等の際に親子の生活の再開等を図るために，2022（令和4）年の児童福祉法改正により，親子再統合支援事業が制度として位置づけられている（児福6条の3第15項，同34条の7の2以下を参照。令和6年4月1日施行）。

5　未成年後見──親権を行う者がいないときは？

> ㋐　A・B夫妻には子C（16歳）がいる。Aは日頃からCを虐待していたが，それを止めるよう日々努めていたBが不慮の事故で死亡した。Aによる虐待を心配するBの親族であるDは，Aについて親権喪失の審判を申し立てようと考えているが，単独親権者であるAの親権喪失が認められた場合に，Cの監護教育は誰が行うこととなるだろうか。

(1)　未成年後見の開始

　親権を行う者がいないとき，子の利益をいかに保護するか。親権制度にもとづく法的保護を受けることができない未成年者のために，民法は，親権制度の延長として，未成年者に対する後見制度を設けている。未成年後見が開始する原因としては，未成年者に対して親権を行う者がないとき，または親権を行う者が管理権を有しないときが挙げられる（838条1号）。たとえば，親権者双方または単独親権者の死亡，設例㋐のような親権喪失（834条），親権停止（834条の2），管理権の喪失（835条），親権・管理権の辞任（837条1項），後見開始，

保佐開始等が挙げられる。また，行方不明，受刑者としての服役等の理由により親権行使が事実上不可能な場合も，後見開始の原因と解されている。なお，離婚後の単独親権者の死亡の場合には，当然に後見が開始するとする見解（後見開始説），生存親の親権が復活するとする見解（親権復活説），後見人選任前ならば親権者変更により生存親が親権者となりうるとする見解（制限的回復説），後見人選任の前後問わず生存親への親権者変更が認められうるとする見解（無制限回復説）がある。近時の裁判例・有力説は無制限回復説をとる（佐賀家唐津支審平22・7・16家月63巻6号103頁）。

　児童福祉法上，未成年者に親権者がいないとき，または，親権者が管理権を有しないときは，児童相談所長が家庭裁判所に対して未成年後見人の選任を請求しなければならない（児福33条の8）。

(2)　未成年後見の機関

　未成年後見の機関には，主に後見事務を行う未成年後見人と，その事務を監督する未成年後見監督人がある。また，家庭裁判所は，後見機関が適切に職務を執行しているかどうか，後見事務の報告や財産目録の提出を求め，または後見事務もしくは被後見人の財産状況の調査（863条）や後見人の解任（846条）をする等，後見機関を監督する権能を有している。

①　未成年後見人

　未成年後見人は，後見監督人と異なり，必置の機関である。かつて未成年後見人は一人に限定されていたが（改正前842条。削除），2011（平成23）年の法改正により，複数の者が未成年後見人になることが可能となった（840条2項）。また，未成年後見人の職務の性質上，法人が未成年後見人になることはできないと解されていた。しかし，たとえば未成年者の財産管理については弁護士や司法書士等の専門家が関与し，身上監護は未成年者の親族が行うことが適当な場合や社会福祉法人が運営する児童福祉施設から自立した未成年者について同法人が後見事務を行うことが適当な場合もあるため，法改正により法人の未成年後見人の選任を認めた（840条3項かっこ書・843条4項かっこ書を参照）。なお，847条に定める欠格者が未成年後見人になることはできない。

　未成年者に対して最後に親権を行う者（管理権を有しない者を除く）は，遺言

資料 8 - 4　未成年後見人選任申立書の書式（記載例）

未成年後見人選任申立書（記載例）

（ページ1）

申立書は、家庭裁判所の許可を得ないで他人に譲り渡すことはできません。

受付印

未成年後見人選任申立書

※ 収入印紙（申立費用）800円分を貼ってください。
【注意】貼った印紙に押印・消印しないでください。

収入印紙　　円
予納郵便切手　　円

印紙貼付欄

関連事件番号　　年（　）第　　号

○○家庭裁判所
△△支部・出張所　御中

申立人又は同手続
代理人の記名押印

甲野 梅子　㊞

令和 ○○ 年 × 月 △ 日

申立人	住所	〒000-××××
		○○県△△市○×町○番○号
	ふりがな	こうの　うめこ
	氏名	甲野 梅子
	未成年者との関係	☑父母 □祖父母 □その他

電話 00（0000）×××× 携帯電話 000（××××）△△△△

（ページ2）

申立ての趣旨

未成年後見人の選任を求める。

申立ての理由

申立人の選任

未成年者の監護教育
就職
入学
婚姻
その他

※裁判所ウェブサイトを参照
※「手続費用の上申」「添付書類」に関する部分は省略

142

で，未成年後見人を指定できる（839条1項）。なお，離婚後に単独親権者となった母が，自身の母を未成年後見人に遺言指定した事案において，父への親権者変更を認めた事案がある（大阪家審平26・1・10判時2248号63頁）。親権を行う父母の一方が管理権を有しないときには，他方が未成年後見人を指定できる（同条2項）。その他，未成年後見人の指定がないときや未成年後見人が欠けたとき，未成年者本人またはその親族，その他の利害関係人，児童相談所長（児福33条の8）が家庭裁判所に未成年後見人の選任を申し立て，裁判所が後見人を選任する場合もある（840条）。未成年後見人の選任にあたっては，未成年者の年齢・心身の状態・生活や財産の状況・未成年後見人となる者の職業や経歴・未成年者との利害関係の有無・未成年者の意見等，一切の事情を考慮しなければならない（840条3項）。設例(ア)において，Cの親族に監護教育につき適切な者がおり，当該人物やCの意向も踏まえ，Cとの良好な関係を期待しうる場合には，その者を未成年後見人として指定することとなろう。父または母の親権・管理権の辞任，親権喪失・親権停止・管理権喪失の審判によって未成年後見人の選任が必要となる場合には，その父または母が未成年後見人の選任を家庭裁判所に申し立てなければならない（841条）。ただし，親権喪失の審判を受けた者に未成年後見人選任の請求を義務付けることは困難であるとの批判も多い。この選任請求義務の違反に対しても，制裁は予定されていない。

　② **未成年後見監督人**

　未成年後見監督人は，必要な場合に選任を要する任意の機関である。この者が就く場合として，親権者が遺言で指定する場合（848条），被後見人，その親族もしくは後見人の請求による場合または職権にもとづき家庭裁判所が選任する場合（849条）がある。なお，後見人の配偶者，直系血族および兄弟姉妹は，後見監督人となることができない（850条）。

(3)　未成年後見の事務内容

　未成年後見の内容は，親権と同様に，未成年者の身上監護と財産管理である。未成年後見人が複数名いるときは，共同して後見事務にあたり，家庭裁判所は，財産に関する権限行使の分掌等について職権で定めることができる（857条の2）。

① 身上監護

　未成年後見人は，820条から823条までの規定に定める事項について，親権者と同じ権利義務を有する（857条本文）。ただし，親権者が定めていたこれらの事項について変更するとき，未成年後見監督人がいる場合には，その同意を得なければならない（同条ただし書）。

② 財産管理

　未成年後見人は，その就職の初めに，未成年者の生活・教育・療養看護・財産管理のために毎年支出すべき金額を予定する必要があるため（861条1項），まず，後見開始時点における未成年者の財産を調査し，財産目録を作成しなければならない（853条1項）。いずれも後見開始から1ヶ月以内に終える必要があるが，家庭裁判所により，この期間を伸長することは可能である。未成年後見監督人がいる場合にはその立会いの下で財産調査および目録作成をし（853条2項），未成年後見人が未成年者に対して債権債務を有する場合，財産調査の着手前にその旨を未成年後見監督人に申し出る必要がある（855条）。

　財産管理にあたって，未成年後見人は，親権者が負う注意義務よりも高い，善良なる管理者の注意義務を負う（869条：644条準用）。未成年者の親族から選任された未成年後見人が後見事務の下，未成年者の財産を私的に消費した場合には，刑罰を免除する親族相盗例（刑法255条：244条1項準用）の適用を否定し，業務上横領罪の成立を認めている（最決平20・2・18刑集62巻2号37頁）。未成年者と未成年後見人との間の利益相反行為について特別代理人の選任を要するが，未成年後見監督人がいる場合には，その者が被後見人を代表するため（851条4号），新たに特別代理人を選任する必要はない（860条ただし書）。

(4)　未成年後見の終了

　未成年後見が終了する原因には，被後見人である未成年者側の事情による場合と親権者・未成年後見人等の保護者の事情による場合がある。前者は，未成年者の成年到達や死亡の場合（失踪宣告を受けたときも同様）であり，後者は，たとえば，単独親権者死亡による後見開始後に他方の生存親への親権者変更が認められた等，親権者が出現した場合である。これらの場合には後見の必要がなくなるため，「後見の絶対的終了」という。これに対し，未成年後見人の死

亡・辞任・解任または欠格等，後見自体は終了しないが，当該後見人の職務が終了する場合を「後見の相対的終了」という。ただし，この場合，未成年者保護の必要は続くため，新たな未成年後見人の選任が必要となる（845条，840条）。

　未成年後見の終了に際して，2ヶ月以内に，未成年後見人は，未成年者の財産について計算をしなければならない。この期間の伸長，未成年後見監督人による立会いの必要性については，後見人就任時と同様である（870条・871条）。返還すべき金額があれば，後見終了時より，これに利息を付けて返還しなければならない（873条）。なお，未成年後見人は，家庭裁判所に対し，未成年者の財産の中から後見事務に対する報酬を請求できる（862条）。

設題

1)　A・B夫婦には5歳の子Cがいる。ある日，Cが突然体調を崩したため，BはCを連れて病院に駆け込んだ。診断の結果，Cは重病を患っていることが判明した。医師によれば，その治療には手術が必要であり，その準備が整うまで病状の進行を防ぐためにCが嫌がる注射を数回しなければならず，しかも，この治療を早急に始め，手術をしなければ，命の危険または深刻な障害を起こす可能性もあるとのことである。最後に，医師は，この治療のため親権者A・B両者の同意が必要とBに告げた。Bはその後，Aにこの旨を相談した。

①注射を要する治療を頑なに拒絶するCの様子を見て，Aは，この治療の実施・手術に反対している。Bは，治療・手術を受けさせることができるか。

②Aもこの治療に同意したとする。仮にCが16歳の高校生で，治療・手術の必要性につき説得しても頑なに拒絶する場合，A・Bは治療・手術を受けさせることができるか。

③A・Bはこの治療に頑なに同意しないため，医師は児童相談所に相談した。児童相談所長はいかなる対応をとりうるか。

2)　父Aと母Bとの間には，15歳のCがいる。幼少時よりサッカーに興味を覚えたCは，海外へ単身サッカー留学したいとA・Bに真剣に告げた。A・Bは，当初，これに強く反対していたものの，Cの熱意に応えたいと考えるようになった。Cの夢をかなえたいAは，Bと相談の上，C名義の土地について抵当権を設定し，A名義で借金をすることで，この借入金をすべてCの学費や生活費に充てることとした。Aのこの行為は利益相反行為といえるか。

第9章
高齢者の生活保障と法
──老後の生活を誰が助けてくれるのか

> **導　入**
>
> 　わが国では，高齢社会を迎え，定年退職後のいわゆる第2の人生をいかに過ごすかが社会的な関心事の1つとなっている。この第2の人生を支えるために年金制度や介護保険制度等の社会保障制度が整備されてきた。これらの制度は，高齢時の所得保障や身上面での支援が目的とされており，整備が進むことで人は安心して老後を迎えられるはずであった。それにもかかわらず，なお多くの者が不安を抱いている。その不安として耳にするのは，年金や自身の預貯金だけでは満足な老後を過ごせないのではないかというものや，認知症になった場合に誰が自身の面倒をみてくれるのだろうか，というものである。この後者の問題は，誰が自身の生活上の面倒（介護）をみてくれるのかというものと誰が自分のために（自分に代わって）必要な決定（医療の決定や老人ホームに入所する決定，また財産管理に関する決定）をしてくれるのかというものとに分かれる。そして誰が生活上の面倒をみてくれるのかという不安については，家族による介護ができない場合，老人ホームなどの介護施設に入居したり，介護サービスの利用の増加により生じる費用負担を自らまかなうことができなければ，結局この費用は誰が負担するのかという問題に収斂される。
>
> 　そこで，本章では，高齢者の生活を支えるためにどのような法が整備されているのかを検討する。まず社会保障制度，とりわけ介護保険制度を中心に概観し，続いて判断能力が低下した際の意思決定を支援する成年後見制度を中心に検討する。その上で，これらの制度を利用してもなお残る高齢者の生活上の必要費の負担の問題を解消する糸口となる扶養制度について検討する。

1　高齢社会と社会保障制度
──老後を支えている社会保障制度とは？

⑴　社会保障制度における社会保険制度

　日本では，憲法25条にもとづき，公衆衛生に関する施策とならび，個人やその家族の生活を支援するために社会保険制度・社会福祉制度・公的扶助制度が整備されており，これらの制度をまとめて，一般に社会保障制度と呼んでいる。高齢者への介護支援は，2000年以前は，障害者や母子家庭など社会生活を営む上でハンディキャップを負う人への支援を行う社会福祉制度の中に位置づけられてきた。しかし，税のみを財源とする福祉制度では，高齢社会を迎えるわが国では，制度が破綻するなどの理由から，今日の社会保険制度へと移行した。

　日本では，1961年に国民皆年金制度が導入された。サラリーマンや公務員以外の者である自営業者や無業者も加入する国民年金制度や主にサラリーマンや公務員が加入している厚生年金制度が整備され20歳から60歳の者が国民年金の給付月数や厚生年金の加入期間に応じた年金額を受給する権利を取得することになった。

　また，国民皆保険制度が導入されており，あらゆる国民を対象とした国民健康保険制度が整備されている。この制度も，保険制度であるから，生活保護受給者を除き，加入者は保険料を負担することで，医療の需要が生じた場合には，一定の医療というサービスが受けられることになる。ただし，医療というサービスを受けるにあたっては，それに必要な費用がすべて保険でまかなわれるのではなく，サービスを受ける受益者自身も，年齢や所得により割合は異なるが，医療費の一部を負担することになる。

⑵　介護保険制度

　高齢者のための介護制度は，2000（平成12）年に，介護保険事業に民間の事業者も参入をさせ，従来の行政による措置制度から契約制度へと大きく転換した。この制度改革により整備された介護保険制度は，利用者と事業者との間での契約にもとづくサービスの提供という「契約」を基礎とした給付の提供がさ

れる制度でありながら，40歳以上の者が介護保険制度に強制加入し，保険料を負担する一方で，介護保険の利用者はサービスに対して一部（1割）を負担し，残りは公的負担となるという社会保険制度の仕組みがとられるという制度となっている。

　介護保険制度を利用するためには，まず，市町村に申請をし，「要介護1〜5」・「要支援1/2」のいずれかの区分に該当する状態にあると市町村に認定される必要がある。そして，その認定された区分に応じて，必要なサービスの「介護サービス計画の作成」・「介護予防サービス計画」（以下，「ケアプラン」という）を作成し，そのケアプランに従って，必要なサービスを事業者から受けることになる。この一連の流れの中で，「要介護」の区分に認定されると，その認定された者は，ケアプランを本人や家族が作成することもできるが，居宅介護支援事業者との間で居宅介護支援（ケアマネジメント）契約を締結し，その居宅介護支援事業者に所属するケアマネージャーにケアプランを作成してもらうことが一般的である。つまり，介護保険制度の利用にあたっては，この段階でまず，契約を締結することが必要となる。ケアマネージャーは，利用者のニーズをもとに，本人が認定された介護区分に応じて，必要なサービス（家事支援，買い物，入浴，排泄，通院介助など）を組み合わせてケアプランを作成することになる。もっとも，各月に利用できるサービスの上限は，要介護度の区分に応じて，点数化して定められており，その支給限度内で利用した場合には，サービス費用の一定の割合を自己負担で利用することができるが，その支給限度を超えた場合には全額自己負担になる。したがって，支給限度を超えてまで量的に多くのサービスを受けることは，当事者に費用面で負担が大きいため，いかに当事者のニーズにあったプランを計画してもらうかが重要である。

　さらに，このケアプランに従い，実際にサービスを提供する事業者との間で，先の契約とは別のサービスの提供に関する契約を締結する必要がある。

　このように，高齢者は，介護保険制度を利用するとしても，そのために必要な契約を締結しなければならない。しかし，高齢時には，認知症等の症状が進行し，契約に必要な法的な判断能力がない場合もある。以下では，判断能力がない状態で契約を締結した場合について検討していく。

2　意思無能力——認知症になって取引をすると……

　高齢時には，認知症に罹患して判断能力が低下するだけでなく，認知症に罹患していなかったとしても，加齢により判断能力が低下してしまうこともある。高齢者が悪質な事業者から，高額な商品を訪問販売などで購入してしまうということは日常的によくニュースなどで目にするところである。

　人は，他の者とたとえば売買契約などの取引をして物を購入することは自由であるが，自らの自由な意思，判断にもとづいて取引行為に入るからこそ，そこから生じた義務（代金の支払債務など）を負担しなければならないのである（自己決定・自己責任の原則）。そうすると，取引行為においては，その取引行為の意味内容，その結果生じる法的効果を理解する能力（意思能力）が不可欠となる。このような判断能力がない意思無能力の状態でした法律行為（たとえば，売買契約）について，2017（平成29）年改正に至るまでは，明確な規定がおかれていなかったが，判例（訴訟行為につき最判昭29・6・11民集8巻6号1055頁参照）・学説は，無効であるとしてきたところ，同改正により，民法3条の2に法律行為の当事者が意思表示をした時に意思能力を有しなかったときは，その法律行為は，無効とする旨が規定された。そして，契約が無効になると，売買契約の効力はなく，売主・買主はともに相互に権利義務（債権債務）を負担することはない。無効な行為による給付の受領者は原状回復義務を負う（121条の2第1項）。意思無能力者が取引行為により給付を受けた場合，現に利益を受けた限度で返還義務を負う（121条の2第3項）。

　しかし，この「意思無能力」の証明は，それを主張する高齢者の側でしなければならず，自身が売買契約締結時に意思無能力であったということの証明は非常に難しいといわれている。そこで，取引上の必要な判断能力（以下，「事理弁識能力」という）が不十分な者，困難な者を支援し，保護する制度が必要となり，整備されたのが制限行為能力制度である。事理弁識能力が不十分な者の取引行為を制限することで，その制限された範囲でその者の保護を行うのである。成年者を支援する成年後見制度は，従前事理弁識能力が不十分な者にとって使いにくい制度であるとの指摘がされてきた禁治産制度・準禁治産制度を

2000（平成12）年に改正し，整備した制度である。

　以下では，成年者の保護制度である成年後見制度についてみていく。

3　成年後見制度——認知症になった人の取引を支援する制度とは？

　成年後見制度は，民法上の法定後見制度と任意後見制度がある。民法上の成年後見制度は，①（狭義の）成年後見制度，②保佐制度，③補助制度の3類型が設けられている。このように3類型が設けられているのは，認知症や加齢による判断能力の低下といってもその程度はさまざまであり，その人の能力に沿った支援が必要となる。法律が一律に取引行為を制限してしまうことは，制限される必要のない行為の自由までを侵害してしまうことになる可能性があるからである。そこで，成年後見制度は，保護を受ける者のその自由な意思をできる限り尊重すること，今もっている能力を活用すること，さらに障害がある人も通常誰もが行うような生活をすることが望ましいというノーマライゼーションの理念の下，保護を受ける者がその事理弁識能力の程度に従った最適な制度を利用できるようなシステムを整備した。

(1)　（狭義の）成年後見制度

①　成年後見の開始

　成年後見制度は，「精神上の障害により事理を弁識する能力を欠く常況にある」者のための制度である。この制度が開始すると，その利用者本人である成年被後見人による法律行為が制限され，選任された成年後見人に，②の職務権限が与えられる。

　この制度を利用するには，民法7条により本人，配偶者，四親等内の親族，公益代表としての検察官などのほか，老人福祉法により市町村長（特別区の区長含む）が家庭裁判所に請求し，家庭裁判所が本人がそれを利用するのに適した状態であるかどうかを判断し（7条），そのように判断すると，成年後見開始の審判がされ，後見人が選任され（8条），後見登記ファイルに必要事項（①後見等の種別，開始の審判をした裁判所，その事件の表示および確定の年月日，②成年被後見人等の氏名，出生の年月日，住所および本籍，③成年後見人等の氏名および住

資料9-1　後見開始申立書（記載例）

【令和3年4月版】

申立後は、家庭裁判所の許可を得なければ申立てを取り下げることはできません。
※ 太わくの中だけ記載してください。
※ 該当する部分の□にレ点（チェック）を付してください。

受付印

（ ☑後見 □保佐 □補助 ）開始等申立書
※ 該当する部分の□にレ点（チェック）を付してください。

収入印紙（申立費用）をここに貼ってください。

収入印紙（登記費用）をここに貼ってください。

※収入印紙に割印をしないでください。
【注意】収入印紙（登記費用）は割印をせず，登記手数料として，2,600円分をここに貼付してください。

準口頭	関連事件番号	年 （ ）第 号

収入印紙（申立費用）
収入印紙（登記費用）
予納郵便切手

○○家庭裁判所
支部・出張所 御中
令和 4 年 5 月 15 日

申立人又は同手続
代理人の記名押印

甲野 光子 ㊞

申立人	住所	〒654-0000 大阪○○区△△町1丁目○番×× 携帯電話 090（ xxxx ）△△△△
	ふりがな 氏名	こうの ひかるこ 甲野 光子 昭和 40 年 △月 6 日生 （5x 歳）
	本人との関係	□本人 ☑配偶者 □親 □子 □孫 □兄弟姉妹 □その他の親族（関係： ） □その他（ ）

※本事件について裁判上の行為をすることができる代理人又は同手続代理人を記載してください。

手続代理人	住所	〒 電話 （ ） ファクシミリ（ ）
	氏名	

本人	本籍 （国籍）	大阪 都道 府県 ○○市△△町○区△△町1丁目○番××
	住民票上の住所	☑申立人と同じ 〒 電話 （ ）
	ふりがな 氏名	こうの たろう 甲野 太郎 □大正 ☑昭和 1x 年 x 月10日生 □平成 （8x 歳）
	病院・施設名	※ 病院又は施設の場合は，所在地，名称，連絡先を記載してください。

1

申立ての趣旨
※ 該当する部分の□にレ点（チェック）を付してください。

☑ 本人について後見を開始するとの審判を求める。

□ 本人について保佐を開始するとの審判を求める。
※ 以下は，必要とする場合に，該当する部分の□にレ点（チェック）を付してください。
□ 本人のために別紙代理行為目録記載の行為について保佐人に代理権を付与するとの審判を求める。
□ 本人が民法13条1項に規定されている行為のほかに，下記の行為をするにも，保佐人の同意を得なければならないとの審判を求める。

記

□ 本人について補助を開始するとの審判を求める。
※ 以下は，少なくとも1つは，該当する部分の□にレ点（チェック）を付してください。
□ 本人のために別紙代理行為目録記載の行為について補助人に代理権を付与するとの審判を求める。
□ 本人が別紙同意行為目録記載の行為（日用品の購入その他日常生活に関する行為を除く。）をするにも，補助人の同意を得なければならないとの審判を求める。

申立ての理由

本人は，（* アルツハイマー型認知症 （* 老人性認知症・脳梗塞・その他 ）により
判断能力が欠けているのが通常の状態又は判断能力が（著しく）不十分である。

※ 診断書に記載された病名（本人の判断能力に影響を与えるもの）を記載してください。

申立ての動機
※ 該当する部分の□にレ点（チェック）を付してください。

本人は，
☑ 預貯金等の管理・解約 ☑ 保険金受取 □ 不動産の管理・処分 ☑ 相続手続
□ 訴訟手続等 ☑ 介護保険契約 ☑ 身上保護（福祉施設入所契約等）
□ その他（ ）
の必要がある。

※ 上記申立ての理由及び動機について具体的な事情を記載してください。★4行以内程度で記載できないときは，書ききれない場合は，この用紙をコピーした上で，記載してください。

本人は，アルツハイマー型認知症と診断され，
最近では回復の見込みがなく，時折徘徊をするなど，症状が進行している。
昨年から本人の体力が衰え，次第に徘徊もみられ，遠方に居住している
長女の私が本人の世話をしてきたが，昨年，本人が入院し，健康を害した
ことから，介護施設への入所とする予定で，この同意のために同手続を申立てにいたった。

2

資料9-1 後見開始申立書（記載例） つづき

所，複数人存在する場合はその権限に関する定め，④後見監督人等が選任された場合には，その氏名および住所，⑤保佐人・補助人の同意を得ることを要する行為が定められたときは，その行為，代理権が付与されたときはその代理権の範囲等）が記載される（家事事件手続法116条の2）。

② 成年後見人の職務と権限

後見人は，以下のような成年被後見人の財産管理や療養看護に関する事務を行うにあたり，成年被後見人の意思を尊重し，かつその心身の状態および生活の状況に配慮する義務を負うことになる（858条）。

(ア) 取消権

成年後見人は，成年被後見人がした法律行為は，原則として取り消すことができる（9条本文）。

成年後見開始後，成年被後見人がした法律行為が取り消された場合，契約は初めから無効であったものとみなされ（121条），仮に被後見人がすでに売買における代金を支払っていれば，売主は原状回復義務を負う（121条の2第1項）。逆に，成年被後見人の原状回復義務は，現存利益に限って返還すれば足りる（民121条の2第3項）。

ただし，成年被後見人が日用品の購入その他日常生活に関する行為を行った

資料9-2　後見関係図

場合には，その行為は取り消すことはできない（9条ただし書）。日用品の購入等まで取り消されると，成年被後見人は，日常の生活を送ることにさえ不都合が生じるからである。

（イ）　財産管理権・代理権

　成年後見人は，成年被後見人の財産を管理し，代理する権限をもつ（859条）。成年後見人は，成年被後見人が所有している不動産の維持管理（家屋の修繕や固定資産税の支払い等）などの財産管理を行うことになる。また，成年後見人は，成年被後見人の所有している財産に関する法律行為を包括的に代理する権限も有する。たとえば，成年被後見人に手持ちの生活費がない場合には，成年後見人は成年被後見人を代理して財産を売却し，生活費を工面するということも可能となる。ただし，「居住用不動産」の売却，賃貸等については，成年被後見人の生活に大きな影響を及ぼすため，家庭裁判所の許可が必要となる（859条の3）。

　この他，2015（平成27）年改正により成年後見人による被後見人の郵便物等の管理に関する規定がおかれた。家庭裁判所は，成年後見人がその事務を管理するのに必要があると認めるときに，成年後見人の請求により，信書の送達事業者に対して成年後見人に配達すべき旨を嘱託することができ（860条の2），

◆コラム9-1　成年後見人による医療同意（臨死介助）

　2000（平成12）年に成年後見制度が新たに整備されて18年が過ぎ，現行成年後見制度の見直しを求める動きが強くなっている。その1つとして，すでに自身の意思を表明できない状態にある者への医療を誰が決定するのかという問題である。

　すでに自身の意思を表明できない者に対して，気管支挿管を行ったり，人工栄養を注入するための胃瘻を行ったりという医的侵襲を伴う医療措置の選択が迫られる場面で，誰にその決定権があるかについては実は法に明確な定めはない。

　自身の医的侵襲行為について決定権があるのは本人だけである。仮に本人に成年後見人が選任されていても，成年後見人は，病院との間で医療契約を締結し，それにともない生じた費用の支払いをすることはできるが，個別の医療措置について同意を与える権限が法的に明確にあるわけではない。

　日本の医療現場では，「家族」が医療決定において重大な役割を果たすが，その家族が本人のための決定を必ずするとは限らない。また家族がいない場面もある。そこで，成年後見人が選任されている場合には，明文で同意権を認めるべきとの提案がされている。もっとも，本人との親交がない状態で職業成年後見人が選任された場合など，どこまで成年後見人が本人のために，あるいは本人に代わって適切な医療措置を選択することができるかは疑問が残り，なお検討を要する場面も残されている。

　成年後見人は受け取った郵便物等を開封して確認することができるが（860条の3第1項），事務に関しないものは速やかに成年被後見人に交付しなければならない（同2項），成年被後見人は成年後見人が受け取った郵便物等の閲覧を求めることができる（同3項）。

　(ウ)　財産の調査および目録の作成，収支予定表の作成

　成年後見人は，被後見人の財産を適切に管理しなければならないため，その財産状況を把握し，それを明らかにしておく必要がある。そこで，選任されると遅滞なく被後見人の財産を調査し，財産目録を作成しなければならない（853条1項）。

　また，本人生活や療養看護，財産管理に必要な費用の年間の収入と支出の金額の予定表を作成しなければならない（861条）。

　後見が被後見人の死亡などの理由で終了した場合には，後見人は，2ヶ月以内にその管理の計算をしなければならない（870条本文）。

　(エ)　後見の事務の費用と後見人の報酬

　成年後見人が，後見事務を行うために要した費用は，成年被後見人の財産の中から支弁される（861条2項）。

　後見人の報酬は，後見人が家庭裁判所に対して報酬付与の申立てをする必要があり，この申立てにより，家庭裁判所は，後見人や被後見人の資力その他の事情によって，被後見人の財産の中から相当な報酬を付与することができる（862条）。

　また，従来成年被後見人の死亡後後見業務が終了することから成年後見人による死後事務の法的根拠が明確ではなかった。2015（平成27）年改正により，成年被後見人の死亡後でも，成年後見人は，相続人の意思に反することが明らかな場合を除き，相続人が相続財産を管理することができるに至るまでは，特定の財産の保存行為や相続財産に属する弁済期が到来している債務の弁済ができるようになった（873条の2第1号・2号）。また，成年後見人は，家庭裁判所の許可を得て，被後見人の死体の火葬や埋葬に関する契約の締結も相続財産の保存に必要な行為としてできるようになった（同条3号）。

　(ｵ)　身上監護に関する事務

　成年後見人は，成年被後見人の意思を尊重し，その生活，療養看護に配慮しなければならない（身上配慮義務）（858条）。成年後見人自身は，成年被後見人の身上監護に関する事務を行うのであって，事実行為（家事，入浴，排泄，買物など）をする必要はない。たとえば，成年後見人は，成年被後見人が日常生活が送れるように介護保険制度の利用にあたり必要な契約を締結したり，場合によっては老人ホームへの入居契約を締結するなどの法律行為を行い，その契約が適切に履行されているかを監視するなど，身上配慮義務に従って，その事務を果たしていくことになる。

　③　後見人の監督

　成年被後見人は，後見人の職務の適否を監視・監督できない状態である。そこで，家庭裁判所は，必要があると認めるときは，一定の者の請求または家庭裁判所の職権で，成年後見監督人を選任することができる（849条）。家庭裁判所や成年後見監督人は，いつでも，後見人に対し後見事務の報告や財産目録の提出を求めることができ，その事務や被後見人財産の状況を調査することができる（863条1項）。さらに，家庭裁判所は，一定の者の請求や職権で，被後見人の財産の管理やその他後見の事務について必要な処分をすることもできる（同条2項）。また，後見人に不正な行為，著しい不行跡その他後見の任務に適しない事由があれば，家庭裁判所は，一定の者の請求または職権により，後見

人を解任することができる（846条）。

(2)　保佐制度・補助制度

　保佐制度は，「事理弁識能力が著しく不十分な者」に対して，保佐開始の審判とともに，保佐人が選任される（11条・12条）。

　成年被後見人とは異なり，保佐が開始しても被保佐人は原則として法律行為を自由にすることができる。しかし，民法13条1項が定める法律行為，すなわち借財や保証をすること，不動産その他の重要な財産に関する取引，訴訟行為，贈与や相続の承認・放棄・遺産分割等については，保佐人の同意が必要となる。また，特定の法律行為についても家庭裁判所による審判を経て，保佐人の同意を要する行為とすることができる（13条2項）。保佐人の同意が必要な行為につき，被保佐人が保佐人の同意なしに行えば，その法律行為は，取り消しができる（同条4項・120条）。また，保佐人には，家庭裁判所により代理権を付与する審判を受け，一定の行為について被保佐人を代理することもできる（876条の4）。もっとも，代理権付与の審判を求めるにあたり，本人以外の者が家庭裁判所に請求する場合には，本人の同意が必要となる。

　補助制度は，「事理弁識能力が不十分な者」が利用する制度である。本人以外の者が補助開始の審判を請求する場合には，本人の同意が必要となる（15条1項・2項）。被補助人も，被保佐人と同様に，原則として自由に法律行為ができ，被保佐人に比して限定的にのみ行為が制限される。補助人の同意を要する行為や補助人が代理することができる行為は，同意を要する旨の審判・代理権付与の審判により，個別に定められる（17条・876条の9）。

　成年後見監督人と同様に，保佐監督人・補助監督人も必要に応じて選任される（876条の3第1項・同条の8第1項）。

(3)　任意後見

　自分自身が信頼できる人に後見人になってもらえる制度が任意後見制度である。

　本人（委任者）が，受任者との間で，任意後見契約を交わしておく。この契約において，委任者が精神上の障害により事理弁識能力が不十分な状況になった場合に，自己の生活，療養看護や財産の管理に関する事務の全部または一部

を受任者に委託し，その委託に係る事務について代理権を付与することになる。

　その後，その本人が事理弁識能力が不十分になったときに，一定の者の請求により，家庭裁判所が任意後見監督人を選任し，その選任の時より，受任者が任意後見人として契約で委ねられた事務を行うことになる（任意後見契約法2条，4条）。任意後見人は，任意後見監督人の監督を受けることになり，任意後見監督人は家庭裁判所の監督の下，職務を行うことになる。

4　扶　養──老後の蓄え・収入がないと……

　この章の最後に，高齢時に経済的に自立した生活が送れない場合に誰がその費用を負担するのかということをみてみる。

　人は，自らの生活を自らの労働・資力により維持することが大前提である。しかしながら，すでに労働できる状態でなく，また居住用の不動産などの資産もなく，自らの生活を維持することができないという事態もおこりうる。そこで，民法は，扶養制度を設け，一定の親族にその負担を求め，他方，公的扶助制度として生活保護制度が整備されている。もっとも，生活保護制度は，あくまで親族扶養ができない場合に限り，利用できる制度である（補足性の原則。生活保護法4条）。そこで，以下では，どのような場面において，親族間の扶養が認められるのかについてみていく。

(1)　扶養の権利義務の発生要件

　民法上，どのような場合に扶養の権利義務が生じるかについて，明確な規定は定められていない。しかしながら，成年者は，自立責任があるため，扶養を求めることができるのは，自身の労働・資産により得られる収入がない要扶養状態が生じた場合に扶養を認めることができる。民法は，ある者が要扶養状態に陥った場合に，その者の直系血属と兄弟姉妹が絶対的に扶養義務を負うこと（877条1項），また，特別な事情があれば家庭裁判所が三親等内の親族に対して扶養義務を設定できることを定めている（同条2項）。もっとも，扶養請求権が生じていても，扶養義務者が自らの生活を維持することができなければ扶養義務は認められず，扶養義務者に扶養する能力がある限りにおいて，扶養義務が

認められる。なお，配偶者間では，民法752条の扶助義務を根拠とする扶養義務，同760条の婚姻費用分担義務を相互に負うことになる。

　高齢者が，日常生活に必要な費用を自ら負担できないのであれば，要扶養状態にあるといえる。入院や治療が必要となったが，それにかかる自己負担分を支払えない場合や，介護保険法上のサービスを利用して支払うべき費用の負担ができない場合についても要扶養状態にあるといえる。そして，扶養義務者の扶養能力に従い，これらの費用を分担することになるのである。

(2)　扶養の順位・程度・方法

　扶養義務者が複数人いる場合，当事者間の協議によりその順位が定められ，協議が成立しない場合，家庭裁判所での調停を経て，最終的に審判で定めることになる（878条）。

　扶養義務の程度と方法について，当事者は協議で定めることができるが，協議が成立しなければ，家庭裁判所での調停を経て，最終的に審判で定めることになる（879条）。また，扶養の程度は，夫婦間の扶養義務と親が未成熟子に対して負う扶養義務は，自己に対して負うのと同程度の扶養義務（生活保持義務）と解され，程度の高い義務と位置づけられている。これ以外の親族間での扶養義務（子が老親に対して負う扶養義務や兄弟姉妹間での扶養義務）は，自らの生活を維持してなお余力がある場合にその限度で負う義務と解されている。

　(1)では，高齢者が金銭面で自立できない場合について説明したが，高齢者が，その子に対して引取り・介護を求めることができるかがさらに問題となる。

　たしかに，扶養権利者を扶養義務者の家庭に引き取れば，（衣）食住の提供という観点から金銭で扶養を行う方法に比べると，経済的に安価で済む。扶養権利者と義務者・義務者の家族との関係が円満であれば，関係当事者間で精神的負担とならないかもしれないが，もしそのような関係でなければ家族内で大きな負担となりうる。また，引取当初は，扶養権利者が身の回りのことは自身でできたとしても，将来的に介護が必要になることもある。その場合に介護保険制度を利用することはできるが，すべてを介護サービスに頼ることはできないので，少なからず家族においても何らかの負担が必要となってくる。そこで「引取」扶養については当事者間での合意が必要であると実務・通説は考えて

いる。これに対して，扶養の方法は，原則として，金銭に限られるべきであるとの立場もある。いずれにしても，介護は，扶養の範囲を超えていると解され，引取扶養の合意をしていたとしても法的に強制されるべきではないと考える。

　次に同順位の扶養義務者が複数人いる場合に，その義務者の一人が，他の者に先行して扶養をしている場合には，それまで行ってきた扶養料，またこれから必要となる扶養料につき他の扶養義務者に求償請求できるかが問題となる。扶養義務者の一人が，権利者を引き取っている場合に，他の扶養義務者に費用負担を求めることができるかも問題となる。

　扶養として支払われる債務は定期債務と解されており，扶養義務者が扶養権利者に支払った扶養料については，仮に扶養権利者がその後経済的に豊かになったとしても，求償されることはない。しかし，扶養義務者が他の扶養義務者に先行して支払った扶養料については，過去の分であったとしても求償請求でき（最判昭26・2・13民集 5 巻 3 号47頁），将来の扶養料については，扶養能力に従い按分で負担を求めることができると解されている。

(3)　私的扶養制度と公的扶助制度の関係

　公的扶助制度である生活保護制度は，憲法25条の生存権（国民の最低限度の生活の保障）を具体化するために整備されたものである。生存権の性質論をめぐって判例は，生存権の具体化にあたっては立法裁量に委ねられるべきものとし，生活保護を行うかどうかの決定は行政に委ねている。生活保護は，税金を財源とする給付であるため，国民が生活についての自己責任，すなわち自己の財産や稼働能力を活用してなお不足が生じる場合に給付される（自助原則）。また，本人のみならず，親族などから支援を受けられる場合には，私的扶養が優先されるとされている（生活保護法 4 条）。生活保護実施機関は，緊急の場合を除き，保護の申請があれば保護を求める者が自助を果たしているのかなど保護の要件を調査し，生活保護費の支給を決定することになる。

　もっとも，緊急を要する場合に資産のある者が保護を受ければ後に費用徴収される。また保護の実施後，実施機関が扶養義務者に対し費用の徴収を行うことができる（実際には扶養義務者への費用徴収はほとんど行われていない）。

生活保護の支給が決定されると，生活の需要を満たすための生計扶助（金銭），介護が必要であれば，介護扶助というように要保護者に必要な保護を8種類の給付から受けることになる。

設題

1) Aは，80歳で一人暮らしである。今年に入り，B会社のCがA宅を訪問し，Aが所有する唯一の居住用不動産（甲）を2000万円で売却するよう勧めるようになり，Aは，Bに甲を2000万円で売却し，所有権移転登記も済ませていた。

Aの子Dは，この事実を3ヶ月後に知った。

Aが成年被後見人で，Dが成年後見人である場合に，Dは，Bに対して契約の効力を否定するために，どのような請求をすることになるか。

2) 1)において，Aが成年後見制度を利用していなければ，Bに対して契約の効力を否定するためにどのような請求をすることができるか。この請求と1)の請求との違いはどのような点にあるか。

3) Aは，国民年金を受給し，時価2000万円程度の居住用不動産（甲）で一人暮らしをしているが，80歳を過ぎ認知症が進み，最近では小火騒ぎを起こしていた。そのため，近隣の住人の間では，Aを一人で住まわせておくことは危険であると評判になっていた。Aには，子DとEがいるが，Aとは仲が悪く，ほとんど交流がなかった。Dは，妻と二人の小学生の子を養っており，Eは，アルバイトで生計を立てており，どちらも経済的にはゆとりがあるといえるような状況ではなく，またどちらも賃貸マンションで暮らしている。しかし，小火騒ぎ以降，子Dは，自身がAの成年後見人になり甲を売却し，その売却代金を自身が管理し，Aを特別養護老人ホームに入居させようと考え，成年後見の申立てを○○家庭裁判所にした。このDの意見に対して，Eは相続分が減るといって反対をしている。

このような中，○○家庭裁判所は，司法書士Fを成年後見人に選任した。

Fは，Aの生活を支援するために，どのような措置を講じることが考えられるかを検討しなさい。

第10章
死亡と相続

導　入

　人が死亡すると，その人の残した財産等を引き継ぐ必要性が生じる。これが，相続の問題である。ここでは，相続の制度がどのようにして出来上がってきたのか，なぜ相続の制度が必要とされるのか，何時，どこで，どのようにして相続が行われるのかといった問題について考えてみる。

　私たちが生きている間は，たとえば自分の所有する家に住んでいたり，または，賃借しているマンションに住んでいたりして生活しているわけであるが，死亡したらその自宅や賃貸マンションはどのようになるのか。死亡した人が持っていた財産（自動車や家財道具，銀行の預金）は誰のものになるのか。これとは逆に，人から借金をしていた場合には，その借金は誰が返済する責任を負うのか（お金を貸していた人は誰に請求するのか）。民法第5編「相続」はこのような問題を対象としている。相続の制度は，「法定相続」，「遺言」および「遺留分」の3つから成り立っている。本章では，それら全体の「総則」の規定についても検討する。

1　相続制度の歴史

(1)　相続の意義・日本の制度と外国の制度の違いは？

　人が死亡した場合に，その人が生きている間に有していた財産上の権利や義務を，他の人が包括的に承継することを相続といい，死亡した人が被相続人，承継する人が相続人，相続される財産が相続財産である。人が生きている間に自分の財産を処分するのが生前処分で，死亡した後でその財産を処分するのが死後処分である。原則として財産の死後処分が認められており，これが遺言制度で，遺言によって相続財産を譲渡することを遺贈，遺贈する者を遺贈者，遺贈を受ける者が受遺者である。原則として自分の財産を誰に譲渡するかは自由

であるが，死亡した人の一定範囲の親族には一定範囲の財産を留保する遺留分の制度があり，遺言自由の原則には制約がある。遺言がない場合は，法定相続により財産が承継される。相続が開始した場合に誰が相続人になるかについては，法律で規定されており，推定相続人と呼ばれる。この推定相続人は相続できるという期待権を有するだけで，被相続人の個々の財産に対して具体的な権利を有するわけではない（最判昭30・12・26民集9巻14号2082頁）。

　日本では，遺言を作成する慣習があまりなく，多くの場合は法定相続により財産が承継されるので，その意味で法定相続の重要性が高い。これに対して，欧米先進工業諸国の多くの国々では，成人に達すると遺言を作成し，自分の所有する財産の承継については自分の意思であらかじめ決めていることが多いので，遺言制度の重要性が高く，遺言の無い場合の財産承継はむしろ例外的とされ，無遺言相続と呼ばれる。日本では，かつて「家」制度が採用されていたことから，財産は家産として捉えられており，これを戸主が承継するというのが一般であったが，欧米では近代市民革命を経て私有財産制の考え方が定着し個々人の財産所有が一般化したことで，個々人が自分の財産の承継について判断することが一般となってきた。このような理由から日本と諸外国では相続制度に違いが生じていると考えられる。

(2)　相続の制度はいつごろから始まったのか？

　相続制度を必要とするのは私有財産制度が確立されてから以降のことである。それ以前には死亡した人が何らかの財産を有していたとしても，その財産は国や社会のものであると考えられていたようである。近代的資本主義の確立により，私たちは競争原理を基本とする取引社会の中で生活することとなり，自分の獲得した財産を私的に所有することが認められるようになった。この私有財産制度は，人の死亡によりその私有財産を承継することを必要とし，これを永続的に保障するために相続制度が確立されてきた。また，財産の私的所有を認めるということは，その帰属主体である人が死亡した場合に，この財産を誰かに承継させないと，無主の財産を生じさせることになり，これをめぐって争いが生じるもとにもなる。その意味でも，人が死亡した場合の財産の承継についての法制度の確立が必要とされる。

　財産を誰にどのようなかたちで承継させるかについては，それぞれの時代，社会状況，家族形態，財産の所有形態等によりさまざまな変遷があった。封建社会の家父長的大家族では，財産は基本的にその大家族のものであると考えられ，大家族の長がその財産の支配権を有していた。そこでは封建的な身分関係が重要であり，家族の長としての身分と家産の承継が相続制度の中心であった。これが近代になり，家族は夫婦とその間の子で形成される婚姻家族（核家族）となり，個々人の私有財産が認められ，これを承継する財産相続へと移り変わってきた。

(3)　第二次世界大戦以前の「家」制度の時代は？

　日本の民法典は，第1編「総則」，第2編「物権」，第3編「債権」，第4編「親族」および第5編「相続」で構成されており，相続に関しては，第5編「相続」の中で規定されている。

　明治政府は，徳川幕府が欧米列強と締結した不平等条約改正の条件として，法典の整備を急務としており，その一環として民法典の編纂が進められた。1890（明治23）年にフランスの法学者ボアソナード（Gustave Boissonade）編纂の旧民法が公布され，1893（明治26）年から施行される予定であった。しかしながら，その直前になって強硬な反対論（施行延期論）が起こり，施行支持論（断行論）と対立し，法典論争と呼ばれる政治的論争に発展した。1892（明治25）年の帝国議会で反対論が圧勝し，旧民法の施行延期が決定された。このように旧民法は制定・公布されたにもかかわらず，一度も施行されることなく無期延期されてしまったわけである。

　1893（明治26）年に，政府は法典調査会を設置し再び民法典の編纂を開始した。1896（明治29）年に民法典のうちの財産法（第1編「総則」，第2編「物権」および第3編「債権」）が制定・公布され，1898（明治31）年に家族法（第4編「親族」および第5編「相続」）が制定・公布され，民法典全体として1898（明治31）年7月から施行されることとなった。この民法典を一般に明治民法と呼んでいる。

　この明治民法は戸主権と家督相続を根幹とする「家」制度を採用し，封建的，家父長的，男尊女卑の考え方を基礎とするものであった。相続に関して

は，戸主が死亡した場合に戸主の身分とその「家」の財産を承継する家督相続と，戸主以外の家族が死亡した場合にその者の有した財産を一定範囲の親族が均分に相続する遺産相続の2つから成り立っていた。しかしながら，戸主以外の者が重要な財産を所有することはそれほど多くなかったと考えられるので，相続の中心は家督相続であった。

この家督相続に関しては，戸主の死亡の場合のほか，隠居などの生前相続の制度が認められ，推定家督相続人として，長男子単独相続主義が採用されていた。また，配偶者の相続権は死亡した被相続人に直系卑属が存在しない場合にのみ認められていた。

第二次世界大戦の敗戦により，日本の民主化が進められ，憲法24条で「家族生活における個人の尊厳と両性の平等」が規定され，これを受けて戦後の民法改正では「家」制度が廃止されることとなった。相続に関しては，家督相続が廃止され，相続は遺産相続のみとなり，相続の開始原因も死亡のみとされ，また配偶者は他の血族相続人とともに常に相続人とされることとなった。

2 相続制度の意義——なぜ相続制度が必要なのか？

(1) 相続の根拠について

人が死亡した場合，なぜその死者の財産を特定の人に承継させる必要性があるのかが相続の根拠の問題である。これに関し，学説の説明はまちまちであるが，まとめると次のように整理できる。①死者の財産の承継の根拠としての本人（被相続人）の意思を強調する立場，②形成された財産関係の清算という役割を強調する立場，③残された家族の生活保障を強調する立場，④人の死によってその人を取り巻く法律関係をすべて否定すると取引の安全が害されることから法的安定性を強調する立場，⑤死亡した人の財産を前の世代から後の世代へと引き継ぐことの必要性を強調する立場等である。

この問題はまた，相続人の類型ごとに説明されることもある。たとえば，子，直系卑属および兄弟姉妹といった血族相続人の相続権についてはその血縁的なつながりを，配偶者としての相続権については共同生活関係の存在を前提に，その協力によって形成された財産の清算や残された者の生活保障をその根

◆コラム10−1　遺言相続と無遺言相続

　日本では，法定相続により被相続人の財産が承継されることが一般であるが，欧米先進工業諸国の多く特に，英米法の国では，遺言によって財産が承継される。したがって，遺言がない場合の相続は，文字通り「無遺言相続」と呼ばれる。

　遺言相続を原則とする国では，被相続人の残した財産はその意思に従って承継されるべきであると考える立場が採用されている。したがって，遺言のない場合に被相続人の財産を承継する無遺言相続の場合でも，被相続人の意思を考慮した相続の制度となる。これが端的に現れる場面として，相続人となる可能性のある者として法律婚の配偶者と事実婚のパートナーが存在する場合に，どちらを優先して相続人とするかという問題が生じる。国によって対応は必ずしも一致しているわけではないが，このような場合でも，やはり被相続人の意思を推測することにより，一定期間事実婚のパートナーとの共同生活が継続するようなときには，一定の要件の下で，法律婚の配偶者を排除して事実婚のパートナーの相続権を認める制度を採用している国も存在する。死亡した被相続人が，もし遺言を書くとしたら，法律婚の配偶者ではなくて，現に共同生活を継続している事実婚のパートナーに財産を残したいと考えるであろうという推定を働かせるわけである。

　日本においては，法律婚の配偶者と事実婚のパートナーとの法的扱いの重要な違いの1つとして，この配偶者相続権の問題がある。日本では法律婚の配偶者の存在の有無にかかわらず，事実婚のパートナーには相続権が認められていない。戸籍の存在がその重要な根拠とされるが，相続の根拠という点から考えた場合に，欧米の国々の無遺言相続の考え方は，日本における問題解決にとっての1つの指針を与えてくれるように思われる。

拠と考えるわけである。これらを統一的に説明することは容易ではないが，近代法における相続は，私的所有とそれに支えられた近代的な家族共同生活関係にもとづくものであるから，相続の根拠としては，その財産の所有者の意思を尊重しながら，形成された財産の清算および有限家族の解消にともなう生存家族構成員の生活保障と考える立場が支配的である。したがって，遺言があれば原則としてそれに従いながら，死者の財産に対する生存家族構成員の協力を評価して清算するとともに，生存家族構成員に相続財産を帰属させることによってその生活保障を期待することが，基本的な考えかたといえる。これと併せて，無主の財産を生じさせないという要請も重要である。

　死亡した被相続人は，場合によっては莫大な財産を残していたり，または，大きな負債を負っていたりする。相続の制度により，その者の死亡によって相続人となる者が，たまたま被相続人に属した一切の権利義務を承継することになるわけである。このように考えると，相続の制度はある意味では不公平な制度であるともいえる。しかしながら，どこの国にも何らかの相続制度が存在し

ており，その根拠を説明する必要がある。なぜ被相続人の残した一切の権利義務を一定範囲の相続人が承継するかについては，被相続人の意思，残された一切の権利義務の（相続人の貢献度に応じた）清算および（残された家族の）扶養が重要な要素であることについては，異論のないところであろう。本章では，これらの点から，相続の意義について検討する。

(2) 自分の財産は自分の意思で処分できるはず

　相続の根拠については，まず死亡した被相続人の意思を尊重するという考え方が主張される。近代市民社会の基礎法としての民法は，封建社会における諸拘束から個人を解放し，個人主義的，自由主義的思想を背景として，市民社会における生活関係が，自由，平等，独立の個人を中心として，その自由意思にもとづく活動を保障することを基本的な立場として発展した。この自由な活動は，私有財産制度と自由競争にもとづく自由経済に基礎をおくものである。近代市民社会の法制度は，このような個人の自由・平等と社会における自由な活動を保障するために，いくつかの基本原則を確立した。

　私有財産制度のもとにおいては，個人財産の尊重とその保障は，重要な基盤ということになる。法的には，財産の中核が所有権であるから，所有権は，原則として個人に属し所有権の行使は権利主体の自由に委ねられる。これは，資本主義経済における財産に対する絶対的支配となる。これを所有権絶対または不可侵の原則という。

　個人の合理的な自由意思活動によって個々人の生活関係を形成し，国家としては，個人の自由な意思活動すなわち自治に委ねることが最も合目的であるとして，そこで形成された法律関係を尊重するという態度をとる。これが，私的自治の原則である。個人と個人との間では，権利を取得し，義務を負うのは，個人の自由な意思にもとづくことによるものであり，自由な意思の合致，すなわち，契約によって法律関係を形成することになるので，契約自由の原則または法律行為自由の原則ともいわれる。

　このような原則に立った場合，生前に自分の財産を自分の意思に従って，自由に処分できると考えられる。これを，人の死亡の際にあてはめると，当然のことながら，その人が所有する財産をその人の死亡後にその人の意思に従って

自由に処分できるということになる。この考えかたから，遺言自由の原則が導き出されることになる。

(3)　財産を形成する上での貢献はどのように評価されるのか？
　　　　──清算的要素

　日本の民法では，婚姻が成立すると法律で規定する一定の効果が生ずることになる。夫婦間の財産的効果としては，夫婦が婚姻前に契約をして，それを登記することによって，それぞれの夫婦が希望する財産関係を夫婦財産契約として締結することができる。このような契約を結ばない場合には，あらかじめ民法の規定する法定財産制によることになる（755条）。1947（昭和22）年改正前の民法旧規定では夫中心の管理共通制が採用されていたが，現行法では，原則として夫婦別産・別管理制となっている（762条）。夫婦の一方が婚姻前から有する財産および婚姻中自己の名で得た財産は，その者の特有財産（夫婦の一方が単独で有する財産をいう）となり，夫婦のいずれに属するか明らかでない財産は，夫婦の共有に属するものと推定される。しかしながら，婚姻継続中であれば，仮に獲得された財産の名義が夫婦の一方の名義であったとしても，その獲得や維持につき，通常は他方の協力が存在する。この点に関して，判例は，配偶者の一方が取得した財産に対する他方の協力については，財産分与請求権および扶養請求権などの規定が存在するので，夫婦間には実質的不平等は生じないとしている（最大判昭36・9・6民集15巻8号2047頁）。つまり，夫婦の協力により形成された財産に対する協力度に応じた共有持分が，婚姻継続中は潜在的であったものが，婚姻解消の場面で顕在化するという考え方が，（離婚）財産分与の重要な根拠として説明されるわけである。婚姻の解消には，死亡による解消と離婚による解消がある。婚姻解消の際の夫婦の財産の問題は，離婚の場合は（離婚）財産分与であり，死亡の場合は相続である。したがって，配偶者相続権の根拠は，潜在化していた配偶者の共有持分権の顕在化であり，言い換えると清算的要素として捉えることができる。配偶者以外の血族相続人の相続の根拠としても，このような清算的要素がある程度は存在すると考えられる。

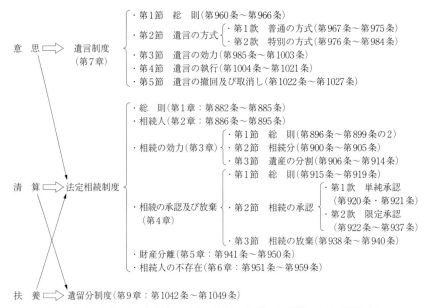

資料 10-1　第5編「相続」の規定の一覧

意　思　⟹　遺言制度
（第7章）
　・第1節　総　則（第960条〜第966条）
　・第2節　遺言の方式｛・第1款　普通の方式（第967条〜第975条）
　　　　　　　　　　　｛・第2款　特別の方式（第976条〜第984条）
　・第3節　遺言の効力（第985条〜第1003条）
　・第4節　遺言の執行（第1004条〜第1021条）
　・第5節　遺言の撤回及び取消し（第1022条〜第1027条）

清　算　⟹　法定相続制度
　・総　則（第1章：第882条〜第885条）
　・相続人（第2章：第886条〜第895条）
　・相続の効力（第3章）｛・第1節　総　則（第896条〜第899条の2）
　　　　　　　　　　　　｛・第2節　相続分（第900条〜第905条）
　　　　　　　　　　　　｛・第3節　遺産の分割（第906条〜第914条）
　・相続の承認及び放棄
　　（第4章）
　　　・第1節　総　則（第915条〜第919条）
　　　・第2節　相続の承認｛・第1款　単純承認（第920条・第921条）
　　　　　　　　　　　　　｛・第2款　限定承認（第922条〜第937条）
　　　・第3節　相続の放棄（第938条〜第940条）
　・財産分離（第5章：第941条〜第950条）
　・相続人の不存在（第6章：第951条〜第959条）

扶　養　⟹　遺留分制度（第9章：第1042条〜第1049条）

※2018（平成30）年の改正で，第8章「配偶者の居住の権利」および第10章「特別の寄与」が創設された。

（4）　残された家族の生活は？——扶養的要素

　前述の通り，婚姻の財産的効果としての夫婦別産・別管理制の問題を公平の観点から修正する考え方として，夫婦間の扶養請求権が指摘されている。婚姻継続中であれば，相手方に対して扶養請求権を行使することになるが，婚姻関係が解消されると，本来はそれ以降はそれぞれが自己の生活を維持していくことになるはずである。しかしながら，婚姻を契機として，夫婦関係継続により，配偶者の一方が自己の力だけでは生活を維持していくことができないような状況になったとしたら，他方がそれに対して何らかの責任を負う必要が生じることになる。その意味では，離婚後扶養は配偶者の一方が自己の力で生活を維持する能力を低下させたことに対する，他方の補償的な意味での責任であると解することができる。婚姻関係の解消には離婚と死亡による解消があり，それぞれ（離婚）財産分与または相続の問題となる。（離婚）財産分与には清算的

要素と扶養的要素が含まれるわけであるが，婚姻が死亡により解消した場合の相続にも，扶養的要素が含まれることになる。この扶養的要素を確保するための制度が遺留分制度である。遺留分権を有するのは，兄弟姉妹以外の法定相続人で，これらの者は死亡した被相続人との共同生活が前提として存在していることから，死亡した被相続人の財産により扶養を受ける必要性が存在し，一定割合の財産が留保されているわけである。

　このように，死亡した被相続人の残した財産の承継に関しては，被相続人の意思，形成された財産の清算および残された一定の親族の扶養が相続の重要な根拠であり，相続制度はこれらを根拠として規定されていると考えられる。

3　相続の開始——相続は何時どこで開始するのか？

(1)　相続開始の原因——私たちは何時から何時まで「人」なのか？

　相続は，死亡によって開始する（882条）と規定され，人の死亡が相続の開始原因である。

　権利義務の主体となることができる地位または資格が権利能力である。民法は「私権の享有は，出生に始まる」（3条1項）と規定して，人は生まれることにより権利能力が認められ，権利主体となることができるとされている。言い換えると，生まれることにより人になるわけであり，人である限り権利能力者とされるわけで，これが権利能力の始期である。出生とは，胎児が母体から完全に露出したときをいうと解するのが，民法上の通説である。

　それでは，権利能力はいつまで続くかというと，この点に関して民法は何ら規定をしていないが，当然死亡により権利主体性は失われるので，その終期は死亡であると考えられる。

　権利能力は出生により始まるとされるので，母親の胎内にいて出生前の段階の胎児は人ではないとされ，一般には権利能力は認められないことになる。しかしながら，胎児は将来的には出生し人として扱われることになるので，出生時期が前後することにより権利能力の取得を形式的に分けると，場合によっては不公平な結果が生じることもある。このような場合に，胎児を保護する必要性から，民法では不法行為にもとづく損害賠償（721条），相続（886条），遺贈

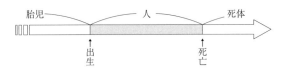

資料 10-2　権利能力の始期と終期

（965条）に関しては，胎児はすでに生まれたものとみなすという規定をおいて，個別に対応している。このような胎児の扱いはあくまでも例外的なものであり，胎児が生きて生まれた場合に限られ，死産の場合は除かれている。胎児の法的地位については，胎児である間は権利能力を有さず生きて生まれた時に権利能力の効果が胎児であったときまでさかのぼると解する立場（停止条件説）と，胎児である間でも生まれたものとみなされる範囲において制限的な権利能力があり，死産の場合にはさかのぼって権利能力が消滅すると解する立場（解除条件説）で見解が分かれている。判例は，父の生命侵害による損害賠償に関して母が胎児を代理して父に対する不法行為者と和解することはできないという立場で停止条件説に立つものがあるが（大判昭7・10・6民集11巻2023頁），学説はむしろ解除条件説が優勢である。人は死亡すると権利主体性を失い，権利の客体としての物の範囲に含まれることになるが，死体として特別な扱いを受ける。

(2)　人の死亡とは？

　私たち人はいつか必ず死を迎える。その意味で，人の死とは法律上は条件（条件とは，法律行為の効力の発生または消滅を，将来発生するかどうか不確実な事実にかからせる「付款」と定義される）ではなく期限（期限とは，法律行為の効力の発生，消滅または債務の履行期の到来を，将来発生することの確実な事実にかからせる「付款」と定義される）とされることになる。人の死は将来必ず発生することは確実であるが，いつ発生するかが不確定であることから，不確定期限である（これに対して，いつ発生するかが確定しているものを「確定期限」という）。人が死亡することによって，雇用契約や婚姻といった法律上の関係（契約関係）が終了することになるとともに，死因贈与，相続および遺贈の開始原因となるほか，さまざまな権利義務関係の変動する原因となっている。しかしながら，人の死についての法律上の明文規定は存在していない。そこで，一般的に，死とは生命活動の不可逆的停止で，それは言い換えると心臓の不可逆的停止である

とされる。ただ，これは外部から客観的に確認することができないので，死の三徴候といって，心臓の拍動の停止，呼吸の停止および瞳孔の拡散が同時に生じることにより人の死の認定を行うのが一般的である。

　人の死は，本人以外の人にとっても影響を及ぼすものであるから，このようなかたちで人の死が確認できない場合の対応が求められることになり，一定の要件の下で，本人以外の者との利害関係を調整する枠内において「死亡したものとして扱う」ことがある。失踪宣告の制度（30条以下）や認定死亡の制度（戸籍法89条）により，死亡の確認の有無にかかわらず，死亡したものとして法律的な対応

```
資料 10-3　失踪宣告の制度
```
民法30条（失踪の宣告）
① 不在者の生死が7年間明らかでないときは，家庭裁判所は，利害関係人の請求により，失踪の宣告をすることができる。
② 戦地に臨んだ者，沈没した船舶中に在った者その他死亡の原因となるべき危難に遭遇した者の生死が，それぞれ，戦争が止んだ後，船舶が沈没した後又はその他の危難が去った後1年間明らかでないときも，前項と同様とする。
民法31条（失踪の宣告の効力）
　前条第1項の規定により失踪の宣告を受けた者は同項の期間が満了した時に，同条第2項の規定により失踪の宣告を受けた者はその危難が去った時に，死亡したものとみなす。
民法32条（失踪の宣告の取消し）
① 失踪者が生存すること又は前条に規定する時と異なる時に死亡したことの証明があったときは，家庭裁判所は，本人又は利害関係人の請求により，失踪の宣告を取り消さなければならない。この場合において，その取消しは，失踪の宣告後その取消し前に善意でした行為の効力に影響を及ぼさない。
② 失踪の宣告によって財産を得た者は，その取消しによって権利を失う。ただし，現に利益を受けている限度においてのみ，その財産を返還する義務を負う。

がなされることになっている。複数の人の死亡の前後が明らかでない場合には，それにより相続に影響が及ぶことから，同時死亡の推定の規定が設けられている（32条の2）。同時死亡の推定がなされると，同時に死亡したとされる者の間では相続が生じないことになる。

(3)　相続開始の場所——相続は死亡した人の住所で開始する

　相続は被相続人の住所で開始する（883条）。私たちは，生活の本拠地である自分の住所を中心にして生活をしているので，たとえ，旅先等で死亡したとしても，その死亡した場所で相続が開始するのではなくて，死亡した人（被相続人）の住所を基準にして相続の問題を処理するということになる。相続に関す

　法律は人の「死」そのものを一般的には規定しておらず，臓器移植とのかかわりで，いつ，遺体から移植臓器を摘出するかという問題との関連で「脳死」という概念を導入している。

　これまでは人の死とは，生命活動の不可逆的停止，すなわち，心臓の不可逆的停止と定義され，これを外部から確認する「死の三徴候」として，心臓の拍動の停止・呼吸の停止・瞳孔の散大が同時に存在するときに生命活動全般の完全な停止を示すものと社会的に受け容れられてきた。したがって，これらの三徴候が確認されない限り，法律的には生きているわけであるから，法律的には人として扱われることになる。そうすると，その人からの臓器の摘出は，その人を治療する目的ではないため，刑法上は違法性が阻却されないことになり，傷害罪や殺人罪とされることになる（臓器を移植された人はその治療行為によって健康状態を回復することになるから，その人に対しては犯罪行為にはならない）。そこで，臓器の摘出を認める時期をいつにするかという問題に限って，脳死という概念が導入されることになったわけである（臓器の移植に関する法律6条2項）。

　人は脳からの指令にもとづいて生命活動を継続しており，その脳からの指令が途絶え，呼吸が止まり，心臓が血液を送り出さなくなり，細胞レベルに酸素が供給されなくなれば，生命活動は停止することになる。しかしながら，科学や医学の進歩により，脳からの指令によらず，人為的に酸素を肺に送り込むことが可能となり（人工呼吸器），人為的に心臓を一定期間動かし続けることが可能となった（レスピレーター）ことから，細胞レベルに酸素の供給を継続することができるようになった。このことから，脳死の認定をすることにより，人の死の前にその人から臓器を取り出し，その臓器を必要とする患者に移植して治療をすることができるようになったわけである。

る問題が裁判で争われることになった場合には，住所がその事件を扱う裁判所（裁判管轄）を決める基準ともなるが，これに関しては，民事訴訟法でも規定が設けられており，「相続権若しくは遺留分に関する訴え又は遺贈その他死亡によって効力を生ずべき行為に関する訴え」については，相続開始の時における被相続人の普通裁判籍の住所地を管轄する裁判所に対して訴えを提起することができるとされている（民事訴訟法5条14号）。また，家族にかかわる紛争である家事事件については，家事事件手続法で「相続が開始した地を管轄する家庭裁判所の管轄に属する。」と規定され（家事事件手続法188条・189条・190条・191条），死亡した人の住所地を管轄する家庭裁判所がその事件を管轄することになる。

　住所とは，人が生活をしているその本拠となる場所であると規定されている（22条）。住所の意義については，これを画一的に考える必要性は必ずしもなく，それぞれ具体的な法律関係ごとに，その目的に応じて住所の概念を定めれ

ばよいという考え方が有力であ
る。この考え方に立てば，住所
は法律関係に応じて複数存在す
ることになるが，この点に関し
て裁判所の見解は必ずしも明確
とはいえない。住所の要件とし
て客観的に見て生活の中心であ
れば足りるとする客観説と，そ

> **資料10-4　同時死亡の推定**
> 民法32条の2
> 　数人の者が死亡した場合において，そのうちの一人が他の者の死亡後になお生存していたことが明らかでないときは，これらの者は，同時に死亡したものと推定する。
>
> **資料10-5　民法22条（住所）**
> 各人の生活の本拠をその者の住所とする。

れに加えて生活の本拠とする意思を要するとする主観説に立場が分かれているが，学説の多くは客観説で判例の多くもこれを支持する傾向にある。

4　相続回復請求権——相続するはずだった権利を取り戻すには？

(1)　相続回復請求権とは？

　相続回復請求権については，民法第5編「相続」第1章「総則」の中に規定され，この請求権が相続全般にわたる原則として位置づけられていることがわかる。この請求権は5年または20年の期間制限を受けると規定されている（884条）。このことにより，相続回復請求権という特別な請求権の存在と，その請求権が特別な時効にかかるということになること自体は明らかであるが，その権利の性質については，これを文字通り請求権と解する立場（請求権説），一種の形成権とみる立場（形成権説）および包括的承継人の資格を争う特殊な訴権と解する立場（訴権説）がある。請求権説が通説とされるが，いずれにしても，この相続回復請求権が，真正の相続人が表見相続人に対して，相続権の確認を求め，あわせて相続財産の返還など相続権の侵害を排除して相続権の回復を求める権利であることには争いがない。

(2)　相続回復請求権の発生と消滅

　相続回復請求権は相続人またはその法定代理人の相続権の侵害があった場合に発生し，表見相続人に相続権侵害の意思があることを要しない。また，表見相続人が所有の意思をもって相続財産を占有することをも要せず，現に相続財

産を占有することによって客観的に相続権が侵害されている事実状態があれば足りるとするのが裁判所の立場である（最判昭39・2・27民集18巻2号383頁）。

　民法は，表見相続状態の継続による取引の安全を考慮して，相続回復請求権の短期消滅時効を定めており，この相続回復の請求権は，相続人またはその法定代理人が相続権を侵害された事実を知った時から5年間行使しないときは，時効によって消滅する。また相続開始の時から20年を経過したときも，同様とすると規定されている（884条）。この20年の期間は一般には除斥期間と解されており，その期間内で5年の消滅時効が認められる。

(3)　相続回復請求権は誰に対してどのような形で行使するのか？

　相続回復請求権をどのように行使するかに関しては，この相続回復請求権は，個々の財産に対する個別的な回復請求権ではなく，包括的に行使されるべ

法律文化社
出版案内
2023年版

新シリーズ [Basic Study Books : BSB] 刊行開始

＊初学者対象。基礎知識と最新情報を解説。

＊側注に重要語句の解説や補足説明。

＊クロスリファレンスで全体像がつかめる。

A5判・平均250頁・本体2500～2800円＋税

[BSB]
地方自治入門　2750円

馬塲 健・南島和久 編著

歴史、制度、管理を軸に、
最新情報を織り込んで解説。
「基盤」「構造」「運営」「活動」
の4部16章構成。

リーディング
メディア法・情報法

水谷瑛嗣郎 編　　　　3190円

新しい枠組みにそって解説。ビッグ
データやAI技術利用の行動操作等
に論及、ポスト・デジタル時代の情
報環境・情報法学を読み解く。

[HBB⁺]
いのちの法と倫理［新版］

葛生栄二郎・河見 誠・伊佐智子　2860円

現代リベラリズムとは一線を画し、
いのちの尊重と人間の尊厳の観点
から考える。90年以降今日までの
経過をふまえ解説した最新版。

法律文化社　〒603-8053 京都市北区上賀茂岩ヶ垣内町71 TEL075(791)7131 FAX075(721)8400
URL:https://www.hou-bun.com/　◎価格税込

ベルモント・レポートに学ぶ「いのち」
の倫理　川瀬貴之　　　6380円
「自律（人格の尊厳）」「福利」「正義」を軸に、
医療倫理の諸問題を包括的に検討。

比較から読み解く日本国憲法 3190円
倉持孝司・村田尚紀・塚田哲之 編著

判例で学ぶ憲法
小林直三・大江一平・薄井信行 編　2750円

続 司法権・憲法訴訟論
●刑事手続と司法審査　君塚正臣 19800円

行政法入門
須藤陽子　　　　　　　　　3190円

紛争解決のためのシステム開発法務 松尾剛行・西村友海
●AI・アジャイル・パッケージ開発等のトラブル対応 6820円

ステップアップ刑法総論　　2750円
葛原力三・佐川友佳子・中空壽雅・平山幹子・松原久利・山下裕樹

刑法総論●理論と実践
小島秀夫 編　　　　　　　　2970円

アクティブ刑事訴訟法
愛知正博 編　　　　　　　　2970円

日本史のなかの裁判
●日本人と司法の歩み　川嶋四郎　2860円

貿易紛争とWTO　福永有夏　4070円
●ルールに基づく紛争解決の事例研究
認定ポイント、紛争経緯と認定後の状況を考
察した諸事例からWTOの役割と今後を展望。

環境問題と法●身近な問題から地球規模の課題まで
鶴田順・島村健・久保はるか・清家裕 編 2640円

原理で学ぶ社会保障法　　　2970円
神尾真知子・増田幸弘・山田 晋 編著

社会福祉法入門
●福祉の原理から学ぶ　山田 晋　2420円

"みんな"の政治学　　　　　2420円
●変わらない政治を変えるには？ 木下ちがや

二〇二一年衆院選 白鳥浩 編著 4180円
●コロナ禍での模索と「野党共闘」の限界
「複合選挙」「野党共闘」「代議士の苦闘」の
3テーマで注目選挙区の実態を解明する。

時事新報社主 福沢諭吉　　　7700円
●社説起草者判定による論客の真実 平山 洋

カウンセラーとしての弁護士
●依頼者中心の面接技法

D.バインダーほか著
菅原郁夫・荒川 歩 監訳　　5390円

米国で30年以上読みつが
れる法律相談の手引書。
臨床心理学の知見をふまえ、
信頼関係構築、解決策選
出の技法を説明。豊富な対
話事例を収録。

公認心理師のための
法律相談 Q&A100

津川律子 監修
野﨑和義・舩野 徹 著　　　2750円

専門職としての法的判断
と行動の指針を示す。
具体的なQ&Aを通して
関連法令や制度の趣旨
がその思考プロセスから
理解、納得できる。

き一個の請求権だという立場（包括的行使説）と個別的請求権があるのみで，集合体としての相続回復請求権を観念する必要はないという立場（個別的行使説）で学説に対立がある。判例は，かつて個別的行使説の立場を示したものと，包括的行使説の立場をとったもの（大判大5・2・8民録22輯267頁，大判明44・7・10民録17輯468頁）とがあったが，後に相続回復請求権の行使にあたっては，目的の財産をいちいち列挙する必要がないという包括的行使説の立場を採用している（大連判大8・3・28民録25輯507頁）。

　相続人は，それぞれの相続財産について，その所有権による物権的請求権にもとづいて返還を請求することができるが，この相続回復請求権はそのような個別的な請求権の行使ではなく包括的な権利の行使を認めるものであると解されるので，包括的行使説の立場が妥当であり，具体的にその請求権を行使する場合には，個々の財産を列挙して行使することも可能であるから，その意味では個別的行使説の方法をとることも否定する必要はない。

5　相続財産に関する費用

⑴　相続財産に関する費用とは？

　相続財産の管理や保存には当然費用がかかる。民法は，それを相続人全体の負担とするという趣旨から，原則として相続財産に関する費用は，その財産の中から支弁するとし，相続人の過失によるものは，これに含まれないと規定している（885条）。遺産分割までの管理費用（東京高決昭54・3・29家月31巻9号21頁）や相続財産に関する固定資産税，土地改良費，管理費等がこの費用に含まれる（東京高決昭54・6・6家月32巻3号101頁）。

⑵　どのような費用が相続財産に関する費用に含まれるのか？

　まず，葬式費用が相続財産に関する費用かどうかが問題となる。葬式費用は共同相続人全員の負担という意味で相続財産の負担とみる立場（相続財産費用説）と葬式費用は相続財産に関する費用ではなく，慣習によって喪主の負担となるという立場（慣習説）に分かれている。香典の帰属とも関係する問題であるが，責任者を明確にするという意味で慣習説が妥当である。

次に，相続税が問題となる。相続税は相続財産に関する費用に属するとする立場（相続財産費用説）と相続税法では納税義務者を相続財産を取得した個人と定めているので（相続税法１条の３），相続人固有の債務とする立場（相続人固有債務説）で対立している。相続税は，形式的には相続人の負担ではあるが，まずは相続財産から支出すべきものであり，相続財産費用説が妥当である。

設題

1) 愛媛県出身の大学生のＡは，京都府に一人住まいして，その近くにある大学の法学部で勉強している。３年生の夏休みに，自分の進路をゆっくり考えようと東北を一人旅していたが，宮城県のユースホステルに滞在中に地震があり，その後の津波により死亡してしまった。このＡの相続の開始について答えなさい。

2) たとえば父親が莫大な財産を残して死亡したことにより，突然その財産を相続することになったり，これとは逆に，たまたま母親が友人から多額の借金をしたまま死亡し，その子が母の友人に責任を感じてその借金の返済を約束したりするので，自分がどのような家族に生れたかによって，扱いに違いが生じることになる。だから相続制度は不公平であるという主張に対してどのように反論ができるか。

3) Ａは日本の石油会社に勤務している。Ａが出張でイランの石油会社に原油の買い付けの交渉に出かけた帰りの飛行機が，テロリストに乗っ取られ，その飛行機はそのまま行方を絶ってしまった。Ａの妻Ｂは，３年ほどＡの捜索を続けながら帰りを待っていたが，ついに諦めて，Ａの失踪宣告の手続をとり，家庭裁判所により失踪宣告がなされた。そこで，Ａの財産である郊外の庭付き住宅は自分が相続し，新しく知り合った男性と再婚して生活している。それ以外の財産は，一人息子のＣに相続させたが，Ｃはその財産をすべて換金して得た２億円を外国国債に投資し，結局損失を出し現在では１億円の評価になっている。Ａが行方を絶って５年が経過した頃にひょっこり元の自宅に帰ってきた。この問題について，主にＡの財産を中心に法律的に論じなさい。

第11章
相続人と相続分——誰がどれだけ相続するのか

> **導　入**
>
> 　人は，死亡する前に遺言を作成して，自分の財産をどのように処分して欲しいのか，自分の意思を示すことができる。しかし，遺言がないときは，法律が定めた方法で相続（法定相続）が行われる。では，法律は，亡くなった人（被相続人）の財産を，誰が，どれだけの割合で，相続すると定めているのだろうか。
>
> 　しかし，あらかじめ法律で相続する人（相続人）や割合を決めていても，問題は残る。たとえば，相続人はどんなに借金が残されていても，必ず相続しなければならないのだろうか。相続を拒否することは許されないのだろうか。また，相続人の一人が被相続人の家業を維持するために，事業を手伝ったり，身の回りの世話をしても，法律に定められた割合のままなのだろうか。他の相続人と比較して，不公平ではないだろうか。
>
> 　この章では，これらの問題を中心に学習してみよう。

1　相続人——誰が相続するのか？

(1)　相続人の種類

　法律上相続人となりうるのは，①被相続人の配偶者と②被相続人と一定の範囲にある血族であり，血族には，順位が付けられている。被相続人の死亡により直ちに相続人となる者を推定相続人といい，通常は，配偶者と血族相続人の第1順位である子がこれに該当する。以下，それぞれについて，説明しよう。

①　配偶者相続人

　被相続人に配偶者がある場合には，常に相続人となる（890条）。その理由づけは，被相続人の財産に対して配偶者が有している潜在的な持分を清算するこ

とと，被相続人の死亡後の配偶者の生活保障と説明されている。とくに，前者については，次のように説明されている。日本の法定財産制は別産制と解されていることから，婚姻中に夫婦の一方が取得・形成した財産に対する他方の寄与・協力は，婚姻が継続する限り，評価されない。そこで，婚姻が解消（離婚・死亡）したときにはじめて，この寄与・協力（潜在的持分）が評価され，離婚の際には財産分与，死亡解消の際には配偶者相続権を通じて，清算が行われるとするのである。

「配偶者」は，法律婚の配偶者を指し，婚姻届を提出していない内縁・事実婚の配偶者には，相続権は認められていない。生前の内縁・事実婚解消の場合に，民法768条が類推適用されることは，学説・裁判例でも確立している。他方，死亡による内縁・事実婚解消の際には，判例は，「死亡による内縁解消のときに，相続の開始した遺産につき財産分与の法理による遺産清算の道を開くことは，相続による財産承継の構造の中に異質の契機を持ち込むもので，法の予定しないところである」として，民法768条の類推適用を否定している（最決平12・3・10民集54巻3号1040頁）。

② **血族相続人**

(ア) 第1順位——子

第1順位は，被相続人の子である（887条1項）。子どもの性別や嫡出子（婚内子）か嫡出でない子（婚外子）か，また実子か養子かによって相続順位が異なることはない。普通養子の場合は，実親の相続と養親の相続の両方に対して，子として相続権をもつ。しかし，特別養子の場合は，実方との親族関係が終了することから（817条の9），実親の相続に対して相続権をもたない。

(イ) 第2順位——直系尊属

第2順位は，被相続人の直系尊属である（889条1項1号本文）。被相続人に子（直系卑属）がいないときに，相続権をもつ。親等の異なる直系尊属が存在する場合には，被相続人と親等の近い者が相続権をもつ（同号ただし書）。普通養子の場合は，実方および養方の直系尊属が相続権をもつが，特別養子の場合は，実方の直系尊属には相続権はない。

(ウ) 第3順位——兄弟姉妹

第3順位は，被相続人の兄弟姉妹である（889条1項2号）。被相続人に子（直

系卑属）・直系尊属がいないときに，相続権をもつ。年齢の上下や被相続人との共同生活の有無といった事情は，順位に影響を与えない。

③　同時存在の原則と胎児の相続権

相続人は，被相続人の死亡時（相続開始時）に，被相続人の財産を包括的に承継することから，相続人は被相続人の死亡時に生存していることが必要となる。これを同時存在の原則という。同時存在の原則によれば，「私権の享有は，出生に始まる」（3条1項）ことから，被相続人の死亡時に胎児である場合は，相続権はないことになる。しかし，胎児はいずれ出生して人として権利能力をもつであろう存在であるし，被相続人の死亡が出生の前日か翌日かによって法的地位が異なるのは不公平ではないだろうか。

そこで民法は，相続の場合には，胎児を生まれているものとみなし，相続権を保障している（886条1項）。さらに，胎児の間に権利能力を認め，自己の相続権の行使（母が胎児を代理して行使）できるかが問題となる。判例は，胎児の段階では権利主体ではなく，権利能力は認められないが，生きて生まれた場合には，相続開始時にさかのぼって相続人として扱うとする見解（人格遡及説・停止条件説）を採用し，胎児の代理人として胎児の権利を行使することはできないとしている（大判昭7・10・6民集11巻2023頁）。

④　同時死亡の推定

同一の事故などで互いに相続権をもつ者が死亡した場合，どちらが先に死亡したかによって相続関係が変わることになる。しかし，飛行機事故のように，死亡の順序を証明することが困難な場合もありうる。そこで，死亡したことが確実な数人の間において，そのうちの一人が他の者の死亡後になお生存していたことが明らかでないときは，これらの者同時に死亡したものと推定することにした（32条の2）。この結果，これらの者の間では互いに相続が生じないことになる。

(2)　代襲相続

代襲相続とは，被相続人の死亡前に，相続人となるべき者が一定の事由により相続権を失ったとき，その者（被代襲者）の子が，その者に代わって，受けるはずの相続分を直接相続することをいう（887条2項・889条2項・901条）。こ

のような相続人のことを代襲相続人という。したがって，死亡などにより被相続人の子がいなくなったとしても，孫（直系卑属）がいるときは，第2順位の相続人は相続権を得ず，孫（直系卑属）が子に代わり相続人となる。設例を使って，具体的にみてみよう。

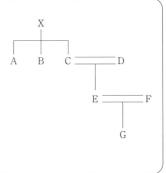

(ア) 被相続人Xには，子A・B・Cの3人がいた。しかし，Cは，Xが死亡する前に，妻Dと子Eを残して，すでに死亡している。

(イ) 被相続人Xの子A・B・Cのうち，CがXより先に死亡した。さらにCの子Eも，妻F子Gを残して，Xより先に死亡した（Eの死亡はCの死亡より先でも後でもよい）。

① 代襲原因と被代襲者

代襲相続が生ずる事由（代襲原因）は，被代襲者の相続開始以前の死亡，相続欠格（891条）および推定相続人の廃除（892条）である。相続放棄（915条）は含まない。また，代襲相続が認められるのは，ⅰ）子が相続人（被代襲者）となる場合（887条2項），ⅱ）兄弟姉妹が相続人（被代襲者）となる場合に限られる（889条2項・887条2項）。

設例(ア)は，ⅰ）に該当する。このとき，C（被代襲者）の子E（代襲相続人）が，Cと同一順位で，A・BとともにXを相続する。ⅱ）に該当するケースは，たとえば，死亡したA（被相続人）の兄弟姉妹B・Cのうち，CがAより先に死亡（XもAより先に死亡）した場合である。このときも，C（被代襲者）の子E（代襲相続人）が，BとともにAを相続する。

② 代襲相続の要件

代襲相続人となるのは，被代襲者の子であり，すなわち被相続人の子の子（孫），または被相続人の兄弟姉妹の子（甥・姪）である。被代襲者の配偶者は，代襲相続人とはならない。設例(ア)のように，被相続人Xの子A・B・Cのうち，CがXより先に死亡した場合でも，Cの配偶者Dは代襲してXを相続することができない。

　代襲相続人は，被相続人の死亡時（相続開始時）に生存していなければならない（同時存在の原則）。したがって，代襲原因発生時点には存在していなくてよい。被相続人の子の子（孫）が代襲相続人となるには，「被相続人の直系卑属」（887条2項ただし書）でなければならない。したがって，被代襲者が被相続人の養子である場合には，その養子に縁組「前」に出生した子がいても，養親（被相続人）と養子の血族である子の間には血族関係はなく，直系卑属とならないため，代襲相続人とはならない。血族関係が発生するのは養子縁組の日からであるから（727条），縁組「後」に出生した子には，代襲相続権が認められる。

③　再代襲

　被代襲者が被相続人の子である場合には，被代襲者の子（被相続人の孫）が代襲相続人となるが，この者にも代襲相続原因が発生したときには，この者に直系卑属（被相続人のひ孫）がいれば，この直系卑属が代襲相続人となる。このことを再代襲という（887条3項）。したがって，設例(イ)では，Eの子Gが，E，さらにCを代襲して，Cと同一順位で，A・BとともにXを相続する。なお，兄弟姉妹の場合には再代襲は認められない（889条2項が，887条3項を準用していない）。

(3)　相続資格の重複

　被相続人と養子縁組を結ぶことにより，被相続人との間に複数の親族関係が成立し，観念上，複数の相続権（相続資格）が重複する場合が生ずる。このとき，相続資格の重複を認めるかどうかは，場合によって異なる。

　①被相続人が自己の婚外子を養子にした場合，「嫡出子」と「非嫡出子」の身分は両立しえないことから，前者としての相続権のみを有すると判断される。

　②被相続人が自己の兄弟姉妹を養子にした場合，被相続人の養子としての地位と，兄弟姉妹としての地位が重複するが，後者は前者に劣後することから，養子としての相続権のみを有すると判断される。

　③被相続人が孫を養子にした場合，養子の実親が被相続人より先に死亡していれば，被相続人の養子としての地位と，代襲相続人としての地位とが重複するが，両者は両立するものであるから，相続資格の重複が認められる。

④被相続人の親が養子縁組した養子と子である被相続人が婚姻した場合，被相続人の配偶者としての地位と，被相続人の兄弟姉妹としての地位が重複する。戸籍先例は，配偶者としての相続資格のみを認めている（昭和23年8月9日民甲第2371号民事局長回答）。

(4) 相続人の不存在

相続人のあることが明らかでない場合には，相続財産それ自体を法人とする「相続財産法人」となる（951条）。この法人を代表して相続財産の管理・清算手続を行う相続財産清算人を選任する（952条）。相続財産法人の成立後に，相続人捜索の最後の公告期間終了までに相続人が出現すれば，相続財産法人は遡及的に消滅する（955条）。

その後に，残余財産があれば，国庫に帰属する前に，特別縁故者への財産分与（958条の2）が行われる。特別縁故者は相続人捜索の最後の公告期間満了から3ヶ月以内に家庭裁判所に対し，相続財産分与の審判を申し立てなければならない（958条の2，家事事件手続法（以下，「家事」とする）別表第1の101項）。特別縁故者は，被相続人と生計の同一である者，被相続人の療養看護に努めた者，その他被相続人と特別の縁故があった者である。例として内縁の妻や相続人でないものの，被相続人と生計を同じくした親族が挙げられる。その他にも，裁判例には，被相続人が入所していた施設を運営する社会福祉法人や地方公共団体を特別縁故者として認めたものがある。

相続人の不存在が確定したとき（958条）から3ヶ月以内に特別縁故者による分与の申立て（958条の2）がない場合や特別縁故者への分与において，全部分与されず財産が残った場合，これらの残余財産は，国庫に帰属する（959条）。

2 相続欠格と推定相続人の廃除——相続資格のはく奪

(1) 相続欠格

被相続人の配偶者や一定範囲の血族であることによって相続権が認められる者であっても，相続秩序を侵害する非行をしたときは，相続人となることができない（891条）。これを相続欠格といい，相続人の相続権を当然にはく奪する

◆コラム11-1　配偶者「相続」？

　日本では，法文上，夫婦財産制と配偶者相続権・財産分与とを直接関連させていない。立法経過や解釈等から，死亡による婚姻解消の際の配偶者相続権と離婚の際の財産分与は，婚姻中の財産形成への寄与・貢献を評価するものとして位置付けられてきた。このことから，配偶者相続権と財産分与に共通する機能として，「夫婦財産の清算」が見出される。しかし，清算という観点からは，現行の配偶者相続権には大きな問題がある。配偶者相続権は，被相続人の財産形成に対する配偶者の寄与や貢献の有無にかかわらず，被相続人の全財産を対象としている。したがって，配偶者であれば，どんなに婚姻期間が短くても，少なくとも被相続人の財産の半分以上を手にすることになる。清算として生存配偶者が取得する部分と，相続人が相続する部分とを区別する必要はないだろうか。また，そもそも夫婦財産制の枠内で解決すべき「夫婦財産の清算」の問題を，財産分与や配偶者相続権といった別の制度の中で解決している点に問題はないのだろうか。立法論として，夫婦財産制と配偶者相続権・財産分与とを関係づけて規律し，配偶者相続権や財産分与から「夫婦財産の清算」を切り離して，夫婦財産制の枠内で解決する必要がある。離婚と死亡は，同じ「婚姻解消による夫婦財産制の終了」ではあるものの，両者には別途考慮すべき事情があることから，同一の清算方法を採用することは困難であろう。この点も含め，婚姻解消時における「夫婦財産の清算」をより精緻にするために，夫婦財産制を改める必要がある。

民事上の制裁である。

① 欠格事由

　民法は，5つの欠格事由を定めている。故意に被相続人または相続について先順位もしくは同順位にある者を殺害，または殺害しようとしたために刑に処せられた者（891条1号），被相続人の殺害されたことを知って，これを告発せず，または告訴しなかった者（同条2号本文），詐欺または強迫によって，被相続人が相続に関する遺言をし，撤回し，取り消し，または変更することを妨げた者（同条3号），詐欺または強迫によって，被相続人に相続に関する遺言をさせ，撤回させ，取り消しさせ，また変更させた者（同条4号），相続に関する被相続人の遺言書を偽造し，変造し，破棄し，または隠匿した者（同条5号）である。

　相続欠格に該当するかどうかは，相続欠格の制度趣旨から，限定的に考えられている。相続欠格は，相続による財産取得秩序を乱して違法に利得を得ようとする者に対する民事上の制裁であることから，その行為自体を行う故意だけでなく，その行為によって不当な利益を得ることについての認識も有していた

場合にのみ，相続欠格となる。このような考え方を「二重の故意説」という。判例も，民法891条5号について，同様の見解に立っている（最判昭56・4・3民集35巻3号431頁，最判平9・1・28民集51巻1号184頁）。

② 相続欠格の効果

相続欠格は，相続開始前に生じた場合は，その時から欠格の効果が発生し，相続人に直系卑属があれば，その者が代襲相続することができる。また，相続欠格者は，被相続人から遺贈を受けることもできない（受遺欠格，965条による891条の準用）。相続開始後に欠格事由が生じた場合は，欠格の効果は相続開始時にさかのぼって，その者の相続資格が当然になくなる。相続欠格者であることが相続開始後に判明した者が，遺産分割により相続財産を取得し，第三者に売り渡しても，売買は無効となり，第三者は財産権を取得することができない（大判大3・12・1民録20輯1019頁）。ただし，即時取得（192条）や民法94条2項類推適用による保護の余地はある。

③ 欠格の宥恕（ゆうじょ）

民法には，相続欠格を取り消す規定は定められていない。では，被相続人の意思によって，欠格の効力を覆し，相続人としての資格を回復することはできないのだろうか。欠格の宥恕と呼ばれる問題である。学説の多くは，被相続人の財産処分の自由や被相続人の意思の尊重を重視している。つまり，相続欠格者であることを知りながら被相続人が相続欠格者に遺贈した場合でも，受遺資格だけでなく，相続資格も回復するとしている。一方で，欠格事由の公益性や推定相続人の廃除（892条）には取消し規定が置かれていることとの均衡などから，被相続人の意思のみによる宥恕に否定的な見解も有力に主張されている。

(2) 推定相続人の廃除

相続欠格事由に該当するほど重大ではないにしても，推定相続人に相続させるのが妥当ではないと思われる非行や被相続人に対する虐待・侮辱がある場合には，被相続人の意思にもとづいて，家庭裁判所がその相続人の相続権（相続人としての資格）をはく奪する。これを推定相続人の廃除（892条）という。相続人としての地位をはく奪することにより，遺留分権（1042条1項）も奪われ，この者に相続による財産取得の機会が無くなることとなる。したがって，廃除

の対象となるのは，遺留分を有する推定相続人（配偶者，子および代襲相続人である直系卑属，直系尊属）に限られる。

①　廃除の方法と廃除事由

被相続人に対する虐待や重大な侮辱をしたこと，また，その他著しい非行がある場合に，被相続人は家庭裁判所に廃除を請求することができる（892条，家事188条・別表第1の86項）。遺言でも廃除の意思を表示することができる（893条）。遺言による廃除の場合には，被相続人の死後，遺言執行者が速やかに家庭裁判所に廃除の申立てを行う。廃除事由の判断には，被相続人と相続人との人的な信頼関係が破壊されたと評価される客観的な妥当性が必要とされている。

②　廃除の効果

廃除の審判の確定または調停の成立によって，推定相続人はその時から相続権を失う。遺言による廃除の場合は，相続開始時にさかのぼって相続権を失う（893条後段）。相続人に直系卑属がいれば，その者が代襲相続することができる。また，相続欠格者と異なり，廃除された者は，被相続人から遺贈を受けることはできる（受遺欠格を定める965条が，892条以下を準用していない）。

③　廃除の取消し

廃除は，被相続人の意思に基づく制度であるので，被相続人はいつでも自由に廃除の取消しを家庭裁判所に請求することができる（894条1項）。遺言により，生前の廃除を取り消すこともできる（894条2項・893条後段）。廃除が取り消されると，取消しの効果が遡及して生じ，廃除された者は最初から相続人であったことになる（894条2項）。

3　相続の承認と放棄——相続人の選択

(1)　相続の承認と放棄の意義

被相続人の死亡によって，被相続人の権利義務は当然に相続人に承継される（包括承継主義，896条）。これは被相続人の死亡によって被相続人の相続財産（積極財産・消極財産）の所有者が無主の状態にならないようにするために，被相続人の財産を包括的に相続人に承継するとしたものである。これを強制する

と，被相続人が債務超過であった場合には，相続人がこの債務を弁済することになり，相続人にとって酷な結果になりかねない。自己責任の原則や個人の意思の尊重といった近代法の原則によれば，親の借金を子が返済することを強制されることも，相続を強制されることもないはずである。そこで，民法は，相続人に対して，相続について選択の自由を認めている。①相続人が，債務を含め被相続人の相続財産を全面的に承継する単純承認，②相続によって得た財産の限度で弁済の責任を負う限定承認，③相続財産の承継を全面的に否定する相続放棄，のいずれかを選択することができる。

① 単純承認

単純承認とは，相続人が被相続人の一切の権利義務を包括的に承継することである（920条）。被相続人が残した消極財産（相続債務）については，相続人が自身の固有財産から弁済しなければならない。単純承認は，意思表示によって成立すると解されている（最判昭42・4・27民集21巻3号741頁等）。相続人が明確に単純承認の意思表示をしない場合であっても，一定の事由があれば当然に単純承認したものとみなされる。これを法定単純承認といい（921条），具体的には，(ア)相続財産の全部または一部の処分（1号），(イ)熟慮期間の経過（相続人が限定承認や相続放棄をしないまま熟慮期間が経過すること）（2号），(ウ)背信行為（3号）である。

実際の紛争では，形見分けや遺品の整理が，(ア)に該当するか否かが問題となることが多い。一般的には，形見分けをした財産が相続財産の財産状況などから経済的価値のある場合に限られ，経済的重要性のない財産の処分や社会的にみて妥当な範囲での葬儀費用の支払いは，(ア)に該当しないとする裁判例がある（東京高決平12・1・27家月53巻7号124頁）。

(ウ)は，相続人が限定承認・相続放棄をした後で，相続財産を隠匿，私に消費すること，または財産目録への悪意による不記載があった場合である。学説の多くは，民法921条3号の規定の趣旨を，このような背信行為を行った相続人を保護する必要はなく，一種の民事上の制裁として規定されたものとして解している。他方，背信行為があったのにもかかわらず限定承認・相続放棄を認めると，相続債権者などの利害関係人に対して公正な処理が妨げられ，相続債権者の保護を劣後させてまで，このような背信行為を行った相続人の利益を保護

する必要はない点を理由にする挙げる見解もある。

また,「財産目録への悪意による不記載」について,相続財産の消極財産（相続債務）を意図的に記載しなかったことが,これに該当するかが問題となる。判例は,財産目録に相続債務を記載しないことも,相続債権者らを害し,限定承認手続の公正な清算を害することとなることから,積極財産の不記載との間に質的な差はないとして,㈅に該当するとした（最判昭61・3・20民集40巻2号450頁）。

② 限定承認

限定承認とは,相続した積極財産の範囲に限定して,被相続人から承継した消極財産（相続債務）を弁済することを留保した上で,相続を承継する旨を意思表示することである（922条）。自分が負担したわけではない借金に対して責任を負うことから相続人を免れさせるための制度であり,合理的な制度であるといえる（実際には,限定承認の申述受理の2021（令和3）年の新受件数は689件であり,あまり利用されていない）。

限定承認は,熟慮期間内に（915条1項）,相続財産の目録を作成して家庭裁判所に提出し,限定承認をする旨を申述する（924条）。家庭裁判所が受理する審判を行い,限定承認が成立する。限定承認は共同相続人全員で行わなければならない（923条）。

限定承認により,相続人は被相続人の権利義務を全て承継するが,相続債務については,相続した積極財産の限度でのみ弁済する責任を負う。積極財産で弁済しきれなかった相続債務が残っても,相続人は弁済の義務を負わない（責任なき債務と呼ばれる）。

③ 相続放棄

相続放棄とは,相続人が被相続人の死亡によって生じる包括承継の効果を全面的に拒否する意思表示である。相続放棄は,相続開始後熟慮期間中に家庭裁判所に申述して行う（938条）。相続放棄の申立後,家庭裁判所の審判によって申述が受理されることで,相続放棄は成立する。

しかし,実際には,家庭裁判所への申述を避けるために,たとえば,相続財産の取得を希望しない相続人の相続分をゼロとして遺産分割協議を成立させ,その旨を遺産分割協議書に記載し,これを用いて相続登記などの手続きを済ま

せる方法が採られている。このような方法は，「事実上の相続放棄」と呼ばれている。

相続放棄をした者は，その相続に関しては初めから相続人でなかったものとしてみなされる（939条）。相続放棄は，代襲相続原因にはならない。その効力は絶対的であり，不動産の場合，相続放棄の効力を主張するために対抗要件である登記は必要ないと解されている（最判昭42・1・20民集21巻1号16頁）。

相続放棄の意思表示を詐害行為として詐害行為取消権（424条）の対象とすることができるかが問題となる。判例は，取消権の対象となるのは，積極的に債務者の財産を減少させる行為であり，消極的に財産の増加を妨げるにすぎないものはこれに含まれず，相続放棄は後者に該当するにすぎないこと，相続放棄のような身分行為は，行為者の自由な意思決定に委ねるべきであり，他人の意思によってこれを強制するべきではなく，もし相続放棄を詐害行為取消権の対象とすると，相続人に対し相続の承認を強制することと同じ結果になること，を理由にして，相続放棄は詐害行為取消権の対象とならないとしている（最判昭49・9・20民集28巻6号1202頁。この事案は，相続債権者が詐害行為取消訴訟の原告となったものである。この問題については，取消しを主張する債権者が，相続人の債権者である場合と，相続債権者である場合を分けて論ずるべきとする見解もある）。

(2)　熟慮期間

相続人の選択の機会を実質的に保障するために，相続の承認（単純承認・限定承認）および放棄は，相続開始後に行わなければならない。相続人の選択を尊重する必要があるが，一方で，相続開始後相続人が選択するまでの間は，相続財産の帰属は不明確な状態となり，相続債権者などの第三者の利益を害することになる。そこで，民法は，相続人は一定期間（3ヶ月）内に相続の選択をするものとし，選択しなかった場合は，相続財産を包括的に承継することとした（921条2号）。この期間のことを熟慮期間という（915条）。この期間は，相続人が承認および放棄を選択する上で必要な情報を得るために相続財産を調査し，その結果判断するのに必要な期間として定められている。相続人が複数いる場合には，熟慮期間は各相続人について個別に進行すると解されている（最判昭51・7・1家月29巻2号91頁）。

　民法は，法律関係を早期に確定する必要があることから，熟慮期間である３ヶ月以内に選択しない場合には，相続人の事情にかかわらず，単純承認したものとみなして，相続財産の帰属を確定させている（921条２号）。しかし，相続人が相続財産を調査するとはいえ，すべての債務の存在を明らかにすることは難しく，保証債務のように調査しようにもすることができないことも多い。また，被相続人と相続人との間に生前全く交渉がなく，相続財産が何もないと思い，何ら相続の手続をとらないことも考えられる。その結果，熟慮期間を徒過してしまい，相続人が選択する余地がなくなってしまう場合もある。では，相続人の選択を保障するために，どのように考えるべきだろうか。そこで，熟慮期間の起算点である「自己のために相続の開始があったことを知った時」（915条）をどのように解釈するかが問題となる。

　判例は，「自己のために相続の開始があったことを知った時」とは，「相続人が，相続開始の原因たる事実及びこれにより自己が法律上相続人となった事実を知った」時であるとした上で，例外的に，相続人が熟慮期間内に相続放棄等をしなかったのが，「被相続人に相続財産が全く存在しないと信じたためであり，かつ，被相続人の生活歴，被相続人と相続人との間の交際状態その他諸般の状況からみて当該相続人に対し相続財産の有無の調査を期待することが著しく困難な事情があって，相続人において右のように信ずるについて相当な理由があると認められるとき」は，熟慮期間は，「相続人が相続財産の全部又は一部の存在を認識した時又は通常これを認識しうべき時から起算すべき」としている（最判昭59・4・27民集38巻6号698頁）。

4　相続分──どれだけ相続するのか？

　相続人が複数いる場合（共同相続）において，各相続人は，相続分に応じて被相続人の権利義務を承継する（899条）。相続分とは，各相続人が承継すべき権利義務の割合，つまり，各相続人が積極財産・消極財産を含む相続財産全体に対する分数的割合である。被相続人が遺言で相続分を指定することができる（902条1項）。これを相続分の指定といい，その相続分を指定相続分という。また遺言で相続分の指定を第三者に委託することも可能である。このような指定

がないときに，民法があらかじめ定める相続分（法定相続分）の規定が適用される。

　各相続人は，相続開始とともに，指定または法定相続分にもとづいて相続財産についての持分を有するが，遺産分割の過程では，指定または法定相続分が常に分割の基準となるわけではない。各相続人に認められる一定の事由に応じて，指定または法定相続分に修正が加えられる。このような指定または法定相続分を修正して，各相続人の具体的な遺産分割の基準となる相続分を具体的相続分という。具体的相続分は，共同相続人間の実質的な公平を実現するために算出される。

(1)　法定相続分

　法定相続分は，配偶者と第1～第3順位の血族相続人の組み合わせによって異なる。

　配偶者と子（代襲相続人）が相続人となるときは，配偶者と子（代襲相続人）の法定相続分は，各2分の1となる（900条1号）。子が数人いるときは，2分の1を均等に分ける（同条4号）。かつては，嫡出子（婚内子）と非嫡出子（婚外子）が共同相続人になるときは，非嫡出子（婚外子）の法定相続分は，嫡出子（婚内子）の法定相続分の2分の1とする規定があった（旧900条4号ただし書）。しかし，最高裁大法廷は，この規定を違憲と判断した（最大決平25・9・4民集67巻6号1320頁）。本決定を受けて，当該規定は削除された。また，現行規定は，2013（平成25）年9月5日以降に開始した相続に適用されている。2013（平成25）年9月4日までに相続が生じた場合には改正前の規定が適用され，遺産分割の協議などが成立している場合には，本決定の違憲判断はこれらに影響を及ぼさない。

　配偶者と直系尊属が相続人となるときは，配偶者の法定相続分は3分の2，直系尊属の法定相続分は3分の1となる（同条2号）。

　また，配偶者と兄弟姉妹が相続人となるときは，配偶者の法定相続分は4分の3，兄弟姉妹の法定相続分は4分の1となる（同条3号）。なお，相続人が単独で相続するときは，一人の相続人が全部を相続することになる。

(2)　指定相続分

　被相続人は，遺言によってのみ相続分の指定を行うことができる（902条1項）。指定方法として，たとえば，相続人全員の相続分について割合的に指定する場合や，特定の相続人についてのみ，相続分について割合的に指定する場合がある。さらに，特定の相続人に特定の遺産を「相続させる」旨の遺言は，遺産分割の方法の指定と解されているが（最判平3・4・19民集45巻4号477頁），特定の財産が特定の相続人の法定相続分を超えるときは，相続分の指定をともなう遺産分割の方法の指定を定めたものと解されることとなる。

(3)　具体的相続分

①　具体的相続分の算定

　指定または法定相続分どおりに遺産分割が行われると，相続人間の実質的な公平が損なわれる結果になる場合がある。たとえば，㋐ある相続人が，生前被相続人から莫大な財産を贈与されていた場合，相続開始時に現存する財産を基にして計算すると，生前に贈与を受けていた相続人が，他の相続人と比べて多くの財産を取得することになりかねない。また，㋑ある相続人が，被相続人の財産の維持・増加について特別な貢献をした場合，この貢献が遺産分割の過程の中で考慮されないとなると，相続人の間で実質的な公平を図ることができないことになる。そこで，民法は，㋐のような場合に「特別受益の持戻し」（903条）を，㋑のような場合に「寄与分」（904条の2）をもうけ，相続人間の公平を図ろうとしている。なお，具体的相続分の算定に関する規定は，相続開始時から10年を経過した後にする遺産分割には原則として適用されない（904条の3）。

②　特別受益

　特別受益となるものは，被相続人から相続人に対して遺贈された財産，婚姻や養子縁組のため，もしくは生計の資本として贈与された財産である（903条1項）。婚姻や養子縁組のための贈与とは，婚姻し新生活を送る上で必要となる土地・家屋の提供や多大な資金援助などを意味しており，結納金や挙式費用は含まれないと解されている。また，生計の資本としての贈与は，独立資金や農地の提供といった扶養義務の範囲を超え，広く生計の基礎として役立つような

　寄与分は相続人にのみ認められる。しかし，被相続人に対して寄与を行うのは，相続人に限らない。たとえば，「長男の嫁」のような相続人の配偶者や内縁の妻は相続人ではないことから，いくら寄与があっても除外されることになる。裁判例には，相続人の配偶者が被相続人の財産の維持・増加に寄与した場合に，相続人の補助者として，この寄与を相続人の寄与分として認めるものがある（東京家審平12・3・8家月52巻8号35頁，東京高決平22・9・13家月63巻6号82頁）。しかし，実際に寄与した相続人の配偶者を補助者として認定することには問題があるものの，遺産分割手続のなかで公平に処理しようとする次善の方法として採用されていたといえよう。2018（平成30）年の相続法改正では，このような寄与分の問題に対処するために，相続人でない者の貢献を考慮する方策が検討された。その結果，被相続人に対して無償で療養看護その他の労務の提供をしたことにより被相続人の財産の維持または増加について特別の寄与をした被相続人の親族（特別寄与者）に，相続の開始後，相続人に対する，特別寄与者の寄与に応じた額の金銭（特別寄与料）の支払請求権を付与する制度が新設された（1050条）。立法経緯からは，「相続人（長男）の妻」が念頭に置かれており，「親族」に限定されていることから，内縁の妻や同性カップルは対象外となる。請求手続，特別寄与の判断基準および上限は，現行の寄与分（904条の2）と同様であり，相続人の寄与分認定よりも特別寄与の認定が緩和されることは立法経緯からは予定されていない。どのような場合に特別寄与が認められるか，今後の制度運用が注目される。

財産上の給付のことをいう。高等教育費用や留学費用も，被相続人の資産や社会的地位に照らして相当な範囲を超えるような場合には，生計の資本としての贈与に該当する。

　また，死亡保険金請求権が特別受益に該当するか否かが問題となる。判例は，保険金請求権は，相続開始時に受取人として指定されていた者が保険契約にもとづいて，固有の権利として取得すると解されている（最判昭40・2・2民集19巻1号1頁）ことから，原則として特別受益性を否定した上で，保険金受取人である相続人とその他の共同相続人との間に生ずる不公平が民法903条の趣旨に照らし到底是認することができないほどに著しいものであると評価すべき特段の事情がある場合には，同条を類推適用し，特別受益に準じて持戻しの対象とするとしている（最決平16・10・29民集58巻7号1979頁）。

　特別受益となる遺贈や贈与は，相続人に対するものに限られていることから，相続放棄をした者は初めから相続人ではなかったとみなされるため，この者に対する遺贈や贈与は持戻しの対象とならない。また，被相続人は意思表示によって，特別受益の対象となる遺贈や贈与を受け取った相続人（特別受益者）

の持戻しを免除することができる（903条3項）。被相続人がもつ，特定の相続人を優遇する意思を優先させるためである。20年以上婚姻が継続した場合に，夫婦の一方が，自身が所有する居住建物やその敷地の全部または一部を，遺贈または贈与したときは，持戻しの免除の意思表示があったと推定される（903条4項）。配偶者居住権の遺贈の場合にも，持戻しの免除の意思表示があったと推定される（1028条3項が903条4項を準用する）。

　特別受益者がいる場合の各相続人の具体的相続分は，次のように算定される。特別受益とされた財産の評価は，相続開始時の価額で行われる。

①　具体的相続分を算定する上で基礎となる「みなし相続財産」を確定する。
　＊「被相続人が相続開始時に有していた財産」，すなわち消極財産を控除していない積極財産の価額に，特別受益である「贈与」の価額を加算したものである。
　＊「遺贈」も持戻しの対象となっているが，相続開始時に現存する財産の中から履行されるものであるから，加算しない。
②　①の「みなし相続財産」に，各相続人の指定または法定相続分を掛けて，各相続人の相続分額を算定する。
③　②の相続分額から，各相続人が受けた特別受益である「遺贈」または「贈与」の価額を控除する。控除した後に残った価額が，特別受益者の具体的相続分となる。

　特別受益の価額を控除した結果，ゼロもしくはマイナスとなる相続人（超過特別受益者）は，単に相続財産から現実に何も取得できないだけで，超過した受益を返還する必要はない（903条2項）。

　③　寄与分

　寄与分とは，相続人の中に，被相続人の財産の維持・増加について，特別な寄与をした者がいる場合に，その寄与を評価した上で，この者に対して与えられる金額または相続財産への持分のことをいう。

　寄与分制度は，相続人間の実質的な公平を図るために，各相続人の相続分を修正するものであるから，寄与分が認められるのは，相続人に限られる。しか

し，たとえば，相続人の配偶者が被相続人の財産の維持・増加に寄与した場合でも，相続人の補助者として，この寄与を相続人の寄与分として認める裁判例がある（コラム11-2「相続人でない親族による寄与」参照）。

寄与の態様として，民法は，㋐被相続人の事業に関する労務の提供または財産上の給付，㋑被相続人の療養看護，㋒その他の方法を挙げている。また，寄与は「特別の」寄与でなければならないことから，夫婦間の協力扶助義務（752条）や扶養義務（877条）の範囲内のものは，特別の寄与として評価されない。特別の寄与と評価されるためには，相続人と被相続人との身分関係において通常期待される程度を超えるものであることや被相続人から寄与に対する相応の対価を得ていないことが必要となる。さらに，特別の寄与があっても，被相続人の財産の維持または増加がなければ，寄与分は認められない。

寄与分を有する相続人がいる場合の各相続人の具体的相続分は，次のように算定される。

---

① 具体的相続分を算定する上で基礎となる「みなし相続財産」を確定する。
  ＊「被相続人が相続開始時に有していた財産」，すなわち消極財産を控除していない積極財産の価額から，その者の寄与分額を控除したものである。
② ①の「みなし相続財産」に，各相続人の指定または法定相続分を掛けて，各相続人の相続分額を算定する。
③ ②の相続分額に，その者の寄与分額を加算した額が，寄与を行った相続人の具体的相続分となる。

寄与分の具体的な額は，相続人間の協議で定まる。協議が調わないときは，家庭裁判所の調停・審判によって定まる（904条の2第2項，家事別表第2の14項）。寄与分の算定は，寄与の時期，寄与の方法および程度，相続財産の額その他一切の事情を考慮して定められる（904条の2第2項）。寄与分の額は，相続財産の価額から遺贈の価額を控除した額を超えることができない（904条の2第3項）。また，条文上，遺留分を侵害するような寄与分を定めることもできるが，実際には，寄与分の決定の際に考慮すべき事由の1つとされ，遺留分を侵

害しないようにしている（東京高決平3・12・24判タ794号215頁）。

設題

1) 次の事例で，相続人となるのは誰か答えなさい。

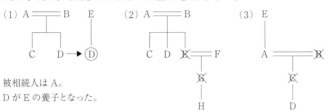

(1) 被相続人はA。
DがEの養子となった。

(2) 被相続人はA。
Aの死亡より先にE・Gは死亡。

(3) BとCが飛行機事故により死亡。
同時に死亡したと推定された。

2) Yは，小学校低学年から家出・万引等の問題行動を繰り返し，中学・高校在学中には，家出・退学・不良交遊等を繰り返し，少年院送致を含む多くの保護処分を受けた。少年院を仮退院した後も1週間で親元を家出し，鑑別所で知り合った友人宅に身を寄せてスナック・キャバレーに勤めた。数年後，暴力団員等と同棲し，さらに別の暴力団幹部Bと婚姻することとした。Yは，Yの両親X・AがBとの婚姻に反対していることを知りながら，Yの父親XとBの父親の連名での結婚披露宴招待状を印刷し，両親の知人等に送付した。XはYの推定相続人廃除を家庭裁判所に請求した。認められるだろうか。

3) Aは，2011（平成23）年7月24日に死亡した。Aは婚姻しており，配偶者Bがいる。AとBの間に子C・D・Eの3人がいる。Cは，Aの死亡する5年ほど前に，消費者金融からの借金600万円をAに肩代わりしてもらった。Dは，Aの死亡する1年前から，Aの介護に尽くしたが，もしもホームヘルパーを雇っていたら，少なく見積もっても月額50万円はかかっていただろうと評価されている。Eは，末っ子で，またC・Dとも年が離れていたことからAに可愛がられ，現在大学3年生だが，大学1年生の時に1年間，オーストラリアに留学した。留学費用の200万円はAが負担した。ちなみに，C・D共に高校卒業後大学に進学することなく働いている。Aが死亡した時点でのAの相続財産の総額は，1億円であった。このとき，各相続人の具体的相続分を計算しなさい。

第12章
相続財産・遺産分割
──残された財産は何をどのように相続すればよいか

導入

　人の死により家族に残される財産は土地の私有化が認められて以来，土地や建物である不動産や死者の所有していた日用生活品，家具，宝飾品等の有体物たる動産が中心であった。一方，ローマ法以来ほとんど顧みられることがなかったといわれる無体物は，印刷術の発明による著作物の大量印刷や産業革命をもたらした発明に対する財産的価値の重要性が認識されるようになり近年ますますその重要性が指摘されている。今日では，わが国においても土地や建物である不動産だけでなく，電化製品や自動車等近代になって生み出された有体動産，株券等の有価証券等の財産や無体物である知的財産も重要な資産価値を有する財産となっており，相続財産は時代とともにその範囲を拡張している。

　さまざまな財産のうち何が相続財産を構成し，どのように相続人に承継されるかについて，相続法はどのように取り扱い，裁判所はどのように理論構成して相続財産紛争を解決しているかについて考えていくことにしよう。

1　相続財産の範囲──どのような財産が相続されるか？

(1)　包括承継の原則

　民法は，相続財産の相続による承継について，「相続人は，相続開始の時から，被相続人の財産に属した一切の権利義務を承継する」と定めている（民896条本文）。包括承継の原則とはどのような原則であろうか。

　包括承継とは，被相続人に属する権利義務が1つのまとまりある一体として引き継がれることをいう。被相続人の財産に属した権利だけでなく義務も一括

で承継される。動産，不動産，知的財産など財産の性質やその由来の相違によって相続のあり方が異なることはない。被相続人の財産に属したすべての債権や債務，動産や不動産等に係る権利だけでなく，未だ発生していない契約締結の申込を受けた地位等の法的地位も含まれる。

(2)　相続財産に属しない財産

①　一身専属権

原則は包括承継であるが，一身専属権は例外であり相続人に承継されない（896条ただし書）。一身専属権とはどのような権利なのだろうか（関連問題については，コラム12-1「行使上の一身専属権とは何か？」を参照）。

一身専属権とは，特定の者の人格，才能または法的地位と密接に関連するためにその者にのみ帰属しその者のみが行使を認められる権利義務である。その者の個性に応じて発生する権利者の親族関係などの法的地位にもとづく権利の総称で，被相続人の一身に専属するもの（帰属上の一身専属権という）は相続の対象とならない。

> どのような権利が相続の対象とされないのだろうか。

民法上，帰属上の一身専属権として，代理権（111条1項），使用貸借上の借主の地位（597条3項），雇用契約上の地位（625条），組合員の地位（679条），配偶者居住権（1036条による597条3項の準用）および配偶者短期居住権（1041条による597条3項の準用）については明文の規定がある。

明文の規定はないが，婚姻費用分担請求権，扶養請求権，財産分与請求権，生活保護受給権（最大判昭42・5・24民集21巻5号1043頁），年金受給権，公営住宅の使用権（最判平2・10・18民集44巻7号1021頁）などが含まれる。夫婦関係や親族関係など一定の人的な法的地位にもとづく権利は相続できない。ただし，すでに一定額の金銭債権・債務として具体化している婚姻費用分担請求権や扶養請求権の過去分については相続が認められる。

画家が絵画を製作する債務や文芸作家が小説を執筆する債務，あるいは労働の提供など雇用契約上の労働者の債務なども一身専属性を有する。画家や文芸

学説は，一身専属権を帰属上の一身専属権と行使上の一身専属権に整理する。ここでは説明していない行使上の一身専属権についてみておこう。

行使上の一身専属権とは，債権者代位権（423条）による代位行使になじまない権利とされ，たとえば生命侵害の不法行為による精神的損害賠償である慰謝料請求権がそれである。

判例は，当初，一身専属性を理由に慰謝料請求権の相続性を否定した。しかし，その後，慰謝料請求権は一身専属性を有するけれども，被害者が相手方に慰謝料請求の意思表示をしたときは金銭債権となり相続の対象となるとした。被害者が負傷した後，死亡する前に「残念云々」と連呼したことに損害賠償請求の意思表示を認め，金銭債権として移転性を有するに至ったとして相続性を認めた（大判昭8・5・17新聞3561号13頁）。

その後，慰謝料請求権を放棄したものと解しうる特別の事情がなければ，損害賠償請求の意思を表明するなどの格別の行為をしなくても，被害者死亡のときは，相続人に当然に慰謝料請求権の相続を認める。慰謝料請求権が発生する場合の被害法益は被害者の一身に専属するが，その侵害により生ずる慰謝料請求権は単純な金銭債権であることを理由とする（最大判昭42・11・1民集21巻9号2249頁）。

作家が絵画作品や小説などの著作物を創作すると人格権としての著作者人格権（著作権法（以下，「著作」とする）18条～20条）を有するが，一身専属性を有し，かつ，譲渡できない権利と定められており（著作59条），相続の対象とならない。

② 　祭祀財産（897条）は相続の対象となるか？

祭祀財産とは，家系図などの「系譜」，位牌，仏壇仏具，神棚，十字架などの「祭具」，墓石や墓碑，墳墓が設置される土地の所有権および用益権を含む「墳墓」などである。包括承継の原則とは別の帰属ルールがあり相続財産に参入されない。

祭祀財産の承継人は，祖先の祭祀を主催すべき者（祭祀主宰者）で必ずしも相続人ではないが，祭祀主宰者はどのようにして決定されるのだろうか。

祭祀主宰者の決定は，(ｱ)被相続人による指定，(ｲ)指定がなければ慣習，(ｳ)慣習が不明であれば家庭裁判所の審判によってこの順に決定される。

まず，被相続人による祭祀主宰者の指定は，生前に口頭や文書または遺言によって可能である。指定方法に制限はない。被指定者の制限もなく親族である必要もないので内縁の配偶者でもよい。成年被後見人を祭祀承継者とした事例

がある（東京家審平21・8・14家月62巻3号78頁）。指定された者が辞退できるかについては見解が分かれる。民法897条は祭祀主宰者の決定手続の順序だけを定めており辞退できるとする見解と承認や放棄の制度がないので辞退できないとする見解がある。祭祀財産を承継しても特別受益は問題とならないし，祭祀を行う義務もない。承継した祭祀財産の処分も自由に行うことができる。

　次に，指定がなければ慣習による。長子承継の慣習は否定している（広島高判平12・8・25家月53巻10号106頁）。

　祭祀主宰者の指定も慣習もなければ家庭裁判所が決定する。「被相続人との間に密接な生活関係が形成」されているか（福岡高決平19・2・5判時1980号93頁），「被相続人との間の身分関係や事実上の生活関係，被相続人の意思，祭祀承継の意思及び能力など，その他一切の事情」を総合して判断している（さいたま家審平26・6・30判時2266号101頁，大阪家審平28・1・22判タ1431号244頁）。人数は一人が原則であるが，帰属をめぐって激しく対立していたケースでは墳墓と祭具（仏壇，位牌）の分属を認める（奈良家審平13・6・14家月53巻12号82頁）。

③　なぜ，香典は相続財産に含まれないか？

　香典は葬儀に際して死者の霊前に供えられる金品の贈与である。裁判所は，「葬式費用に充てることを目的として，葬式の主宰者である喪主に対し贈与されるもの」とする（東京地判昭61・1・28家月39巻8号48頁）。香典の受贈者は喪主ということになるが（多数説），祭祀主宰者や遺族への贈与とする見解もある。いずれにせよ相続財産には含まれない。

④　葬儀費用は相続財産から支出できる費用か？

　裁判所は，葬儀費用とは死者を弔うのに直接必要な儀式費用をいい，棺柩その他葬具・葬式場設営・読経・火葬の費用，人夫の給料，墓地の代価，墓標の費用等が含まれるが，法要等の法事，石碑建立等の費用は含まれないとし，相続財産に関する費用（885条）として相続財産から支出することに否定的である（前掲東京地判昭61・1・28）。葬儀費用は，葬儀を自己の責任と計算において手配し挙行した者（原則として喪主）の負担とする（神戸家審平11・4・30家月51巻10号135頁）。2018（平成30）年改正により，葬式費用等に充てるために遺産に属する預貯金の相続開始時の債権額（預貯金額）の3分の1に法定相続分を乗じた額（銀行ごとに法務省令で定めた額を限度とする）を遺産の一部分割により取得し

　最近では，医療技術の進歩に伴って臓器移植が盛んである。臓器の摘出は，死者が生存中に移植手術のために臓器を提供する意思を書面で表示しており，その旨の告知を受けた遺族が当該臓器の摘出を拒まないとき，または遺族がないときにできる（臓器移植法6条1項1号）。また，生存中に臓器移植の意思表示をしていなくても遺族が当該臓器の摘出を書面で承諾しているとき（同2号）に可能となる。この承諾を得るべき遺族および家族の範囲は，「臓器の移植に関する法律」（平成9年7月16日法律第104号）の運用指針によると，原則として，配偶者，子，父母，孫，祖父母および同居の親族であり，その総意のとりまとめを「喪主又は祭祀主宰者」としていたが，2010（平成22）年改正により「これらの者（遺族および家族：筆者注）の代表となるべきもの」と改めている。また，同改正により本人の意思が確認できない場合でも家族の意思によって臓器提供を決めてよいこととなった。この場合，家族の意思をとりまとめる代表者は祭祀主宰者が多いと思われるが，法的には，祭祀主宰者に帰属した臓器を自らが処分するということになろう。

たものとみなして相続人が支払いを受けることができることとなった（909条の2）。葬儀費用は相続財産から支出できることになる。

　⑤　被相続人の遺体・遺骨・臓器は誰のものか？

　古く判例は，遺体・遺骨は有体物として所有権の対象であり，被相続人自身の遺体・遺骨の所有権は条理により，「其身体ノ一部ト為セシ者」（被相続人）の所有物として相続財産となり相続人に所有権および管理権が承継されるとした（大判大10・7・25民録27輯1408頁）。しかし，最近の判例は，民法897条を準用することにより，遺体・遺骨は慣習に従って祭祀主宰者に帰属するものと判断している（最判平元・7・18家月41巻10号128頁）。祭祀財産に準ずるものとし（大阪家審平28・1・22判タ1431号244頁），祭祀主宰者に帰属するとしている（名古屋高決平26・6・26判時2275号46頁）。

　臓器についても遺体や遺骨と同様に祭祀主宰者に帰属することになるが，臓器の移植に関する法律を考慮すると祭祀主宰者に帰属するのは移植と無関係の臓器ということになろう（コラム12-2「死者の臓器は誰のものか？」参照）。

　⑥　死亡退職金・遺族年金・生命保険金は相続財産に含まれるか？

　死亡退職金は，公務員や民間企業の従業員等が退職前に死亡した場合に勤務先から従業員に支給される。就業規則等にもとづいて受給権者の範囲や順位が定められる場合が多いが，民法所定の相続人の順位決定原則とは異なる場合がある。死亡退職金の受給権は，死亡退職者の収入に依拠していた遺族の生活保障

が目的であり，受給権者（遺族）
は相続人としてではなく自己固
有の権利として取得することか
ら相続財産に属さない（最判昭
55・11・27民集34巻6号815頁）。

　死亡退職金の受給権者につ
いて単に「遺族」とするのみで具
体的順位が定められていない場
合には，民法の相続の規定によ
るべきであろうか。

```
　　資料12−1　保険金相続関連法
保険法43条1項
　保険契約者は，保険事故が発生するまでは，保
　険金受取人の変更をすることができる。
同46条
　保険金受取人が保険事故の発生前に死亡したと
　きは，その相続人の全員が保険金受取人とな
　る。
民法427条
　数人の債権者又は債務者がある場合において，
　別段の意思表示がないときは，各債権者又は各
　債務者は，それぞれ等しい割合で権利を有し，
　又は義務を負う。
```

　死亡退職金が死亡者の生存中の勤続に対して支給されるものである場合は相
続財産ないしこれに準ずるものとして受給権者の範囲及び順位は民法の相続規
定によるが，死亡退職金が専ら死亡者の収入に依存していた遺族の生活保障を
目的とする場合は相続財産には含まれない（最判昭60・1・31家月37巻8号39頁）。
ただし，死亡退職金が相続人間の公平性確保のため特別受益となることがある。

　国民年金法や厚生年金保険法などにもとづく遺族年金は，受給権者の固有の
権利であり相続財産とならない。

　生命保険金は，受取人が被相続人であり被保険者であれば相続財産となる。
ただし，保険金受取人を単に相続人と約定し，特定人の氏名を挙げないで抽象
的に指定している場合でも保険契約者の意思を合理的に推測すると受取人を特
定できるときは，特段の事情のない限り被保険者の遺産より離脱して相続人の
固有財産となる（最判昭40・2・2民集19巻1号1頁）。保険金請求権は，被保険者
が死亡した時に初めて発生し，保険契約者の払い込んだ保険料と等価関係に立
つものではないし，被保険者の稼働能力に代わる給付でもないので，実質的に
保険契約者または被保険者の財産に属していたものとみることはできないが
（最判平14・11・5民集56巻8号2069頁），特別受益とされる場合がある。

　保険金の受取人が保険金の対象となる事故発生前に死亡した場合（たとえば，
受取人Aが被保険者Bより先に死亡したようなケース）は，受取人を変更できるが
（保険法43条），変更しないままBが死亡すれば受取人の法定相続人全員が受取
人となる（同46条）。相続人の受領割合は，分割債権であるから民法427条によ

り平等の割合となる（最判平5・9・7民集47巻7号4740頁）。しかし，保険契約者が死亡保険金の受取人を被保険者の相続人と指定した場合は，民法427条所定の「別段の意思表示」があるものとして，特段の事情のない限り相続人の保険金請求権の割合は相続分の割合とする旨の指定が含まれるものとして法定相続分の割合によるものとする（最判平6・7・18民集48巻5号1233頁）。

(3)　債権・債務

　一身専属的な債権や債務でなければ相続によって承継することができる。保証債務も例外ではないが，身元保証や信用保証などの保証債務は相続されるか。あるいは不動産賃借権は相続できるのであろうか。

①　身元保証・信用保証債務は相続されるか？

　身元保証とは，雇主が従業員の行為によって損害を受けた場合に第三者が保証（賠償）することをいい，信用保証とは，たとえば卸売商と小売商の間の売掛債権のような継続的取引から生じる債務を将来にわたって第三者が保証することをいう。いずれも継続的契約である。身元保証は，責任範囲が広範で人と人の相互の信用関係を基礎として締結される一身専属的性質を有するため，判例は，相続開始前に具体的に確定した債務については相続性を肯定するが，相続開始後に生じた保証契約上の債務については相続性を否定する（大判昭18・9・10民集22巻948頁）。信用保証についても当事者の人的信用関係を基礎とする契約であり一身専属性を有するとして連帯保証人の死亡後に生じた主たる債務

の相続性は否定するが，相続開始前に確定した債務の相続性は肯定する（最判昭37・11・9民集16巻11号2270頁）。

②　連帯債務は相続されるか？

相続人Aが，被相続人（保証人）BがCのDに対する借入金を連帯保証していてCが返済できなかった場合，Aは保証債務を相続することになるか。Aがどこまで責任を負うべきか責任の内容が不明確であるとして保証債務の相続性を否定する見解もあるが，保証人が死亡すると無担保だった場合と同様になるとして相続を認める見解もあり見解が分かれている。

③　不動産賃借権は相続できるか（居住権の確保）？

不動産賃借権の相続性は内縁配偶者の居住権の確保をめぐって問題となる。死亡した賃借人の生存配偶者が内縁関係にあった場合は相続人でないため賃借人の地位を承継できない。判例は，生存内縁配偶者Aは賃借人たる内縁の夫Bの死亡後は相続人Cの賃借権を援用して居住権を主張できるとする（最判昭42・4・28民集21巻3号780頁）。内縁の夫婦関係は事実上の夫婦と異ならない準婚的身分関係であるから，単に婚姻届を出さなかったというだけで，内縁の生存配偶者は法律婚をした生存配偶者に比べて酷にすぎるため何らかの法的保護が必要とし，相続人による家屋の明渡請求を権利濫用として内縁配偶者に居住権の援用を認める（福岡高判昭37・4・30下民13巻4号942頁，同上告審最判昭39・10・13民集18巻8号1578頁）。いわゆる援用説によって救済を図っている。しかし，公営住宅の使用権については相続性が否定されている（最判平2・10・18民集44巻7号1021頁）。

④　配偶者の居住の権利

2018（平成30）年改正で，被相続人の生存配偶者は，相続開始時に無償で居住していた被相続人の財産に属した建物（居住建物）の所有権を相続または遺贈により取得した者（居住建物取得者）に対して分割・遺贈・審判等により無償で居住建物の終身の「配偶者居住権」（1028～1036条）と居住建物の帰属が決まるまでの6ヶ月の「配偶者短期居住権」（1037～1041条）が創設された。いずれも内縁関係の判断が難しいため法律婚の配偶者にのみ認められ，生存配偶者が住み慣れた居住建物に住み続けることができる。前者については，配偶者が居住していた被相続人の居住建物の無償の使用・収益をする権利が終身の保障と

して認められ，後者については使用する権利のみを生存配偶者に認めている。いずれも居住権者は善良な管理者の注意をもって居住建物を使用しなければならず（1032条1項・1038条1項），居住建物所有者の承諾がなければ居住建物の改築，増築や第三者に使用・収益させることはできない（1032条3項）。違反すると居住権を消滅させることができる（1032条4項・1038条3項）。

(4) 無権代理人の地位の承継

> 　無権代理人Bが委任状を偽造して本人Aの所有不動産をAの代理人と称してCに売却した。①Aが死亡し，被相続人である本人Aの地位を相続人である無権代理人Bが相続した場合，あるいは，②Bが死亡し，被相続人である無権代理人Bの地位を相続人である本人Aが相続した場合について考えてみよう。

　代理権は，(a)本人の死亡（111条1項1号），(b)代理人の死亡，(c)破産手続開始決定の審判または(d)後見開始の審判（同項2号），(e)委任による代理権は委任契約の終了（同条2項）によりそれぞれ消滅する。そのため，本人や代理人の地位が相続されることはないが，本人または代理人の生存中に代理行為により生じた権利義務は相続されることになる。

① 被相続人である本人Aの地位を相続人である無権代理人Bが相続した場合

> 　子B（無権代理人）が，父A（本人）の土地を，Aの印鑑を無断使用し，土地の売渡証書に記名押印し，委任状を無断作成して，Cにこの土地を売却したところ，その後，Aが死亡し，相続人Bが本人の地位を相続した場合について考えてみよう。

　かつて，判例は，無権代理人Bが本人Aを相続し，本人と代理人の資格が同一人Bに帰するに至った場合は，本人が自ら法律行為をしたときと同様の法律上の地位に立つに至ったものとして（地位融合説），無権代理行為を有効としていた（大判昭2・3・22民集6巻106頁，最判昭40・6・18民集19巻4号986頁）。

　地位融合説は，無権代理人Bが本人Aを単独相続したケースでは問題がない。しかし，共同相続のケースでは，無権代理が当然に有効になるとほかの相

続人の利益が不当に害されるおそれがある。無権代理行為の追認権は，その性質上相続人全員に不可分に帰属するため共同相続人全員が共同行使しない限り無権代理は有効にならないとし（地位併存説），当該無権代理行為による法律行為は無効であると判示した（最判平5・1・21民集47巻1号265頁）。地位併存説では，Bに無権代理人と本人の地位が併存することになるが，無権代理行為を行ったBが本人の資格で追認拒絶権を行使することは信義則上許されない。ただし，ほかの相続人は本人の地位のみを相続するため追認権または追認拒絶権が自由に選択できる。そのため，以下のような問題が残る。本人の地位を相続したほかの相続人が追認を拒絶しても，Bは無権代理人としての責任を免れず，契約の相手方の選択に従って履行または損害賠償の責任を負うことになるのではないか（117条参照）。この問題は，②でまとめて取り上げよう。

②　被相続人である無権代理人Bの地位を相続人である本人Aが相続した場合

本人Aが無権代理人Bを相続した場合には，Aが無権代理行為の追認拒絶権を行使しても信義則に反することはないことから，Bの無権代理行為をAが相続することにより当然に有効となるものではないと判示している（地位併存説。最判昭37・4・20民集16巻4号955頁）。

Aが追認拒絶権を行使した場合，Aが相続した無権代理人Bの地位にもとづいて，①でも問題とした民法117条による無権代理人の責任が問題となるが，連帯保証債務に係る事例において無権代理人Bの責任が相続の対象となることは明らかであるから，Aは相続によりBの債務を承継し本人として債務を免れることはできないとする（最判昭48・7・3民集27巻7号751頁）。

他方，不動産等の特定物の他人物売買では，無権代理人である他人の権利の売主Bが死亡し，本人である特定物の所有者AがBの地位を相続した場合，Aは相続によりBの売買契約上の義務や地位を承継する。しかし，Aが相続によりBを承継しても相続前と同様，権利の移転についてはAが諾否の自由を有しているので信義則に反すると認められるような特別の事情がない限り，Aは売主として履行義務を拒否できる（最判昭49・9・4民集28巻6号1169頁）。

連帯保証債務と他人物売買における判断の違いは，連帯債務はAに履行義務を肯定しても，履行義務を否定してAに無権代理人としての責任を認めても結論は同じであるが，他人物売買では，履行義務を認めたとしても最終的に所有

者Aが権利の移転に同意しなければ権利移転は実現しないためである。

(5) 法律上の地位
① ゴルフクラブ会員権は相続できるか？

　ゴルフクラブの会員制には，社団法人会員制，株式会員制，そして，もっとも一般的な預託金会員制がある。社団法人会員制の社員たる地位は定款に定めがなければ相続されないが，株式会員制の会員たる地位は株式と同じく相続される。預託金会員制ゴルフクラブの会員権の相続は，会員の死亡によって資格を喪失する旨の会則がある場合は一身専属的性質を有するため相続性が否定される（最判昭53・6・16判時897号62頁）。しかし，理事会の承認を得て会員となる地位は，会員権の譲渡に関する規則があれば正会員の地位の変動は譲渡によるも相続によるも同じであって譲渡が認められている以上，「会員の固定性は既に放棄されている」として理事会の承認により相続される（最判平9・3・25民集51巻3号1609頁）。しかし，相続人による預託金返還請求は会則上特に定めがなければ行使できない（最判平9・12・16判時1629号53頁）。

② 社員権は相続できるか？

　社団法人の構成員としての地位を社員権というが，死亡が法定退社事由であり（一般法人法29条3号），一身専属的であるため相続されない。合名会社および合資会社の社員たる地位も相続されない（会社法607条1項3号）。しかし，株式会社の社員たる地位は株式の譲渡性から相続される（会社法127条）。

2　相続と登記
——相続不動産の権利の移転と登記との関係はどうなるのか？

(1) 相続による承継前の譲渡と登記

> 　Aは所有する甲不動産をCに譲渡後死亡した。Cが登記を得ない間に相続人Bが甲の移転登記を取得した。BとCはいかなる法的関係に立つのだろうか。

　学説は，構造的に二重譲渡の事例に類似しているため登記の有無で解決を図
るべきとする見解（対抗法理）と，ＢはＡを包括承継しているのでＣとは対抗
関係でなく当事者の関係にすぎず，ＢはＣに登記の欠缺を主張できないとする
見解（無権利の法理）に分かれる。前者の対抗法理説は，登記を要求すること
で取引の安全を図ろうとするものであるが，現在では，取引の安全は甲不動産
について無権利のＢからさらに譲渡された場合の第三者の問題であるとして権
利外観法理（94条２項の類推適用）によって図るものとされ，Ｂ・Ｃ間について
は登記を不要とする無権利の法理による解決が多数説である。無権利の法理
は，甲不動産は相続開始前にＡからＣへ譲渡されており，甲不動産についてＢ
は無権利であるからＣは登記なくしてＢに対抗できるとする。

(2)　相続による権利承継後の譲渡と登記

> 　ＡとＢは甲不動産を共同相続した。Ａが遺産分割協議書を偽造し，Ａが単
> 独登記後，第三者Ｃに所有権移転登記をした。ＢはＡに対していかなる請求
> ができるか。

　判例は，Ａの単独登記はほかの共同相続人Ｂの持分に関する限り無権利の登
記であり，登記に公信力がないのでＡはＢの持分について権利を取得できず，
Ｂは自己の持分を登記なくしてＣに対抗できるが，Ｃの持分に関する限り実体
関係に符合しており，Ｂは自己の持分についてのみ妨害排除請求権を有してい
るにすぎないため，Ｂの持分について一部抹消（更正）登記手続請求ができる
とする（最判昭38・2・22民集17巻１号235頁）。いわゆる無権利の法理によって判
断している。

(3)　遺産分割と登記

> 　Ａは甲不動産を残して死亡した。共同相続人ＢとＣは，甲について遺産分
> 割協議を経てＢの単独所有としたが，その旨の登記はしていない。Ｃの債権
> 者ＤがＣの相続分を差し押えたが，有効だろうか。

遺産分割は，相続の開始の時にさかのぼって効力を有するが（909条本文），第三者の権利を害することはできない（同条ただし書）。判例によると，遺産分割は，相続開始の時にさかのぼって効力を生ずるが，第三者との関係では相続人が相続によりいったん取得した権利につき遺産分割時に新たな変更を生じたのと実質上異ならないから，甲不動産の共有持分の遺産分割による得喪変更分には，民法177条の適用があるから分割により相続分と異なる権利を取得した相続人は，その旨の登記を経なければ分割後に甲不動産の権利を取得した第三者Dに対抗できないとしている（最判昭46・1・26民集25巻1号90頁）。BとDは対抗関係に立つものとして登記を先に備えた者が優先することになる。2018（平成30）年改正によって，共同相続における権利承継の対抗要件が規定され，遺産分割によるものかどうかにかかわらず，相続による権利承継は法定相続分（900条・901条）を超える部分については登記，登録その他の対抗要件がなければ第三者に対抗できない（899条の2）ことが明文化されたが，法定相続分による部分については対抗要件を具備する必要はない。

(4)　相続放棄と登記

> 　Aは甲不動産を残して死亡した。共同相続人BとCのうちBが相続放棄をした。甲はCの単独所有となったがその旨の登記はなされていない。Bの債権者DがBの相続分を差し押えたが，有効だろうか。

　相続放棄は，相続放棄者がその旨を家庭裁判所に申述しなければならず（938条），申述は，相続人が自己のために相続が開始したことを知ったときから3ヶ月以内に行わなければならない（915条1項）。相続放棄をすると相続放棄者は，相続の開始時から相続人とならなかったものとみなされるので（939条），甲不動産はCの単独所有となる。そのため，Bは相続開始時から無権利者ということになるから無権利の法理によりDの差押えに対してCは登記なくして対抗できると考えられる。

　これに対して，遺産分割との対比から相続放棄についても対抗法理にもとづいて登記を必要とする見解がある。判例は，相続放棄について，「相続人は相

続開始時に遡ぼって相続開始がなかったと同じ地位におかれることとなり，この効力は絶対的で，何人に対しても，登記等なくしてその効力を生ずる」（最判昭42・1・20民集21巻1号16頁）として無権利の法理により処理している。

(5)　遺贈と登記

> 　Aが甲不動産を残して死亡した。相続人はBとCである。Aは甲をBに遺贈した。Cの債権者Dが甲のCの相続分を差し押えたが，有効だろうか。

　遺贈の効力は遺言者の死亡時に発生する（985条1項）。甲不動産の所有権の移転時期は遺贈の効力の発生時であるから，Aの死亡と同時に甲の所有権がBに移転していることになり，Cは甲不動産について無権利者である。この場合，無権利者の相続分を差し押えたDと受遺者Bの権利関係は無権利の法理により処理されるのか，それとも対抗関係として処理されるのか問題となる。

　判例は，「遺贈は遺言によって受遺者に財産権を与える遺言者の意思表示にほかならず，……意思表示によって物権変動の効果を生ずる点においては贈与と異なるところはないのであるから，遺贈が効力を生じた場合においても，遺贈を原因とする所有権移転登記のなされない間は，完全に排他的な権利変動を生じない……。そして，民法177条が広く物権の得喪変更について登記をもって対抗要件としているところから見れば，……遺贈の場合においても不動産の二重譲渡等における場合と同様，登記をもって物権変動の対抗要件とするものと解すべき」とし（最判昭39・3・6民集18巻3号437頁），Bは登記なくDに対抗しえない。

3　遺産共有──遺産分割前の相続財産はいかなる状態にあるか？

(1)　遺産共有とはいかなる状態か？

　遺産分割前の相続財産は，相続人が数人ある場合はそれらの相続人の共有に属する（898条）ものとして「遺産共有」の状態にある。この共有とは，民法249条以下の共有と同一なのか（共有説），それとも物権法上の共有とは別の共

同所有なのか（合有説），いずれと考えるべきであろうか。

① 共有説

遺産共有について物権法上の共有と同一のものと解する見解は一貫した判例の立場である。判例は，遺産共有について，民法249条以下の共有と性質を異にするものではないとする（最判昭30・5・31民集9巻6号793頁）。すなわち，相続人は遺産分割がなされるまでは相続分に応じた共有持分（持分権）を有し，持分権は自由に処分できいつでも分割請求ができることになる。

② 合有説

合有説は，遺産共有は物権法上の共有とは異なって，遺産全体を総体（ひとまとまり）として共有とみる見解であって個別の各遺産について共有とみるわけではない。遺産全体に対して各相続人に相続分に応じた持分権が認められるが，各持分権の自由処分は許されず，各相続人の分割請求は許されない。個別の各遺産の分割による帰属は遺産分割手続によって行われるとする。

(2) 問題となる相続財産

① 遺産分割前の金銭は，どのように取り扱われるか？

共同相続人Aがほかの共同相続人Bが保管している相続開始時の金銭について，遺産分割前に自己の相続分の支払いを求めたケースにおいて，判例は，これを否定し，遺産分割前は支払いを求めることはできないとする（最判平4・4・10家月44巻8号16頁）。これと同旨の原審は，金銭は相続人らの共有財産であって，債権のように相続人らの相続分に応じて分割された額を当然に承継するものではないとする（東京高判昭63・12・21判時1307号114頁）。金銭は遺産分割の対象財産であり，遺産分割までは共有関係にある。

② 金銭債権は遺産分割の対象となるか？

遺産分割前の金銭債権（代金や賃金等）が共同相続された場合，金銭債権は法律上当然に分割され各相続人が相続分に応じて承継するものとしており（最判昭29・4・8民集8巻4号819頁），判例は遺産分割されなくても相続時に当然分割される債権として共有説に立つ。金銭債権は遺産分割の対象とならない。

③ 遺産分割前の預貯金はどのように取扱われるか？

被相続人の預貯金は，分割債権ゆえに遺産分割前でも相続分に応じて払戻請

求できるとしていたが（最判平16・4・20裁判集民214号13頁），判例を変更し，預貯金を遺産分割の対象とした（最大決平28・12・19民集70巻8号2121頁）。遺産分割前の預貯金の払戻しが難しくなったことから2018（平成30）年改正により被相続人死亡に伴う必要生計費や葬式費用等に当てるため相続開始時の預貯金債権額の3分の1に法定相続分を乗じた額で標準的な当面の必要生計費や平均的な葬式費用の額その他の事情を勘案して預貯金の債務者（銀行等）ごとに法務省令で定めた限度額を遺産の一部分割により取得したものとみなして相続人が単独で支払いを受けることができることとした（909条の2）。

④　**株式・投資信託受益権**

株式は，会社に対して有する株主たる地位（法律上の地位）として遺産分割の対象となる（最判昭45・7・15民集24巻7号804頁，最判平2・12・4民集44巻9号1185頁）。また，投資信託の運用収益等の利益を受ける受益権は利益である預り金債権について相続人が自己の相続分相当の支払請求をすることはできない（最判平26・12・12金法2014号104頁）。遺産分割を待つ必要がある。

⑤　**連帯債務**

> 　AはBとともにCに対して連帯債務を負担していたところ，Aが死亡した。AにはDとEの相続人がいる。連帯債務はどのように取り扱われるか。

　連帯債務も金銭債権であるから法律上当然に分割され相続分に応じて権利が承継される。連帯債務者の一人であるAが死亡した場合には，その相続人であるDとEはAの債務を分割承継し，本来の債務者Bとともに連帯債務者となる（最判昭34・6・19民集13巻6号757頁）。

　被相続人が相続開始時に有していた債務については，債権者は遺言で相続分が指定された場合でも法定相続分に応じて権利行使ができることが2018（平成30）年改正で明文化された（902条の2）。

(3)　**財産分離とはどのような制度と種類があるのだろうか？**

①　**財産分離とは？**

財産分離とは，相続財産または相続人が債務超過である場合に相続財産と相

続人の固有財産が混合しないように防止する制度で債権者保護の制度である。

② 第一種財産分離と第二種財産分離

第一種財産分離は，被相続人が債務超過である場合に相続債権者（被相続人の債権者）または受遺者からの請求で行われる（941条）。第二種財産分離は，相続人が債務超過である場合に相続人の債権者の請求で行われる（950条）。両者とも家庭裁判所に財産分離の請求ができる。

前者は，家庭裁判所によって財産分離が命じられたときは5日以内にほかの相続人や受遺者に対して財産分離の命令があったことと，一定期間内に配当加入の申出のための公告をしなければならない（941条2項）。公告は官報に掲載して行う（同条3項）。

財産分離の請求者と配当加入の申出者は，相続財産から相続人の債権者に優先して弁済を受けることができるし（942条），相続財産によって全部の弁済を受けられなかった場合は相続人の債権者が優先して相続人の固有財産に対して権利行使できる（948条）。

4　遺産分割——遺産はどのようにして分けられるか？

(1)　遺産分割とはどのような制度か？

遺産分割は，相続により遺産に生じた共有関係を解消することで個々の遺産を各相続人に取得させる手続である。遺産分割手続によって各相続人の具体的相続分が確定される。相続手続の最終段階である。

遺産分割は，原則として共同相続人の協議により遺産の全部または一部が分割できる（907条1項）。協議が調わないときやできないときは家庭裁判所に遺産の分割を請求し調停や審判で決定する（同条2項）が，共同相続人の利益を害するおそれがある一部分割は認められない（同条2項ただし書）。遺産分割協議が調うまでは，各相続人は遺産全体について法定相続分として抽象的・潜在的な持分を有するにすぎないと考えられている（神戸地判平8・3・12判タ922号285頁）。

⑵　遺産分割はどのような基準や範囲で行われるか？

遺産分割は，「遺産に属する物又は権利の種類及び性質，各相続人の年齢，職業，心身の状態及び生活の状況その他一切の事情を考慮して」（906条）行われる。この基準は抽象的で具体性に欠ける嫌いがあるが，裁判所は，相続開始後遺産に対する各相続人の相続分が定まったとき，相続分に応じて現実に遺産に属する個々の財産の帰属を定める際に考慮すべき事項を定めたもので法定相続分を変更できるわけではないとする（東京高決昭42・1・11家月19巻6号55頁）。

遺産分割は，分割前に遺産に属する財産が処分された場合でも，共同相続人は全員の同意があれば，処分された財産が遺産分割時に存在するものとみなして行うことができる（906条の2第1項）。遺産分割前に遺産に属する財産の処分を共同相続人の一人が行った場合には，共同相続人の同意がなくても遺産分割時に処分された財産が存在するものとみなすことができる（同2項）。

⑶　遺産分割はどのような方法で行われるのだろうか？

実際の分割方法は，①現物をそのまま配分する「現物分割」，②遺産を構成する相続財産を売却して代金を配分する「換価分割」および③遺産を構成する個々の相続財産の現物を分割しほかの相続人に具体的相続分との差額を金銭で支払う「代償分割」という3つの方法がある。これらの方法によることが困難な場合に，共有による分割方法が考えられるが，裁判所は，遺産分割は，共有物分割と同じく，相続によって生じた財産の共有あるいは準共有状態を解消し，相続人が単独で財産権の行使が可能な権利（所有権や金銭等）に還元する手続であるから，まず，①現物分割，次に，②代償分割，さらに，③換価分割が為されるべきであるとする（大阪高決平14・6・5家月54巻11号60頁）。

遺産を相続人間で分割しないで共有のままとすることはできるのだろうか。

遺産分割をめぐって相続人間に亀裂が生じ遺産分割協議が不調に終わった後の抗告事件において共有による分割方法は，「遺産分割の目的と相反し，ただ紛争を先送りするだけで，何ら遺産に関する紛争の解決とならないことが予想されるから……やむを得ない次善の策」として当事者の取得希望に配慮して現物分割または換価分割を行うものとする（前掲大阪高判平14・6・5）。

なお，被相続人は，遺言によって遺産分割方法を定めておくことも，それを

定めるよう第三者に委託することも，あるいは相続開始時から5年を超えなければ遺産分割を禁止することもできる（908条）。

(4)　協議による遺産分割はどのような点に注意すべきであろうか？

①　協議の当事者は誰か？

遺産分割協議の当事者は，共同相続人だけでなく，包括受遺者（990条），相続分の譲受人及び遺言執行者（1012条）である。当事者が一人でも欠けた場合は，遺産分割協議は無効である。

注意すべきは相続人となる者が胎児である場合である。相続についてはすでに生まれたものとみなされる（886条1項）。当事者とする必要があるが，死体で生まれたときは当事者とならない（同条2項）。生きて生まれたときにはじめて相続人として特定される（停止条件説）ため胎児が生まれる前になされた遺産分割協議は無効である。

相続開始後に遺言認知や死後認知の訴えによって相続人となった者がいる場合は，遺産分割前であれば当事者として加えなければならない。すでに，遺産分割等の処分をほかの共同相続人が行っていた場合は，遺産分割は有効であるが被認知者が価額のみによる支払請求ができる（910条）。被相続人が父親の場合には，相続人である非嫡出子との父子関係は認知がなければ生じないのでこの者を除外して遺産分割が為されても有効である。しかし，被相続人が母親の場合には，認知がなくとも分娩の事実によって母子関係が発生するのでこの者を除外してなされた遺産分割は無効となる（最判昭54・3・23民集33巻2号294頁）。父の非嫡出子は価額請求権のみを有し，母の非嫡出子は遺産分割請求権を有するという違いが生じるため不合理とする批判がある。

相続人となる者が行方不明の場合は不在者として財産管理人を選任し（25条1項），財産管理人とほかの共同相続人の間で遺産分割協議を行うが，遺産分割協議は処分行為であるから家庭裁判所の許可を得て行う必要がある（28条）。

②　遺言に優先する遺産分割協議

協議による遺産分割は，当事者全員の合意があれば被相続人が遺言により指定する遺産分割方法に反するものも法定相続分に反するものも有効である（遺産分割自由の原則）。

　被相続人Ａが所有するマンションの一室の持分を，相続人Ｂに遺贈する旨の遺言があるにもかかわらず，Ｂがその内容を知りながらこれと異なる遺産分割協議をすることは許されるか。

　裁判所は，受遺者Ｂが遺言とは異なる遺産分割協議をした場合には，㋐特定物の受遺者はいつでも遺贈の全部または一部を放棄できるし（986条1項），㋑自己に有利な遺言の内容を知りながらこれと異なる遺産分割協議を成立させた場合には特段の事情のない限り遺贈の全部または一部を放棄したものと認められることを理由に，遺産分割協議が遺言に優先すると判断している（東京地判平6・11・10金法1439号99頁）。

③　遺産分割協議の取消し・解除

　遺産分割協議に錯誤（95条），詐欺・強迫（96条）があった場合，取消しが認められることになる。

　遺産分割協議の過程で共同相続人Ａ，ＢおよびＣは相続財産の共有持分権を個別的に交換ないし贈与した。その結果，Ａは母親の老後の扶養義務を負ったが債務を履行しなかった。ＢとＣは遺産分割協議を解除できるか。

　判例によると，遺産分割協議の解除を民法541条にもとづいて請求した事案においてこの規定にもとづいて解除できないとする。その理由は，遺産分割は性質上，協議の成立とともに終了すること，その後は協議において負担した相続人と債権を取得した相続人間の債権債務関係が残るだけであること，遺産分割の効力は相続開始時に遡及するので（909条本文），遺産の再分割は法的安定性を害することを挙げている（最判平元・2・9民集43巻2号1頁）。ただし，共同相続人の全員が合意すれば，すでに成立している遺産分割協議についてもその全部または一部を解除した上で改めて遺産分割協議をすることや再分割協議をすることが認められる（最判平2・9・27民集44巻6号995頁）。

　また，遺産分割協議が詐害行為取消権の対象になるかという問題がある。

　Ａは甲不動産を残して死亡した。相続人は妻Ｂ，子ＣおよびＤである。そ

の後，Bは債権者Fと債務者Eの金銭消費貸借契約の連帯保証人となったが，返済が滞ったためFが債務の履行と甲の所有権移転登記を求めた。遺産分割協議の結果，Bは甲の持分を取得しないこと，CとDが2分の1ずつの持分割合で甲の所有権を取得することとした。Fは遺産分割協議を取り消すことができるか。

　判例は，共同相続人の間で成立した遺産分割協議は，詐害行為取消権行使の対象になるとする。その理由は，「遺産分割協議は，相続の開始によって共同相続人の共有となった相続財産について，その全部又は一部を，各相続人の単独所有とし，又は新たな共有関係に移行させることによって，相続財産の帰属を確定させるものであり，その性質上，財産権を目的とする法律行為である」からとしている（最判平11・6・11民集53巻5号898頁）。

(5)　調停・審判による遺産分割

①　調停・審判

　遺産分割協議が調わない場合，あるいは協議をすることができなかった場合は，各共同相続人は遺産の全部または一部の分割を家庭裁判所に請求できる（907条2項）。遺産分割の審判は非訟事件であり，国が後見的立場から合目的に裁量権を行使して為す裁判であるから公開法廷における対審及び判決による必要はない（最決昭41・3・2民集30巻3号360頁）。

　遺産分割は，審判事項である（家事事件手続法（以下，「家事」とする）別表第2の12項）。調停前置主義が採られていないが，いつでも職権で調停に付することができるため（家事274条1項），通常は，調停を先行させている。

②　遺産分割申立人

　調停・審判による遺産分割申立人は協議による遺産分割当事者と同じであるが，相続人の債権者は相続人に代位して遺産分割審判の申立てができるのであろうか。被相続人Aには，妻Bと3人の子C，DとEの共同相続人がいたが，AとCの妻Fとの間の贈与契約について債権を保全するためにCの遺産分割請求権を代位行使したFによる遺産分割審判の申立てを認めている（名古屋高決昭47・6・29判時690号56頁）。ただし，遺産分割審判では遺産は共同相続人に分

割すべきであってＦに対して直接分与の審判をすべきでないとする。

⑹　遺産分割の効力

①　遡及効

遺産分割が為されると共同相続人の共有状態にあった遺産の帰属先が決まり各共同相続人の単独所有になるが，遺産分割の効力は相続の開始の時にさかのぼって生じる（909条本文）。遺産は，被相続人から各相続人に相続開始時から承継されていたものと扱われるので遺産分割はどの遺産が誰に帰属していたかを宣言するものとみる見解（遺産分割の宣言主義）と，遺産分割は共同相続人の共有状態にあった遺産の持分が各相続人に移転されることで単独所有となったものとみる見解（遺産分割の移転主義）の対立がある。歴史的には，明治民法は宣言主義を採用したが，戦後の民法改正（1947（昭和22）年）のなかで民法909条にただし書が設けられ，第三者の権利を害することはできないとする遡及効の制限規定が設けられたことで宣言主義の意義が薄れたと考えられている。

判例は，遺産分割は，相続開始の時にさかのぼってその効力を生ずるが，第三者との関係では相続人が相続により取得した権利に遺産分割時に新たな変更を生ずるものとし，不動産に対する遺産分割による得喪変更には民法177条が適用され分割により相続分と異なる権利を取得した相続人は登記を経なければ第三者に対抗できないとして遺産分割の遡及効が制限されるものとしており（最判昭46・1・26民集25巻1号90頁），移転主義的に理解しているようである。

②　共同相続人の担保責任

各共同相続人は，ほかの共同相続人に対して遺産分割により取得した物や権利に瑕疵があった場合には相続分に応じて担保責任を負う（911〜913条）。遺産について各自の持分を交換することで遺産が単独所有になっていることから相続人間の公平を図るために認められる。

共同相続人の担保責任については，㋐物や権利に瑕疵があった場合（911条），㋑債権の遺産分割における債務者の資力を担保する場合（912条），㋒共同相続人の中に償還する資力のない者がいる場合（913条）が定められている。㋐は，遺産分割審判確定後に被相続人の遺産とされていた物件の一部が他人の所有に属していたため瑕疵があるとして担保責任が追及されるような場合であ

る。(イ)は，遺産分割の結果，遺産の中から債権を相続した相続人が債務者の無資力のため十分な弁済を受けられなかった場合，その不足分をほかの共同相続人が相続分に応じて担保するものである。(ウ)は，担保責任を負う共同相続人中にそれに要する費用を償還する資力のない者がいる場合に償還できない部分を求償者や資力のある者が相続分に応じて分担するものである。ただし，求償者に過失があればほかの共同相続人に対して分担請求はできない（913条ただし書）。(ア)ないし(ウ)のいずれの場合でも被相続人の意思が優先されるため，被相続人が遺言で別段の意思表示をしたときは適用されない（914条）。

設題

1)　Ａは，居住用の甲土地と乙建物，Ａ名義の1000万円の預金，死亡保険金2000万円，借入金500万円，年金受給権を残して死亡した。そのほか祭具（仏壇や位牌）と墳墓が残されている。これらのうちいずれが相続財産といえるかについて説明しなさい。

2)　甲不動産を残してＡが死亡し，子ＢとＣが共同相続したが，Ｃが甲不動産を取得するとの遺産分割協議が成立した。ところが，遺産分割前にＢが甲不動産に対する自己の持分を第三者Ｄに譲渡してしまった。ＣとＤとの間にはどのような法律関係が生じるであろうか。

3)　遺産分割が為されるまでは，遺産は，相続人が数人あるときは共有に属するとされるが，遺産共有はいかなる法的性質を有するとされるであろうか。

第13章
遺言と相続
──遺言をのこすことで死後も自分の財産を自由に処分できる

導 入

　人は，死後の自分の財産の承継や身上の事項について，生前に書きのこしておくことができる。これが，遺言である。遺言とは，死後に一定の効果が発生することを意図した個人の最終意思が一定の方式の下で表示されたもので，この者の死後，意図された効果が発生する。遺言者は，自らの死亡によって遺言の効力が生じるまで，作成した遺言を自由に撤回できる。ここでは，この遺言と，遺言により，他人に財産を与えることができる遺贈，および，遺贈などによっても奪うことができないとされる一定の相続人が一定の割合の相続財産を留保される遺留分を扱う。

1　遺言制度──遺言とはどのようなものか？

⑴　遺言の意義

　遺言とは，死後に一定の効果が発生することを意図した個人の最終意思が一定の方式の下で表示されたものである。遺言は法律行為の一種で，相手方のない単独行為であり，死後行為，要式行為でもある。

⑵　遺言能力

　遺言時に，遺言者が遺言能力を有していないと，その者によって作成された遺言は有効とはならない。遺言能力とは，自分の作成する遺言の内容を理解し，遺言の結果を弁識することができる能力のことをいう。民法は，満15歳以上になれば遺言能力があると定めている（961条）。したがって，満15歳以上であれば未成年者でも，遺言作成にあたり法定代理人の同意は必要ではない。遺言能力は遺言作成時に備わっていなければならない。遺言を作成した後に，遺

言能力を失ったとしても，遺言の効力に影響はない。前述した通り，遺言は法律行為の一種であるので，満15歳以上の者であっても，意思能力を欠く場合には，遺言は作成できず，作成したとしても無効とされる。意思能力がある場合であれば，成年被後見人・被保佐人・被補助人も，単独で遺言を作成することができる（962条）。しかしながら，成年被後見人が，一時的に事理弁識能力を回復した時に遺言を作成する場合には，医師二人以上の立会いが必要とされ，この医師は，遺言者が遺言をする時に精神上の障害により事理を弁識する能力を欠く状態になかった旨を遺言書に付記して，これに署名し，印を押さなければならない（973条）。

(3) 遺言事項

遺言でできる行為は，法律で定められている。これを遺言事項といい，たとえば，任意認知（781条），未成年後見人・未成年後見監督人の指定（839条・849条），推定相続人の廃除および廃除の取消し（893条・894条），相続分の指定・指定の委託（902条），遺贈（964条）などがこれにあたる。

(4) 共同遺言の禁止

民法は，同一の遺言証書で二人以上の者が遺言をするのを禁止している（975条）。これを共同遺言の禁止という。その理由としては，①共同遺言を許すと遺言の自由や撤回の自由を確保するのに支障をきたすこと，②一方の遺言に無効原因がある場合，他方の遺言をどのように処理するかにつき複雑な法律関係が生じるのを避けることであるとされる。共同遺言の禁止に反して，共同遺言が作成された場合，この遺言は無効となる。判例は，夫が，妻の承諾を得て，夫死亡後には妻がすべての財産を相続し，妻が死亡した後に，子らが相続するという内容の遺言を同一の証書に作成し，妻の氏名も夫が書いた事案では，妻については自書がないので無効とし，夫については共同遺言にあたるとして無効とした（最判昭56・9・11民集35巻6号1013頁）。他方で，夫の遺言書3枚と妻の遺言書がひとつに合綴され，各葉に夫の契印がなされていたとしても，両者の遺言が容易に切り離すことができれば，共同遺言にはあたらないとした事案（最判平5・10・19家月46巻4号27頁）もある。

◆コラム13-1　遺言能力が問題となった裁判例

　遺言能力の有無が問題となり，裁判所で遺言の効力が否定された事案がある。たとえば，東京地判平20・11・13判時2032号87頁は，弁護士の立会いの下作成された公正証書遺言について，遺言当時，Aは意識障害に陥っており，遺言の内容を理解し，その効果を判断するに足りる精神能力を欠いていたとして，遺言能力を否定し，また，公証人が読み聞かせて遺言者が手を握り返したことは言語による陳述ではないので，口授があったとはいえないとして，本件遺言は無効であるとした。東京高判平21・8・6判タ1320号228頁は，病院の診療録，看護記録等にもとづき，老人医療の専門医による遺言者Aの遺言能力の鑑定を行い，Aは，遺言作成時は，混合型痴呆症でやや重い痴呆状態にあり，遺言能力を欠いていたとした。宇都宮地判平22・3・1金法1904号136頁は，公正証書遺言作成にあたり，遺言者は，公証人の問いかけに対し声をだして頷くのみで，遺言者が公証人に対し，本件遺言の趣旨を口授したと認めることはできず，民法969条2号の要件を欠くとした。このように，そもそも，法律の専門家による遺言作成事務に問題のある事案もみられる。

2　遺言の方式──遺言にはどのようなものがあるか？

　遺言は，遺言者の真意を確保し，同時に，後の変造・偽造を防止するために，厳格な要式行為となっており（960条），方式に違反した遺言は無効となる。遺言の方式は，まず，死亡が危急に迫っているなど特別な事情が存在しない場合に作成される普通方式のもの（967条）と，普通方式の遺言を作成することができない特別な事情の下でのみ作成が認められる特別方式のもの（976条〜979条）にわかれる。特別方式で作成された遺言は，遺言者が普通方式によって遺言を作成することができるようになった時から，なお6ヶ月間生存するときは効力は生じず（983条），同じ内容の遺言をのこしたいのであれば，あらためて普通方式による遺言を作成しなければならない。

(1)　普通方式

①　自筆証書遺言

　自筆証書遺言とは，遺言者が単独で作成するもので，わが国の遺言の方式でもっとも利用されている方式である。

　自筆証書遺言は作成が簡便で存在を秘密にできるが，遺言者自身で作成する

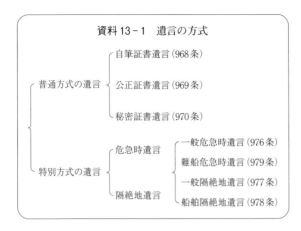

資料13-1　遺言の方式

普通方式の遺言
- 自筆証書遺言（968条）
- 公正証書遺言（969条）
- 秘密証書遺言（970条）

特別方式の遺言
- 危急時遺言
  - 一般危急時遺言（976条）
  - 難船危急時遺言（979条）
- 隔絶地遺言
  - 一般隔絶地遺言（977条）
  - 船舶隔絶地遺言（978条）

ため要件違反が多くみられる。「法務局における遺言書の保管時に関する法律」の制定（2018（平成30）年7月）により，法務省の指定する法務局は「遺言保管所」として，自筆証書遺言の原本を保管することができる（遺言保管法2条）。この制度を利用した自筆証書遺言には，遺言書の偽造・変造あるいは，隠匿・紛失といったおそれはなくなる。保管制度を利用せずに自筆証書を作成することもできる。自筆証書遺言の要件は以下の通りである（968条）。

　㋐　遺言全部の自書

　遺言書のすべてを遺言者が自書しなければならない。この自書については，他人の添え手による補助をうけて書いた遺言でも，運筆が遺言者によるものであれば，自書の要件は充たされ（最判昭62・10・8民集41巻7号1471頁），ワープロ・パソコンで書いた遺言書は自書とみなされないが，遺言の全文・日付・氏名をカーボン紙による複写で記述したものは，自書として認められている（最判平5・10・19家月46巻4号27頁）。自書であれば，用語の制限はなく，外国語を用いてもよいし，速記文字を使ってもかまわない。また，遺言は全文が一枚の用紙に記載されていることも必要ではない。複数枚数にわたっていても，全体として一個の遺言と確認できれば有効である（最判昭36・6・22民集15巻6号1622頁）。

　㋑　日付の自書

　遺言時に遺言者に遺言能力があったか否か（963条），遺言書が複数ある場合，どの遺言書の内容が効力を有することになるか（1023条1項）などを判断するためには，遺言の作成日が特定されなければならない。このことから，遺言書の日付は必須とされる。

　しかしながら，日付が真実の作成日付と異なっていても，それが誤記である

こと，真実の作成日が遺言証書の記載その他から容易に判明する場合には，誤記を理由に遺言は無効となるものではない（最判昭52・11・21家月30巻 4 号91頁）。

　これについては，最判令 3・1・18（判時1760号 2 頁）が，遺言者が遺言書に遺言作成日と異なる日付を記載した遺言について，「民法968条第 1 項が自筆証書遺言の方式として，全文，日付及び氏名の自書並びに押印を要するとした趣旨は，遺言者の真意を確保すること等にあるところ，必要以上に遺言の方式を厳格に解するときは，かえって遺言者の真意の実現を阻害するおそれがある」としたうえで，遺言者が入院中に遺言を作成し，退院後の 9 日後に押印したなどの事実関係のもとでは，「遺言書に真実遺言が成立した日と相違する日の日付が記載されているからといって直ちに本件遺言が無効となるものではない」と判断している。

　㈡　氏名の自書

　遺言者の特定のため，氏と名の両方が記載されていることが原則であるが，遺言者が特定できるのであれば，氏または名のみでもよく（大判大 4・7・3 民録21輯1176頁），雅号や通称でもかまわないとされる。

　㈢　財産目録

　遺言証書に添付される財産目録については，方式が緩和され，自書が要求されなくなった。その結果，ワープロ書きによる作成も可能になった。この場合，頁ごとに署名，捺印が必要である（968条 2 項）。不動産の登記事項証明書，預金通帳の写し等を財産目録として添付することも可能である。また，加除訂正についても自筆でなくともよい。

　㈣　押　印

　氏名の自書のほか，押印も要求されるが，印鑑の種類は特に指定されず三文判でもよいし，拇印や，指印でもよいとされる（最判平元・2・16民集43巻 2 号45頁）。また，押印の習慣のない外国人の場合には，サインでもかまわない（最判昭49・12・24民集28巻10号2152頁）。遺言書の書面には押印がなかったが，これを入れた封筒の封じ目に押印がある場合，押印の要件は充たされる（最判平 6・6・24家月47巻 3 号60頁）。

② 公正証書遺言

公正証書遺言とは，公証人によって作成される遺言の方式である。公正証書遺言は，公証人と証人が関与し，公証人によって遺言が保管されるため，遺言書の偽造や変造あるいは毀損が生じることはないが，内容を秘密にできず，費用もかかり手続も煩わしいこと，また，遺言者が遺言書の存在を他者に知らさないで亡くなった場合に，通常は公証人からの連絡はないので，遺言の存在が明らかにならないことが生じうる。公正証書遺言の要件は，以下の通りである（969条）。

(ア) 証人の立会い

公正証書遺言の作成には，二人以上の証人の立会いが必要であるが，未成年者，推定相続人・受遺者およびその配偶者ならびに直系血族，公証人の配偶者・4親等内の親族・書記・および雇人は立ち会うことはできない（974条）。

(イ) 口授

遺言者が遺言の趣旨を口授しなければならない。口授とは声に出して相手に教えることである。口がきけない者が公正証書によって遺言をする場合には，遺言者は，口授の代わりに，公証人および証人の前で，遺言の趣旨を通訳人の通訳により申述するか，または自書しなければならない（969条の2第1項）。

(ウ) 筆記・読み聞かせまたは閲覧

公証人は遺言者の口述を筆記し，これを遺言者および証人に読み聞かせ，または閲覧させなければならない。なお，この筆記は，公証人の自書である必要はない。

遺言者または証人が耳の聞こえない者である場合には，公証人は，筆記した遺言の内容を通訳人の通訳により遺言者または証人に伝えて，読み聞かせに代えることができる（969条の2第2項）。

(エ) 筆記の承認・署名・押印

遺言者と証人が公証人の筆記の正確さを承認した上で，各自署名し，押印する。ただし，遺言者が署名することができない場合は，公証人がその事由を付記して，署名に代えることができる。

(オ) 公証人の署名・押印

公証人は，その証書が前記の方式に従って作成されたものである旨を付記し

て，これに署名し，印を押さなければならない。

③　秘密証書遺言

　秘密証書遺言とは，遺言者が遺言書を書いて封じたものを公証人に示す方式の遺言である。秘密証書遺言の長所としては，遺言内容を秘密にでき，偽造・変造等の危険を防止しうるのに対し，短所としては，手続が煩わしい上に費用がかかり，遺言そのものの存在を隠すことができないといわれる。秘密証書遺言の要件は以下の通りであるが（970条），秘密証書遺言としての要件は欠くものの，自筆証書遺言としての要件を充たしている場合には，秘密証書遺言としては無効となるが自筆証書遺言としての効力は生ずることになる（971条）。

　(ア)　遺言者の署名と押印

　遺言者が証書を作成して，それに署名押印しなければならない。この場合の遺言は，自書でなくともよく，他人による代書，パソコンソフトなどで作成したものでもよく，日付も必要ではない。この確認について，東京高決令2・6・26（判時2477号46頁，判タ1485号109頁）は，「この確認には既判力がなく，他方でこの確認を得なければ当該遺言は効力を生じないことに確定してしまうことからすると，遺言者の真意につき家庭裁判所が得るべき心証の程度については，確信の程度にまで及ぶ必要はなく，当該遺言が一応遺言者の真意に適うと判断される程度のもので足りると解するのが相当である」としたうえで，遺言を作成した数日後に死亡した遺言者について遺言から4日後になされた医師による認知機能検査が低い数値であったことをもって，遺言時の認知機能障害の程度を示すものではないとし，遺言者の真意に適う程度の心証は得ることはできると判断している。

　(イ)　封書・封印・公証人への提出

　作成した遺言証書を封書に封入した後で，証書作成に用いた印章を使って封印する。その封書を公証人の前に提出し，公証人一人と二人以上の証人の立会いの下に自分の遺言書であること，ならびに自分の氏名と住所を申述する。公証人が，その証書を提出した日付および遺言者の申述を封紙に記載し，遺言者と証人が署名押印する。

　口がきけない者が秘密証書によって遺言をする場合には，遺言者は，公証人および証人の前で，その証書は自己の遺言書である旨ならびにその筆者の氏名

および住所を通訳人の通訳により申述し，または封紙に自書することで，申述に代えることができる。この場合，遺言者が通訳人の通訳により申述したときは，公証人は，その旨を封紙に記載しなければならない（972条）。

(2) 特別方式

① 危急時遺言

危急時遺言とは，死亡の危急が迫った者が遺言しようとするときに用いられるもので，一般危急時遺言と難船危急時遺言（船舶遭難者遺言）にわかれる。

(ア) 一般危急時遺言

疾病その他の事由によって死亡の危急に迫った者が遺言しようとするときに用いられる方式の遺言である。以下の要件（976条）を充たして成立したこの遺言は，遺言の日から20日以内に証人一人または利害関係人から家庭裁判所に請求して確認を得なければ効力は生じない（同条4項）。なお，この確認とは，遺言の有効性自体を確定させるものではなく，遺言の内容が遺言者の真意に適うということが判断される程度のことである（同条5項）。

(a) 証人の立会い

証人三人以上の立会いが必要である。

(b) 口授・筆記・閲覧

証人の一人に遺言の趣旨を口授し，口授を受けた者は，これを筆記し，遺言者および他の証人に読み聞かせ，または閲覧させる。口のきけない者が一般危急時遺言によって遺言をする場合には，口授の代わりに，証人の前で，遺言の趣旨を通訳人の通訳により申述しなければならない。遺言者または証人が耳の聞こえない者である場合には，公証人は，筆記した遺言の内容を通訳人の通訳により遺言者または証人に伝えて，読み聞かせに代えることができる。

(c) 署名・押印

各証人が(b)の筆記の正確なことを承認した後に，これに署名し押印する。

(イ) 難船危急時遺言（船舶遭難者遺言）

船舶遭難の場合において，船舶中に在って死亡の危急に迫った場合に利用される。下記の要件（979条）の下，作成された難船危急時遺言は，証人一人または利害関係人から遅滞なく家庭裁判所に請求し，その確認を得なければ，効力

を生じない。

(a)　証人の立会い

証人二人以上の立会いが必要である。

(b)　口頭筆記

証人の立会いの下に遺言者が口頭で遺言をし，証人がその趣旨を筆記する。口のきけない者が船舶遭難者遺言によって遺言をする場合には，通訳人の通訳により遺言の作成ができる。遺言者や他の証人への読み聞かせ，および閲覧は必要ではない。また，筆記は遺言者の前でする必要はなく，船舶遭難を脱した後でもかまわない。

(c)　署名・押印

署名または押印できない者があるときは，証人は，その事由を付記しなければならない（981条）。

②　隔絶地遺言

隔絶地遺言とは，一般社会との自由な交通が法律上・事実上絶たれている場所に用いられる遺言の方式で，一般隔絶地遺言と船舶隔絶地遺言にわかれる。

(ア)　一般隔絶地遺言

伝染病により隔離された者や交通が断たれたところにいる者が作成できる遺言である。一般隔絶地遺言の要件は以下の通りである（977条）。

(a)　立会人・証人

警察官一人と証人一人以上の立会いが必要である。

(b)　署名・押印

遺言者が遺言書を作成し，遺言者・筆者・立会人・証人が遺言書に署名押印するが（980条），署名・押印できない者がいる場合は，立会人または証人がその事由を付記しなければならない（981条）。

(イ)　船舶隔絶地遺言

船舶中にある者が作成できる遺言である。在船者遺言の要件は，以下の通りである（978条）。

(a)　立会人・証人

船長または事務員（事務員とは船員法に定める職員で，航海士・機関長・機関士・通信士などをさす）一人と証人二人以上の立会いが必要である。

227

(b) 署名・押印

遺言者が遺言書を作成し，遺言者・筆者・立会人・証人が遺言書に署名押印するが（980条），署名・押印できない者がいる場合は，立会人または証人がその事由を付記しなければならない（981条）。

(3) 遺言に共通する要件

① 加除訂正

公正証書遺言を除いて，遺言に加除その他変更すべき箇所がある場合には，遺言のすべてを書き直す必要はなく，遺言者が加除その他変更すべき箇所を指示し，変更した旨を付記して署名し，その箇所に押印しなければならない（968条3項，970条2項，982条）。

② 証人・立会人欠格

遺言作成の要件において，証人および立会人の立会いがかかげられている場合があるのは前記の通りである。証人とは，遺言の作成に立ち会い，遺言が遺言者の真意に出たものであることを確認し，これを証明する者のことをいい，立会人とは，遺言作成に立ち会い，遺言が遺言者によってなされた事実を確認する者のことをいう。このような任務を証人・立会人は果たすことが求められていることから，これに応えられない判断能力が欠ける者や遺言の内容に利害関係を有するような者は，証人および立会人とはなれない。したがって，下記の者は法定欠格者として，証人・立会人にはなれない。(ア)未成年者，(イ)推定相続人，受遺者およびその配偶者ならびに直系血族，(ウ)公証人の配偶者，4親等内の親族，書記および雇人（974条）。このほかにも，事実上，事理弁識能力の欠ける者は，証人・立会人となることができない。欠格者が立ち会って作成された遺言は，原則として無効である。

3　遺言の取消し・無効・撤回——遺言の効力は必ず生じるか？

(1) 取消し・無効

遺言が方式に違反しているとき（960条），遺言者が遺言時に遺言能力を欠いているとき（963条），共同遺言であるとき（975条），遺言の内容が公序良俗違

反にあたるとき（90条），遺言が錯誤にもとづいてされたとき（95条）などの場合，遺言は取り消すことができる。また，詐欺・強迫によってされた遺言は取り消すことができる（96条）。

(2) 撤　回

遺言者は，自らの死亡によって遺言の効力が生じるまで，遺言の方式に従い，その遺言の全部または一部を自由に撤回できる（1022条）。

撤回の遺言は，撤回される遺言と同じ方式である必要はないとされる。また，遺言の撤回の自由は，放棄できない（1026条）。撤回を遺言によって明示していない場合であっても，前の遺言が後の遺言と抵触するときは，その抵触する部分については，後の遺言で前の遺言を撤回したものとみなされる（1023条1項）。また，遺言が遺言後の生前処分その他の法律行為と抵触する場合についても撤回したとみなされる（1023条2項）。たとえば，遺言者が，A不動産を甲に遺贈するという内容の遺言を前に作成しておきながら，乙に遺贈するといった内容の遺言を後に作成していたような場合や，遺言者がA不動産を乙に生前贈与していたような場合である。また，遺言者が故意に遺言書を破棄したときは，その破棄した部分については，遺言を撤回したものとみなされるし，遺言者が故意に遺贈の目的物を破棄したときも，撤回したものとみなされる（1024条）。撤回された遺言は，その撤回の行為が，撤回され，取り消され，または効力を生じなくなるに至ったときであっても，その効力を回復しない。ただし，遺言の撤回行為が錯誤，詐欺または強迫による場合は，遺言者の真意によるものではないことから，遺言の効力が復活する（1025条）。

4　遺　贈──遺言で他人に財産を与えられるか？

(1) 特定遺贈と包括遺贈

遺贈とは，一般的な定義では，遺言により財産を無償で他人に与えることをいい，遺贈をした被相続人のことを遺贈者という。遺贈には，包括遺贈と特定遺贈の2種類がある。特定遺贈とは，遺産のうちの特定の積極財産，たとえば，被相続人が所有していた一筆の土地などを与えることである。これに対

し，包括遺贈とは，積極財産と消極財産の両方を含んだ遺産の全部または一定の割合の遺贈のことをいう。包括受遺者は，相続人と同一の権利義務を有する（990条）。特定遺贈や包括遺贈に，「長男が婚姻したら，長男に甲不動産を遺贈する」といったような停止条件や，「自分が死んで1年経ったら，甲不動産をAに遺贈する」といったような始期をつけることもできる。また，「甲不動産をAに遺贈する代わりに，Aは遺贈者の父母を扶養すること」といったような，受遺者に一定の義務の負担を課す負担付遺贈も認められている。

(2) 受遺者

たとえば，遺贈者Aが，「A所有の中古自動車をBに遺贈する」との遺言をしていた場合，Bは受遺者であり，Bにその車を引き渡す義務を，Aの相続人か，または，遺言執行者が負うことになる。そして，このような義務を負う相続人や遺言執行者のことを遺贈義務者という。特定遺贈を受ける者のことを特定受遺者といい，包括遺贈を受ける者のことを包括受遺者という。

自然人だけでなく，法人も，特定受遺者および包括受遺者になれるが，遺言の効力発生時には，存在していなければならない。ただし，胎児は，すでに生まれたものとみなされるので，受遺者になることができる（965条，886条1項）。また，相続人も受遺者になることができる。相続欠格に関する規定（965条による891条）が準用されるので，相続欠格事由にあたる者は，受遺者にはなれない。

(3) 遺贈義務者

遺贈を履行する義務を負う者を遺贈義務者という。相続人が複数いる場合には，全員が共同して義務を負うことになるが，その負担は，相続分の割合に応じて配分されることになる。相続人と同一の権利義務を有する包括受遺者も遺贈義務者となるし，相続財産法人も，遺贈義務者となる（951条，952条）。遺贈義務者は，原則として，遺贈の目的となる物または権利を，相続した時の状態で引き渡し，または移転する義務を負う（998条）。ただし，遺言執行者がいる場合には，この者が遺贈の履行義務を負うことになる（1012条2項）。

◆コラム13-2　「相続させる」旨の遺言

　「○○の不動産を長男に相続させる」などといった特定の遺産を特定の相続人に「相続させる」旨の遺言は，どのように解釈されるか。判例（最判平3・4・19民集45巻4号477頁）は，「相続させる」旨の遺言は民法908条にいう遺産の分割の方法を定めた遺言であり，これと異なる遺産分割の協議さらには審判もなしえないから，このような遺言にあっては，何らの行為を要せずして被相続人の死亡の時に直ちに当該遺産が当該相続人に相続により承継されるとした。したがって，「相続させる」旨の遺言は，遺産分割方法の指定と解される。

(4)　遺贈の承認と放棄

　包括遺贈の場合，包括受遺者は，相続人と同一の権利義務を有するので，包括遺贈を受けた包括受遺者は，自己のために遺贈が開始したときから3ヶ月以内に限定承認あるいは放棄しないと単純承認したとみなされる。特定遺贈の場合は，特定受遺者は，遺贈の効力発生後，遺贈を承認または放棄できるが（986条1項），いつまでも承認・放棄できるとなると，法律関係が安定しないことから，遺贈義務者やその債権者などの利害関係人は，相当の期間を定め期間内に承認もしくは放棄のいずれかを選択すべきかを受遺者に催告することができる。特定受遺者からの返答がない場合には，承認されたものとみなされる（987条）。受遺者が，いったん承認・放棄すれば，もはや撤回できない（989条）。

(5)　遺贈の無効と取消し

　遺贈は，遺言によってなされるので，遺贈が示された遺言に無効・取消し事由があった場合には，その遺贈も効力を失うことになる。また，遺贈独自の無効原因としては，遺贈者の死亡前に受遺者が死亡したとき（994条1項），遺贈の目的物が遺言者の死亡の時点で相続財産に属さないとき（996条）などであり，取消原因としては，負担付遺贈を受けた者がその負担した義務を履行しないときは，相続人は，相当の期間を定めてその履行の催告をし，その期間内に履行がないときは，その負担付遺贈に係る遺言の取消しを家庭裁判所に請求することができる（1027条）。この場合の取消しとは法律行為の取消しとは異なり，家庭裁判所による遺贈の効力の消滅を意味する。

5 遺言の執行——遺言はどのように実現されるのか？

(1) 遺言の執行の意義

遺言の執行とは，遺言の効力が生じた後に，その内容を法的に実現する手段をいう。その実現のために用意されているのが，遺言の検認および開封であり，遺言の執行のために遺言執行者が選定される。遺言の検認および開封は，公正証書遺言以外の遺言に必要とされるものであるのに対し，遺言執行者は必ずしも必要ではない。だが，法律の規定や遺言の内容の中には，相続分の指定などのように，遺言者の死亡と同時に遺言内容が実現され特別の手続を必要としないものがあるが，認知の届出（781条）・相続人の廃除やその取消し（893条，894条）など，執行を必要とする場合も多く，このような場合には，遺言執行者が必要となる。

(2) 検認と開封

遺言者の最終意思を実現するには，遺言書の変造・偽造を防止しなければならない。この遺言書の原状を確保するための制度として，遺言の検認および開封といった手続がある。

検認は公正証書遺言について，また遺言保管所に保管されている遺言書については要求されていない（1004条2項・遺言保管法11条）。遺言が公証役場や遺言保管所で保管されていることから，遺言書が変造されたり，偽造されたりする危険性が低いと考えられているからである。これら以外の遺言の保管者や発見者は相続の開始を知った後，遅滞なく，遺言書を家庭裁判所に提出して，その検認を請求しなければならない（1004条1項，家事事件手続法39条別表第1の103項）。前述の通り，検認の目的は遺言書の変造・偽造の防止にある。したがって，検認によって遺言の有効性が確定するわけではなく，遺言に無効原因があれば，検認後でも，遺言の効力を争うことは可能である。遺言書の検認がされたときは，裁判所書記官は，相続人，受遺者その他の利害関係人に対しその旨を通知しなければならないので（家事事件手続規則115条），利害関係人の知らないうちに遺言の執行がなされることを防ぐことができる。

封印されている遺言書を開くことを開封という。封印のある遺言書は，家庭裁判所において相続人またはその代理人の立会いがなければ，開封することができない（1004条3項）。遺言書が家庭裁判所に提出されなかったり，検認を経ないで遺言を執行されたり，または家庭裁判所外においてその開封がなされたりしても，遺言および遺言の執行の効力が失われることはないが，そのようなことをした者は，5万円以下の過料に処せられる（1005条）。

(3)　遺言執行者

①　遺言執行者の指定・選任

遺言者は，遺言で遺言執行者を指定し，またはその指定を第三者に委託することができる（1006条1項）。遺言執行者の指定の委託を受けた者は，遅滞なく，その指定をして，これを相続人に通知しなければならない（同条2項）。また，遺言執行者の指定の委託を受けた者がその委託を辞そうとするときは，遅滞なくその旨を相続人に通知しなければならない（同条3項）。遺言執行者に指定されても，これを引き受ける義務はない。相続人その他の利害関係人は，遺言執行者に指定・選任された者に対し，相当の期間を定めて，その期間内に就職を承諾するかどうかを確答すべき旨の催告をすることができ，その期間内に相続人に対して確答をしないときは，就職を承諾したものとみなされる（1008条）。

指定もしくは指定の委託がないため，執行者がいない場合には，相続開始地の家庭裁判所が利害関係人の請求により遺言執行者を選任することになる（1010条）。

②　遺言執行者の任務

遺言執行者が就職を承諾したときは，ただちにその任務を行わなければならない。また，遺言執行者は，遺言執行者に就職したことを相続人に通知しなければならない（1007条）。遺言執行者は任務につくと，相続財産を調査して相続財産目録を作成し，これを相続人に交付しなければならない。相続人の請求があるときは，その立会いをもって財産目録を調整し，または公証人にこれを作成させなければならない（1011条）。

遺言執行者は，遺言の内容を実現するため，相続財産の管理その他遺言の執

行に必要な一切の行為をする権利義務を有する（1012条）。これにより，遺言執行者は相続人のためではなく遺言者の最終意思である遺言にしたがって遺言内容を実現することになる。遺言執行者がその権限内で遺言執行者であることを示してした行為は，相続人に対して直接にその効力を生ずる（1015条）。

　遺言執行者がある場合には，遺贈の履行は，遺言者，遺言執行者のみが行うことができる（1012条2項）。したがって，特定物であっても不特定物であっても，遺贈の履行は，遺言執行者が行う。遺言執行者がいない場合には，相続人が遺贈の履行をする。

　遺産の分割の方法の指定として遺産に属する特定の財産を共同相続人の一人または数人に承継させる旨の遺言——相続させる旨の遺言——（以下，「特定財産承継遺言」とする）があったときは，遺言執行者は，当該共同相続人が899条の2第1項に規定する対抗要件を備えるために必要な行為をすることができる（1014条2項）。したがって，遺言執行者は動産および不動産に関する対抗要件を具備することができる。

　また，特定財産承継遺言の対象が預貯金債権である場合，遺言執行者は預金または貯金の払戻しの請求およびその預金または貯金にかかる契約の解約の申入れをすることができる。これにより，遺言執行者が払い戻した預金を相続人に分配させることが可能となった。ただし，解約の申入れについては，その預貯金債権の全部が特定財産承継遺言の目的である場合に限る（1014条3項）。また，遺産のすべてを公共に寄与するという内容の自筆証書遺言において，受遺者の選定を遺言執行者に委託する遺言について，遺言執行者が選定した国・地方公共団体に包括遺贈する意思を遺言者が示していたとして受遺者の選定を遺言執行者に委託した遺言の効力が有効とされた事案がある（最判平5・1・19民集47巻1号1頁）。

③　遺言執行者の報酬

　遺言執行者は報酬を受け取ることができる。この報酬は，遺言者が定めているときはそれに従うが，これがない場合には，相続財産の状況その他の事情によって，家庭裁判所が定めることができる（1018条1項）。遺言執行者が報酬を受けるべき場合には，受任者の報酬の支払いに関する民法648条の2の規定が準用される（同条2項）。

④　遺言執行者の任務の終了

遺言執行者の職務は，遺言の執行の終了，遺言執行者がないとき，なくなったとき（1010条），遺言執行者の解任および辞任（1019条）の場合に終了する。

遺言執行者の任務が終了したときには，委任の終了に伴う受任者の応急処分義務（654条）と委任終了の対抗要件（655条）の規定が準用される（1020条）。

6　遺留分——相続人から相続財産を完全に奪うことはできるか？

(1)　遺留分の意義

遺留分とは，生きている間に自分の不動産を誰かに贈与するような生前処分でも，もしくは遺言で自分の不動産を誰かに遺贈するような死因処分によっても奪われることのできないものとして，一定の範囲の法定相続人に留保されている一定割合の相続財産のことをいう。この遺留分が保障されている一定の相続人のことを遺留分権利者という。

(2)　遺留分権利者

法定相続人のうち兄弟姉妹を除く者，つまり，配偶者，子，および直系尊属が遺留分権者である（1042条1項）。子の代襲相続人も遺留分を有するし，胎児も生まれれば相続権があるので（886条），遺留分を有する。なお，兄弟姉妹以外の相続人であっても相続欠格，廃除，相続放棄によって相続資格を失った者は遺留分も失うが，相続欠格と廃除の場合に代襲相続人がいれば，この者は遺留分を有する（1042条2項，901条）。

(3)　遺留分の放棄

民法は，相続開始前の相続放棄を認めていないが，遺留分権利者は，家庭裁判所の許可を得て，相続前に遺留分を放棄することができる（1049条）。相続開始後であれば，遺留分権利者は，家庭裁判所の許可なく，自由に放棄できる。なお，共同相続人の一人がした遺留分の放棄は，他の各共同相続人の遺留分に影響を及ぼすことはないので（同条2項），共同相続人一人の放棄により，他の相続人の遺留分が増加することはない。

(4)　遺留分率

　直系尊属のみが相続人である場合には総体的遺留分率は，相続財産の３分の１，その他の場合には相続財産の２分の１である（1042条１項）。したがって，①相続人が配偶者と子である場合，②相続人が配偶者と直系尊属である場合，③相続人が配偶者のみの場合，④相続人が子のみの場合のような場合には，相続財産の２分の１が遺留分となる。この総体的遺留分率に法定相続分を乗じたものを個別的遺留分率といい，それにしたがって，相続財産は相続人に分配される（1042条２項）。たとえば，Aには妻Bと子C・Dがいるが，Aは別居中で，現在同居している女性Eのために遺言を作成し，「自分の全財産8000万円をEに譲る」と記したとする。この場合，配偶者Bと子C・Dは，Aの遺した相続財産の２分の１について遺留分を有するので，8000万円×２分の１＝4000万円は，B・C・Dのものとなる。これをB・C・Dが法定相続分で分けるとすると，Bの相続額は，4000万円×２分の１＝2000万円となり，C・Dの相続額は，2000万円×２分の１＝1000万円ずつとなる。そして，上記の遺留分額を引いた残り4000万円がEのものとなる。

　では，直系尊属だけが遺留分権者としてのこされた場合はどうなるか。たとえば，資産家で甲株式会社の創立者である50歳のAは未婚で，父母B・Cは健在であったとする。Aが「自分の遺産6000万円をすべて，甲会社に寄付する」との遺言を記して死亡した場合，B・Cは，Aの遺した相続財産の３分の１について遺留分を有するので，6000万円×３分の１＝2000万円は，B・Cが相続することになり，法定相続分によるとB・Cが均分で分けることになるので，それぞれ1000万円ずつ相続することとなる。そして，残りの4000万円が甲会社のものとなる。

(5)　遺留分額算定のための財産の価額

　遺留分額を算定するための基礎となる被相続人の財産価額は，次のような計算式で表される。〔遺留分額算定のための財産価額〕＝〔被相続人が相続開始の時において有した財産の価額〕＋〔被相続人が贈与した財産の価額〕－〔被相続人の債務の全額〕（1043条）。被相続人がした贈与は，相続開始前の１年間にしたものに限りその価額を算入する。しかし，当事者双方が遺留分権利者に

損害を加えることを知って贈与をしていたときには，1年前の日より前にした
ものについても算入する。これが相続人にされた贈与であるときには，相続開
始10年より前にされたものも算入する（1044条）。

　負担付贈与がされたときは，目的の価額から負担の価額を控除した残額を，
遺留分を算定するための財産の価額とする。また，不相当な対価による有償行
為は，当事者双方が遺留分権利者に損害を与えることを知ってしたものに限
り，当該対価を負担の価額とする負担付贈与とみなす（1045条）。

(6)　遺留分侵害額の請求

①　遺留分侵害額請求

　遺留分を侵害された者は，受贈者または受遺者に対し，遺留分侵害額の請求
をしてその遺留分侵害額相当額を金銭で支払うよう要求できる（1046条）。これ
を遺留分侵害額請求という。侵害額相当額は金銭によって支払われることか
ら，受贈者または受遺者と遺留分者権利者が，贈与物を共有することはない。

②　遺留分侵害額の算定

　遺留分侵害額は次のような算定式によって求められる。〔遺留分侵害額〕＝
〔遺留分〕－〔遺留分権利者が受けた特別受益〕－〔遺留分権利者が取得すべ
き具体的相続分〕＋〔899条により遺留分権利者が承継する債務の額〕

　なお，ここにいう特別受益とは，相続開始10年以内のものに限らず，すべて
の特別受益にあたる生前贈与を意味する。

③　遺留分侵害請求の順

　請求の相手方は，遺留分を侵害している受遺者・受贈者であるが，受遺者と
受贈者があるときは，受贈者が先にこの金銭支払いを負担することになる。ま
た，請求された侵害額相当額の支払いが困難な場合，受遺者または受贈者の請
求により，裁判所は支払いについて相当の期限を許与することができる（1047
条）。

　死因贈与については，遺贈の規定が準用される（554条）ので，遺贈として減
殺の対象となるのか，それとも，贈与として取り扱われ，遺贈の減殺をした後
に減殺の対象となるのかが問題となる。これについて，判例（東京高判平12・
3・8高民53巻1号93頁）は，死因贈与については，遺贈として扱われるのではな

く，契約の締結によって成立することから贈与として扱われるとした上で，「通常の生前贈与よりも遺贈に近い贈与として，遺贈に次いで，生前贈与より先に減殺の対象とすべき」であるとしている。

④ 遺留分侵害額請求権の消滅

　遺留分侵害額請求権は，相続の放棄，遺留分侵害額請求権の放棄などにより消滅することになるが，その他にも，遺留分権利者が相続の開始および遺留分を侵害する贈与または遺贈があったことを知った時から1年間行使しないと時効により消滅することになる。また，相続開始の時から10年を経過したときも消滅する（1048条）。

[設題]

1) 被相続人が作成した遺言には，日付について「2013年3月吉日」と記載されていたが，この遺言の効力に問題はないであろうか。また，「30回目の結婚記念日に」と書かれた遺言であればどうか。

　遺言能力の有無，複数ある遺言のうちどの遺言の効力が生ずるかを判断するには，日付の特定は必須である。この日付の特定については，年月日の記載によるのはもちろんのこと，「30回目の結婚記念日に」などによっても可能である。しかし，「2013年3月吉日」などのようなものは，日付の特定はできず，このような記載で作成された遺言は無効とされる（最判昭54・5・31民集33巻4号445頁）。

2) 被相続人は妻と子一人と別居しており，夫婦関係は形骸化し，子は既に就職し自立していた。被相続人は，10年間不倫関係にあり被相続人の収入で同居生活をしていた女性に対し，相続財産の4分の1にあたる財産を遺贈するといった内容の遺言をしていた。この遺言の効力は生ずるか。

　不倫関係にある者に対して，そのような関係を維持継続するためになされる遺贈は公序良俗に反することから，原則として無効（大判昭18・3・19民集22巻185頁）であると考えられる。しかし，この遺贈が，妻との婚姻の実体をある程度失った状態の下で女性との関係が継続した後に，不倫関係の維持継続を目的とせず，専ら同女の生活を保全するためにされたもので，当該遺言において相続人である妻の法定相続分が確保されており，子も自立していることから，この遺贈により相続人の生活の基盤が脅かされるものとはいえないなどの

事情があるときは，このような遺贈は公序良俗に反するものとはいえないとされる（最判昭61・11・20民集40巻7号1167頁）。したがって，本問のような遺言も有効である。

3) 被相続人は，生前に，長男との間で，長男は被相続人の死亡まで，長男在職中には毎月5万円以上と年2回の定期賞与金の半額を被相続人に贈与した場合には，被相続人はその所有する財産の全部を死亡と同時に長男に贈与する旨の負担付死因贈与契約を締結した。長男はこの負担を履行したが，その後，被相続人がその所有財産の一部を次男に遺贈する旨の遺言をして死亡した。この場合，負担付死因贈与契約の効力はどのように解するべきか。

　このような事案について，判例は，負担の履行期が贈与者の生前と定められた負担付死因贈与契約にもとづいて受贈者が約旨に従い負担の全部またはそれに類する程度の履行をした場合には，右負担の履行状況にもかかわらず負担付死因贈与契約の全部または一部の取消しをすることがやむをえないと認められる特段の事情がない限り，遺言の取消しに関する民法1022条，民法1023条の各規定を準用するのは相当でない，としている（最判昭57・4・30民集36巻4号763頁）。したがって，本件のように，負担のほとんどがすでに履行されている場合には，負担付死因贈与契約は，取り消すことはできないこととなる。

第14章
国際的な家族関係

導　入

　現代社会は，ヒト，モノ，サービス，カネの国際的移動によって，日常生活においても日本国内だけでなく外国とのかかわりを有する。しだいに家族関係も多様化・国際化され，日本人と外国人との間で家族を形成することが増えてきている。

　国際的な家族関係はさまざまな場所（当事者の国籍や行為地など）とかかわりを有するため，どこの国の法律を適用すべきかが問題となり，このような役割を果たすものが国際私法というものである。日本において国際私法の主要法源は，「法の適用に関する通則法」である。民法が当事者の権利義務関係を直接定めるのに対し，「法の適用に関する通則法」は，国際的私法関係に対して直接規律すべき法律を定めることになる。この際，外国法か日本法のいずれかが指定され，適用される法を準拠法という。

　この章では，「法の適用に関する通則法」が国際的な家族関係に対してどのように定めているかについて，学習しよう。

1　国籍と国際的な家族関係

　日本において日本人が外国人との間で婚姻や離婚をする場合のように，まず当事者の国籍が異なるときに，家族関係の国際化を見出すことができよう。国籍とは，人が特定の国の国民である場合に，その国民たる資格のことをいう。人は国籍を有することによって，その国家との間で出入国・居住の権利，兵役義務，参政権，公務員就任，戸籍登載などの種々の権利・義務関係に立つのである。国籍は国内管轄事項であるため，各国は独自の国籍法を定めていて，国籍法の内容の違いが国際的な抵触をもたらす。したがって，ある人が同時に複

数の国籍を有すること（重国籍）もあれば，またはいずれの国籍も有しないこと（無国籍）もある。

　日本の場合，憲法10条の委任により，日本国民たる要件は法律で定めるものとされ，国籍法が制定されている。日本の国籍法（昭和25年5月4日法律第147号）は，国籍の取得や喪失の要件，手続などを規定する。かつて夫婦や親子の国籍は同じでなければならなかったが，現在は互いに独立して異なる国籍を有することは妨げられない。

(1)　日本の国籍はどのように取得されるのか？

　出生によって国籍を取得する「生来取得」は各国で認められているが，その基準が問題となる。これには，血縁関係を基礎として親の国籍を子に与える「血統主義」と，地縁関係を基礎として出生地の国籍を付与する「生地主義」とがある。各国における国籍の取得や喪失に関する原則は，各国の伝統，人口政策，国防など多くの要因に影響されているため，今日ではいずれも純粋のものは少なく，両者の折衷主義を採用するものが多い。

　出生後の事由により国籍を取得する「伝来取得」も，その事由が各国の立法によって異なる。通常，当事者の意思表示により国籍を取得することは「帰化」と呼ばれ，たとえば身分行為（婚姻，認知，養子縁組など）により国籍を取得する場合もある。

①　血統主義にもとづく国籍の取得

　日本の国籍法は，従来の父系血統主義を改め，父母両系血統主義を採用している。すなわち，父母との血縁関係によって日本の国籍を取得するのは，(ア)出生の時に父または母が日本国民であること（1号），(イ)出生前に死亡した父が，死亡の時に日本国民であったこと（2号）の要件を具備する者である（国籍法2条）。日本国民との間に親子関係があれば，子が嫡出子であるか非嫡出子であるかにかかわらず，子に日本国籍を付与する。

　日本人男と外国人女の夫婦間に出生した子が日本の国籍を取得するためには，日本人の父は法律上の父でなければならない。外国人男と日本人女の夫婦間に出生した子との母子関係は分娩の事実によって当然に発生すると解されていることから，事実上の母子関係があれば足りる（最判昭37・4・27民集16巻7

号1247頁)。したがって，日本人を母とする非嫡出子についても，分娩の事実によって母子関係は当然に発生する。

他方，婚姻をしていない日本人男と外国人女との間で出生した子については，日本の民法上父の認知がなければ父子関係は生じない（民779条・787条）。認知された子は届出により日本の国籍を取得することになる（国籍法3条）。すなわち，父または母が認知した子で18歳未満のもの（日本国民であった者を除く）は，認知をした父または母が子の出生時に日本国民であった場合において，その父または母が現に日本国民であるとき，またはその死亡時に日本国民であったときは，法務大臣に届け出ることによって，日本の国籍を取得することができる（同条1項）。この届出をした者は，その届出の時に日本の国籍を取得する（同条2項）。ただし，これらは認知の反対事実があるときには適用しない（同条3項，2022（令和4）年12月16日法律102号により新設）。つまり虚偽認知による国籍の不正取得を防止するため，認知の反対事実が判明したときには無期限に国籍取得を否定することとなった。

届出による国籍取得という簡易な方法は，一定の条件を有する者が，法務大臣に対する意思表示（届出）により当然に日本の国籍を取得する制度である。2008（平成20）年6月4日の最高裁大法廷判決（民集62巻6号1367頁）を受けて，父母が婚姻していない子にも届出による日本の国籍を取得できるなどの国籍法の改正（2008（平成20）年12月12日改正）がなされ，出生後に日本人に認知されていれば，父母が婚姻していない場合にも届出によって日本の国籍を取得することができるようになったのである。

② **生地主義にもとづく国籍の取得**

出生による日本国籍の取得を血統主義によるものだけに限ると，無国籍者が生じることがありうるため，日本の国籍法は，補充的に生地主義による国籍取得を認めている。すなわち，子が日本で生まれた場合において，父母がともに知れないときまたは国籍を有しないときは，その子は日本の国籍を取得する（国籍法2条3号）。父母がともに知れないときとは，父との関係は法律上の父子関係をいい，母子関係は前述のとおり分娩の事実によって当然に生じるものであるから，父母が事実上も判明しないことを意味する。たとえば，日本国内で発見された棄児は，日本の地理的状況からして日本国内で出生したものと推

定され，戸籍法にもとづき戸籍作成の措置が採られる（戸籍法57条2項）。

③　帰化による国籍の取得

　帰化とは，特定の個人が自己の志望によって国籍を取得することをいう。日本国民でない者は法務大臣の許可を得て日本の国籍を取得することができる。現行の国籍法は，一般的な帰化許可の条件を規定し（普通帰化，国籍法5条），日本と特別の血縁または地縁関係を有する外国人に対して，国籍法5条で定める条件の一部を免除あるいは緩和しており（特別帰化，簡易帰化，国籍法6条ないし8条），さらに日本に対して特別の功労のある外国人については国会の承認を得て帰化を行うことができる（大帰化，国籍法9条）。帰化の許可は官報に告示され，告示の日から効力を生ずる。日本国民が外国に帰化したときは日本の国籍を失う（国籍法11条参照）。

　届出による国籍取得の場合と異なって，帰化の場合は国籍法所定の条件を備えていたとしても，帰化を許可するかどうかは，法務大臣の自由裁量であると解されることから，必ず許可されるというものではない。日本の憲法では，すべての国民は，法の下に平等であって，人種，信条などにより，差別されないことになっている（憲法14条1項）ので，現行国籍法の下では，国民の権利・義務は生来的な日本国民と帰化によって日本国民となった者とで区別していない。

(2)　日本の国籍はどのように喪失されるのか？

　国民たる資格の消滅，すなわち国籍の喪失により，国籍に伴う法律関係は当然に消滅する。国籍離脱の自由は個人の自由意思の尊重という見地から広く認められるようになり，世界人権宣言（1948年に国連総会採択）は国籍を変更する権利（15条2項）を規定している。日本の憲法（22条2項）は基本的人権として国籍離脱の自由を保障している。日本の国籍法は，国籍離脱の自由を実現することを目的とする一方，日本をはじめ多くの国の国籍法が父母両系血統主義を採用しているため，重国籍者が増加していくことを防止し，また無国籍者の発生を回避するために一定の要件が付されている。

　国籍喪失の原因を大別してみると，個人の意思にもとづく場合として①自己の志望により外国の国籍を取得した結果として国籍を喪失する場合，②国籍を放棄する場合（狭義の国籍離脱）などがある。個人の意思にもとづかない場合と

して，①身分行為または身分関係にもとづいて国籍を喪失する場合，②国籍が剥奪される場合がある。

(3) 日本の国籍を有することは何で証明するのか？

戸籍は日本人についての身分関係を公に記録し，これを公証することを目的とする制度であるため，戸籍に記載される資格を有する者を日本の国籍を有する者に限定され，かつ，日本国籍を有する者をすべて戸籍に記載する建前に立つ。基本的にこのための規定である戸籍法は，日本人に限り適用することを定めた規定がないため，外国人であっても日本の国内に居住している場合は，性質上適用されない条文を除き，戸籍法が適用される。すなわち，戸籍法は，日本国内で生じた人の身分に関する事項（出生，死亡，婚姻，離婚，養子縁組など）について，その者が日本人であると外国人であるとを問わず，属地的にすべての人に適用され，また，日本人については外国で生じた事項についても属人的に適用される。

外国人は，たとえ日本国内で出生し，戸籍法にもとづいてその届出をしても，戸籍に記載されることはない。このことから，戸籍は，日本国籍を有していること，あるいは日本国籍を喪失したことの公的な証明資料である。戸籍の記載は，原則として届出主義を採用しており（戸籍法15条），届出の受理についても原則的には形式的審査を建前としていることから，虚偽の届出などにもとづく戸籍の記載もありうるので，実際には，戸籍の記載と国籍が一致しない場合が生ずることもある。実際，日本人でありながら戸籍に記載されていない場合，または日本国籍がないのに戸籍に記載されている場合がありうるが，その記載そのものは国籍の取得，喪失の効果になんらの影響を及ぼすものではない。この場合に，日本国籍の有無は，戸籍の記載によって決まるのではなく，国籍法の規定により判断すべきものである。

(4) 国際的家族関係

家族法分野における国際的法律関係として，具体的には①日本人と外国人間の身分行為（婚姻，離婚，認知，養子縁組，離縁など），②日本国内における外国人相互間または外国における日本人相互間の身分行為，③日本人の外国におけ

◆コラム14-1　国際的な家族関係において紛争が生じた場合，
　　　　　　　　どこの国の裁判所に訴えるのか

　国境を越える家族関係について当事者の間で紛争が生じたり，裁判所の後見的な関与が必要な場合が発生する。この際，どこの国の裁判所がこれらの事件について裁判する管轄を有するかが問題となる。特定の事件について日本国内のどの裁判所が裁判を行うかという定めを管轄といい，さらに国際的な事件においては国際裁判管轄という。

　家族法分野において管轄を含め裁判の手続を定める法律として，人事訴訟法と家事事件手続法がある。人事訴訟法は，身分関係の形成または存否の確認を目的とする訴えとして，離婚や認知など夫婦や親子等の関係についての争いを解決する手続について定める法律である。人事訴訟事件の代表的なものには離婚訴訟がある。その際に未成年の子どもがいる場合に離婚後の親権者を定めるほか，附帯処分として財産分与や子どもの養育費についても離婚と同時に決めることができる。附帯処分ではなく，家庭裁判所が裁判（家事審判や離婚訴訟の附帯処分等）として子の監護に関する事項を定めることや親権者を指定する手続は，家事事件手続法の対象となる。家事事件手続法とは，家事事件の手続について定める法律である。家事事件は，夫婦間の紛争や成年後見など家庭に関する事件のことをいい，大きく分けると，家事審判に関する事件と家事調停に関する事件とに分かれる。

　2018（平成26）年には人事訴訟法と家事事件手続法が改正され，国際裁判管轄の規定を新設することとなった。このような立法の意義は，国際的な身分関係の当事者において法的安定性と予見可能性を高めることにある。家族関係事件の国際裁判管轄について，人事訴訟事件では一般規定（3条の4）を設ける一方，家事事件において事件の類型別に分けて家事審判事件（3条の2ないし3条の12）と家事調停事件（3条の13）について定めている。なお，相続事件において相続権や遺留分権などの紛争が生じた場合には民事訴訟法で国際裁判管轄を定めている（3条の3第12号および第13号）。これら相続関連事件を含め財産関係事件の国際裁判管轄については2011（平成23）年の民事訴訟法の改正により新設されたものである。

るまたは外国人の日本における身分変動事実の発生（出生，死亡など），④日本人と外国人または外国人相互間の親族関係に起因する法律関係（親権，後見など）が挙げられる。

　各国の親族法・相続法の規定，とくに身分関係形成の要件はさまざまであり，統一されていない。したがって国際的な家族関係においては，当該法律関係と関連する場所の法律のうち，どこの国の法律を適用すべきかが問題となる。このような役割を果たすものが国際私法というものであり，日本では「法の適用に関する通則法」が国際私法の主要法源である（平成18年6月21日法律第78号，以下，「通則法」という）。私法的法律関係における何らかの要素がその発生当時において外国的である場合に渉外的（国際的）私法関係が生ずる。この

際，国際的私法関係を１つの場所の法律に結びつけるための基準として「連結点」（国籍，住所，常居所，行為地など）を用いて，適用すべき法（準拠法）が決定される。すなわち，国際的家族関係について外国法または日本法が準拠法として指定され，適用されるという解決方法が用いられる。通則法は，国際的家族関係について本国法を準拠法として適用する場合が多くあり，ここで本国法とは人が所属する国（一般には国籍国）の法律である。

しかし，外国法を日本で適用した結果が日本の公の秩序または善良の風俗（公序）に反するときには，その外国法の適用は排除される（通則法42条）。また，当事者の本国法として指定された外国法が自国法の適用を欲せず，日本法の適用を欲する場合には，日本法への反致が認められる（通則法41条）。ただし，当事者の本国法による場合であるが，婚姻の効力（通則法25条），夫婦財産制（通則法26条），離婚（通則法27条），親子間の法律関係（通則法32条）については反致は成立しない。なお，国際的な家族関係について，どのような場合に，日本の裁判所が審理・裁判をすることができるかという国際裁判管轄に関する規律について，これまで明文の規定がなかったが，2018（平成30）年４月18日，人事訴訟法などの一部を改正する法律が成立した（同年４月25日公布，2019（平成31）年４月１日施行）。この改正は，国際的な要素を有する人事訴訟事件および家事事件の適正かつ迅速な解決を図るため，これらの事件に関して日本の国際裁判管轄などを定めるものである。

2 婚姻関係の国際化

日本の民法は，婚姻の成立において，実質的成立要件と形式的成立要件を定めていて，婚姻の効力において身分的効力と財産的効力を定めている。通則法は，婚姻の実質的成立要件（24条１項）と形式的成立要件（同条２項・３項）とを区別し，婚姻の身分的効力（25条）と婚姻の財産的効力（26条）を分けて定めている。

(1) 外国人と日本人との婚姻はどのように成立するのか？

婚姻は各国の歴史，風習や文化を反映するため，通常，外国人と婚姻する日

本人はどこの国の法律によって婚姻することになるだろうか。

(ア)　16歳のＦ国人Ａ女と18歳の日本人Ｂ男が婚姻することができるのか。日本民法731条によれば，男女ともに18歳にならなければ，婚姻をすることができない。Ｆ国法によれば，満16歳の女子は婚姻できる。

(イ)　離婚したＦ国人Ａ女と日本人Ｂ男は，いつから再婚することができるのか。日本民法733条１項によれば，女は前婚の解消の日から起算して100日を経過した後でなければ，再婚をすることができない（2022（令和４）年民法改正により2024（令和６）年４月から同条削除）。Ｆ国法は再婚禁止期間の規定を廃止している。

　婚姻の実質的成立要件とは，婚姻をするにあたって各当事者が満たさなければならない要件を意味し，この要件を満たさないと婚姻することができなくなるので，婚姻障害ともよばれる。婚姻障害には当事者の一方のみにかかわるものと，当事者の双方にかかわるものに分けられる。

　設例(ア)では，Ｆ国人Ａ女の婚姻適齢についてＦ国法と日本法のうちどこの国の法律が適用されるのかが問題となる。通則法24条１項により，婚姻適齢のような婚姻の実質的成立要件は各当事者の本国法による。したがって，Ｆ国人Ａ女についてはその本国法としてＦ国法が準拠法となり，日本人Ｂ男についてはその本国法として日本法が準拠法となり，両当事者は婚姻することができる。このように当事者の一方のみに関わる要件を一方的要件というが，これには婚姻意思，婚姻適齢，保護者などの第三者の同意が含まれる。

　設例(イ)では，通則法24条１項により，日本人Ｂ男の本国法として日本民法733条１項が女について再婚禁止期間を定めていることが問題となる。再婚禁止期間のような婚姻の実質的成立要件は，婚姻の双方的要件として性質決定されるため，各当事者の本国法をそれぞれ適用するのではなく，両当事者の本国法を適用することになる。したがって，再婚禁止期間を定めている日本法上の要件をＦ国人Ａ女にも適用することになる。これについては累積的適用となるとの批判がある。両当事者に関わる双方的要件には重婚禁止，再婚禁止期間，近親婚の禁止などが含まれる。

(2) 日本法上の婚姻届を提出しなくても婚姻は成立するのか？

公的機関への婚姻届や宗教婚など婚姻のための手続を婚姻の形式的成立要件という。通則法は，婚姻の形式的成立要件については婚姻挙行地法によるほか（24条2項），一方当事者の本国法による（同条3項）と定めている。ただし，日本で行われる婚姻のうち，当事者の一方が日本人であるときは，婚姻挙行地法として日本法によることになる（同条3項ただし書，いわゆる日本人条項）。

日本で婚姻する外国人同士の場合または外国で日本人が外国人と婚姻する場合には，婚姻挙行地法によるほか，それぞれの本国法が準拠法となる。ところが，日本で日本人が外国人と婚姻する場合には，婚姻の方式について日本法のみが準拠法となり，日本法上の婚姻届を出さなければ婚姻は成立しない。これは，日本人について戸籍への身分関係の迅速な反映の必要性があることと日本の方式が簡易であるから，定められたものである。

なお，外国に在る日本人間で婚姻をしようとするときは，その婚姻挙行地となる外国での宗教差異などに由来する不都合を避けるために領事婚制度を設けている（民741条）。すなわち，外国における日本人同士の婚姻はその国に駐在する日本の領事などに届け出ることによって日本方式による婚姻の成立が認められる。日本国内における外国人同士の婚姻にもこの趣旨を及ぼし，国籍を同じくする外国人による領事婚の成立が認められている（多数説・戸籍実務）。

(3) 婚姻した夫婦の同居義務違反はどのように解決されるのか？

夫婦の同居義務，貞操義務などを婚姻の身分的効力という。通則法25条によれば，婚姻の身分的効力について，まず夫婦の同一本国法が準拠法となるが，これがなければ，次に夫婦の同一常居所地法が準拠法となり，これもなければ夫婦の最密接関係地法が準拠法となるという方法が採られている（段階的連結）。

ここで注意すべきことは当事者が重国籍者である場合である。たとえば，日本に居住するF国人夫AとF国籍と日本国籍を有している妻Bとの間で同居義務の違反が問題となる場合，一見したところ両当事者がF国籍を有しているため，夫婦の同一本国法としてF国法が準拠法となるようにみえる。しかし当事者が重国籍者である場合は，その当事者の本国法を特定してから（通則法38条1項），相手方の本国法と同一であるかをみることとなる。日本人妻Bが重国

248

籍者である場合には，内国国籍優先主義により（同条1項ただし書），Bの本国法は日本法となる。したがってAの本国法はF国法となり，Bの本国法は日本法となることから同一ではないため，次に夫婦の同一常居所地法として日本法が準拠法となるかどうかが判断されることになる。

(4)　婚姻した夫婦の財産関係はどう決まるのか？

　婚姻の成立後，別産制・共有制などの法定財産制や夫婦財産契約などの婚姻の財産的効力（夫婦財産制）については，通則法26条1項によれば，通則法25条が準用され，第1に夫婦の同一本国法，第2に夫婦の同一常居所地法，第3に夫婦の最密接関係地法が段階的に適用される。

　また夫婦財産制は財産法的性格を有していることから，通則法は当事者自治を認め，夫婦は夫婦財産制の準拠法を選択（合意）することができる（26条2項）。この際，選択できる準拠法は夫婦と一定の関係のある範囲に限定されているため，夫婦の一方が国籍を有する国の法（1号），夫婦の一方の常居所地法（2号），不動産に関する夫婦財産制についてはその不動産の所在地法（3号）を選択することができる。この準拠法合意の方式については，日付および署名のある書面によりなすことが定められている（同項）。当事者により夫婦財産制の準拠法が選択された場合の効力については，「その定めは，将来に向かってのみ効力を生ずる」ことになる（同項）。日本において夫婦財産制の準拠法が外国法となる場合には，内国取引の保護が図られ，外国法による夫婦財産制は日本においてなされた法律行為および日本にある財産については，善意の第三者に対抗できない（同条3項）。この場合において，その第三者との関係については夫婦財産制は日本法による。夫婦がなした外国法上の夫婦財産契約については，その内容を登記しておけば，第三者に対抗することができる（同条4項）。

　他方，日常家事債務の連帯責任，婚姻費用の分担，離婚による夫婦財産関係の清算については，夫婦財産制の問題とするかどうかについては諸説がある。

3　離婚関係の国際化

　各国の離婚制度には離婚を禁止する国もある一方，離婚を認める国において

も離婚原因や協議離婚や裁判離婚のような離婚方法などが異なる。日本で裁判離婚が問題となる場合には，離婚について適用されるべき法を決定する前に，日本の裁判所がはたしてその裁判離婚について裁判管轄権を有するかの問題が生じる。通則法は，離婚（27条）と方式（34条）について定めている。前者は裁判離婚をも適用対象とする一方，後者は離婚の準拠法により裁判外の離婚が認められる場合に問題となる。

(1) 外国人配偶者と協議離婚することができるのか？

　国際離婚については，通則法27条によれば，通則法25条の準用により，第1に夫婦の同一本国法，第2に夫婦の同一常居所地法，第3に夫婦の最密接関係地法が段階的に適用される。ただし，夫婦の一方が日本に常居所を有する日本人であるときは，離婚の準拠法は日本法となる（いわゆる日本人条項）。

　なぜなら，夫婦の同一本国法や同一常居所地法がない場合において，日本の戸籍窓口に協議離婚届が提出されたときには，夫婦の最密接関係地法が日本法であるならば受理することになるが，形式的審査権しかもたない戸籍窓口にとって最密接関係地法が日本法であるかどうかを判断することは容易ではないからである。したがって，実質的な密接関係地となると思われる日本法を準拠法とするために，一方の当事者が日本に常居所を有する日本人であるときには日本法を適用する日本人条項を設けたのである。

　協議離婚の方式については身分的法律関係の方式に関する準拠法による（通則法34条）。したがって，協議離婚は，離婚の準拠法または離婚の行為地法のいずれかが定める方式によって有効に成立することとなる。

(2) 離婚制度がない国の外国人と婚姻した日本人は離婚できるのか？

　離婚により生ずる婚姻の解消という直接的効果，すなわち離婚の許否，離婚の機関および方法，離婚原因，婚姻関係の解消は，原則として離婚の準拠法による（通則法27条）。

　たとえば，フィリピン家族法は，原則として絶対的離婚を認めず，法的別居（相対的離婚）しか認めていない。ただし，フィリピン人と外国人との婚姻が有効に挙行され，その後，外国人配偶者が外国において有効に離婚をして再婚で

きるようになった場合は，フィリピン人配偶者はフィリピン法により再婚する能力を有する（フィリピン家族法26条2項）。このようにフィリピンは離婚を原則的に認めない国であるため，フィリピン人夫と婚姻した日本人妻は日本で離婚できるかどうかが問題となりうる。この場合，両当事者は日本に居住しており，当事者の一方が日本人であるため，日本人条項が適用され，離婚の準拠法として日本法により離婚することができる。日本法が準拠法となる場合には協議離婚も認められる。

　各国には法律の定める有責事由があるときに限り離婚を認める有責主義と，婚姻関係が破綻したことを離婚原因とする破綻主義があるが，多くの国は離婚原因に有責事由を残しつつ無責事由を加える制度をとっている。いかなる原因があれば離婚が認められるかという離婚原因についても離婚の準拠法による。

　各国の離婚制度の中には裁判所の裁判による離婚だけを認める国が多い。たとえば，通則法27条により，夫婦の同一本国法として外国法が離婚の準拠法となった場合，その外国法上の離婚を日本で行うためには日本のいかなる機関がそのような権限を有するのかは，離婚の準拠法たる外国法による。この際，離婚の準拠法たる外国法が厳格な裁判離婚だけを認めている場合，日本の離婚裁判においては調停前置主義が採られていることから，日本の家庭裁判所における調停または審判離婚ができるかが問題となりうる。これについては，裁判所が調停または審判に関与することを重視し，また調停・審判が判決と同一の効力を有することから，家庭裁判所の実務上これを肯定する取扱いも多くされている。

⑶　離婚に伴う慰謝料・財産分与はどう決まるのか？

　離婚に伴う効果として離婚の際の親権者指定，離婚に際しての財産的請求権については離婚の準拠法によるか否かが問題となる。離婚する夫婦に未成年の子がいる場合，その子の親権者・監護権者の決定については離婚の問題ではなく，親子関係の問題（通則法32条）とするのが多数説，判例および戸籍実務である。

　離婚に際しての財産的請求権には，①夫婦財産の清算，②有責配偶者に対する慰謝料，③離婚後の扶養料が含まれる。①離婚に伴う財産的請求権におい

て，財産分与における一方の持ち分の実質的清算の要素については，夫婦財産制との関係が問題となるが，夫婦財産制による清算がなされた後の問題は離婚の準拠法による。②有責配偶者の慰謝料のうち，離婚そのものを原因とする慰謝料については離婚の準拠法によることに学説の争いはないが，離婚に至るまでの個々の行為を原因とする慰謝料についてはこれを離婚の準拠法とする説と，一般の不法行為の準拠法とする説に分かれる。③離婚後の扶養料については「扶養義務の準拠法に関する法律」4条1項により離婚について適用された法による。

　離婚した後，婚姻前の氏に復氏するか，それとも婚姻中の氏を継続することができるかについて離婚の準拠法によるのが従来の通説であるが，当事者の本国法とする説もある。他方，戸籍実務では外国人と婚姻した日本人が婚姻前の氏に復したいときは，離婚の日から3ヶ月以内に限り，家庭裁判所の許可を得ないで，その旨を届け出ることのみで，復することができるとしている（戸籍法107条3項）。

(4)　裁判離婚はどの国で訴えることになるのか？

　国際婚姻をした夫婦が裁判離婚を提起するためには，どこの国の裁判所がその離婚事件について裁判管轄を有するかが問題となる。2018（平成30）年に人事訴訟法および家事事件手続法が改正され（人事訴訟法等の一部を改正する法律平成30年法律第20号），国際的な要素を有する人事訴訟事件および家事事件の適正かつ迅速な解決を図るため，これらの事件に関して日本の裁判所が審理・裁判をすることができる場合などを定められるようになった。

　これまで離婚事件の国際裁判管轄に関する明文の規定は存在しないと解されることから，従来の判例・学説に委ねられていた。

①　1964（昭和39）年大法廷判決（最大判昭39・3・25民集18巻3号486頁）は，妻Xが元日本国民であったところ，朝鮮人夫Yと戦前に婚姻したが，朝鮮でのY家族との同居に慣習や環境の相違から堪えることができず，戦後すぐにYから離婚の承諾を得て日本に引き揚げてきており，それ以来，夫Yから1回の音信もなく，その所在も不明であったことから，最高裁判所では，原告の住所地である日本の管轄を肯定した。すなわち，訴訟手続上の正義の要求や不均衡の

発生の回避にもつながることを理由に，日本の国際裁判管轄を認めるためには，被告の住所が日本にあることを原則とするが，その例外として原告が遺棄された場合，被告が行方不明である場合そのほかこれに準ずる場合には，原告の住所が日本にあれば，日本の国際裁判管轄を肯定しうると判示した。

　昭和39年大法廷判決の示したルールは，その後の下級審判決においても当初は強い影響を与えたが，住所地管轄の要件の意味が必ずしも明らかではなく，本国管轄が認められるかどうかが未解決であった。

　②　1996（平成8）年判決（最判平8・6・24民集50巻7号1451頁）は，日本に帰国した日本人夫Xからドイツ在住のドイツ人妻Yに対する離婚請求事件において，国際裁判管轄を判断する理念として，「当事者間の公平や適正・迅速の理念」を掲げ，これにより条理に従って決定するのが相当であると判示した。また，国際裁判管轄についてのルールとして，被告の住所地の管轄を当然としつつも，他方で，被告が日本に住所を有さない場合であっても，原告の住所やそのほかの要素から日本の管轄を肯定すべき場合もあるという判断を示した。そして，このルールにもとづく管轄の判断基準について，「応訴を余儀なくされることによる被告の不利益に配慮すべきことはもちろんであるが，他方，原告が被告の住所地国に離婚請求訴訟を提起することにつき法律上又は事実上の障害があるかどうか及びその程度をも考慮し，離婚を求める原告の権利の保護に欠けることのないよう留意しなければならない」と判示した。

　この事件は，すでにドイツにおいてドイツ人妻から日本人夫に対して離婚訴訟が提起され，ドイツでは離婚判決が確定していたが，この判決は日本では外国離婚判決の承認要件（後述参照）を欠く（ドイツの裁判所では，日本人夫に対して公示送達がされ，夫は応訴をしていなかった）ために離婚の効力が認められず，婚姻関係が日本においていまだ終了していないという事件であった。最高裁判所は日本人夫としては日本で離婚訴訟を提起する以外に方法がないことを考慮し，結局，原告の住所地である日本の国際裁判管轄を肯定したのである。

　1964（昭和39）年大法廷判決と1996（平成8）年判決は，いずれも原告住所地である日本の管轄を肯定したものである。しかし，この2つの判決は事案を異にしており，両判決の間で使用された文言・表現において相当の相違があることから，この点をめぐって諸説に分かれていた。

2018（平成30）年の改正により，夫婦の一方または双方が外国籍を有する夫婦間において提起された離婚訴訟事件について，ⅰ）被告の住所（住所がない場合または住所が知れない場合には，居所）が日本国内にあるとき（1号），ⅱ）その夫婦が共に日本の国籍を有するとき（5号），ⅲ）その夫婦の最後の共通の住所が日本国内にあり，かつ，原告の住所が日本国内にあるとき（6号），ⅳ）原告の住所が日本国内にあり，かつ，被告が行方不明であるときなど，日本の裁判所が審理及び裁判をすることが当事者間の衡平を図り，または適正かつ迅速な審理の実現を確保することとなる特別の事情があるとき（7号），日本の裁判所で審理・裁判をすることができる（改正人事訴訟法3条の2）。

改正人事訴訟法は従来の実務の運用と大きく異なるものではないが，国際裁判管轄が明文化され，日本の裁判所で審理される場合が明確になったといえよう。

(5) 外国の離婚判決は日本で認められるのか？

多くの国は，外国の裁判所で裁判離婚がなされた結果，離婚判決が下された場合，自国の国内法や条約によって自主的に外国離婚判決の効力を認めてきている。日本は一定の要件を満たす外国の判決について不均衡な法律関係が生じないように外国の判決が外国国家機関の判断である限りにおいて，日本でその判決効を自動的に承認する制度を設けている。

民事訴訟法118条は，外国裁判所の判決の効力が日本で承認されるかどうかについて外国判決の承認要件を定めている。これによると，①外国裁判所の確定判決であること（同条柱書），②判決裁判所に国際裁判管轄があったこと（1号），③適切な送達が敗訴の被告に対してなされていたこと（2号），④判決の内容と訴訟手続が日本の公序に反しないこと（3号），⑤判決国と日本との間に相互の保証があること（4号）の各要件が満たされている場合，当該外国判決の効力は日本において承認される。

外国裁判所の確定判決の効力を定めている民事訴訟法118条は財産関係事件に関する外国判決を対象とするため，外国の離婚判決についても同条が適用されるかどうかが問題となった。裁判例（東京地判昭46・12・17判時665号72頁等），戸籍実務および通説は，民事訴訟法118条を直接に外国の離婚判決にも適用す

◆コラム14-2　外国で代理母から生まれた子の法律上の親は誰なのか？

　代理出産などの生殖補助医療によって子が出生する場合，生まれた子は依頼人夫婦と代理母のいずれかと親子関係が成立するかが問題となる。代理母から生まれた子の法律上の親子関係の成立について，各国の実質法は非常に対立する。日本の民法（779条）は，非嫡出子とその父との親子関係の発生には認知を要するが，判例によれば，母子関係は分娩の事実により当然に生じると解している（最判昭37・4・27民集16巻7号1247頁）。生殖補助医療が国境を越えて行われることが多いため，代理母による出産を認める外国で日本人女性が代理母により子を得た場合には，その子の法律上の親子関係をどうするかという国際的な親子関係の問題が生じる。この際には，生まれてきた子の国籍や，依頼者夫婦との養子縁組可能性などの問題も生じる。

　日本の現行法は代理懐胎を認めないが，外国で依頼者夫婦と生まれてきた子との間で親子関係に関する裁判がなされている場合，当該裁判が民事訴訟法118条の適用ないし類推適用によって日本で承認されるかが問題となる。

　最高裁判所（最決平19・3・23民集61巻2号619頁）は，日本人夫婦が米国での代理出産でもうけた双子の男児の出生届を受理するよう東京都品川区に求めた家事審判において，米国ネバダ州の裁判所により日本人夫婦が代理母契約で代理出産を試み，生まれた双子の法的な実の親として日本人夫婦を認めていることから，この米国ネバダ州裁判所による裁判の効力が日本で認められるかが争点となった。この事件は依頼者夫婦の精子と卵子から体外受精で作られた受精卵によって代理母が懐胎および分娩を行ったものであった。

　原審（東京高決平18・9・29判時1957号20頁）は，依頼人夫婦を法律上の親であると認めた外国裁判所の非訟裁判が承認されるか否かを民事訴訟法118条により判断する方法をとった。そして当該裁判は，公序要件をはじめとする日本の承認要件をみたしており，日本で承認されると判示した。これに対し，許可抗告を受けた最高裁判所は，「民法が定める場合に限って親子関係を認めるのが法の趣旨」とした上で，「民法が認めていない場合に親子関係の成立を認める外国の裁判は公の秩序に反する」として，当該外国裁判を承認することは民事訴訟法118条3号の公序に反するとの結論を下していることから，出生届の不受理が確定した。

　その後，2006（平成18）年11月30日に法務大臣および厚生労働大臣より，「生殖補助医療をめぐる諸問題に関する審議の依頼」が日本学術会議になされ，同会議は2008（平成20）年4月16日に回答をしていて，当面，代理懐胎は原則禁止とすることが望ましいと提言している。

るものと解していた。前述の2018（平成30）年の改正により，身分関係事件を，人事訴訟事件における確定判決と，家事事件における終局裁判とに分けて，いずれにも民事訴訟法118条が適用ないし準用されることになった。（前者につき現行法からの変更はなく，後者につき改正家事事件手続法79条の2新設）。

　他方，外国に居住する日本人が外国法に従い当事者の合意にもとづく協議離婚が行われた場合は，外国の離婚判決は存在しないから，民事訴訟法118条に

よって解決されるのではなく，日本の国際私法が定める離婚の準拠法に従って有効なものでなければならない。すなわち，通則法（27条や34条）によって指定される離婚の準拠法に従うという要件を満たす場合に，外国で行われた協議離婚は日本で効力をもつことになる。

4　親子関係の国際化

自然的な親子関係において嫡出・非嫡出親子関係を区別していない国もあるが，民法ではこれを区別していることから，通則法は嫡出である子の親子関係の成立（28条），嫡出でない子の親子関係の成立（29条），準正（30条）を区別し，養親子関係（31条），そして成立した親子間の法律関係（32条）について定めている。

(1)　嫡出・非嫡出親子関係の区別がない国の外国人の親とその子はどのような親子関係となるのか？

嫡出親子関係とは，法律上の婚姻関係にある男女から生まれた子として法的地位を認めるものである。子が嫡出子であるかどうかについて，夫婦の一方の本国法で子の出生の当時におけるものにより子が嫡出となるべきときは，その子は嫡出であるとする（通則法28条1項）。これは抵触法上の両性平等の実現と子の嫡出子という身分関係の成立を容易にするため，子の出生当時の夫婦の一方の本国法により子の嫡出性が認められれば嫡出子とするものである（選択的連結）。夫が子の出生前に死亡したときは，その死亡の当時における夫の本国法を夫の本国法とみなす（同条2項）。一方，嫡出子と非嫡出子の区別がない国においては国際私法上も両者を区別せず準拠法を定めている。

嫡出親子関係の成立の準拠法は，嫡出親子関係をめぐるすべての問題，すなわち，いかなる条件の下に子を嫡出とみるかという嫡出推定，嫡出否認に関する諸問題（嫡出否認の許容性および要件，否認権者，嫡出否認の方法および否認権の行使期間），誤想婚・無効婚から出生した子の嫡出性などの問題に適用される。

(ア)　日本人A女がF国人B男と婚姻した後，199日目にCが生まれた。日本

民法772条によれば，婚姻成立の日から200日を経過した後に生まれた子は，婚姻中に懐胎したものと推定され，夫の子と推定される。Ｆ国法によれば，婚姻成立後190日後に出生した子は嫡出推定を受ける。ＣはＡＢ夫婦の子として推定されるのか。

(イ)　Ｃが嫡出推定を受ける場合，Ｂがその嫡出否認をしたいときは，どうすればよいのか。日本民法777条によれば，夫が子の出生を知った時から1年以内に嫡出否認の訴えを提起しなければならない。Ｆ国法によれば，原則として子の出生を知った時から2年以内に嫡出否認の訴えを提起しなければならない。

(ウ)　ＣがＡＢの婚姻後，210日目に出生した場合はどうなるか。Ｃは日本法およびＦ国法によってもＢの子として嫡出の推定を受ける。ＢがＣの嫡出性を否認するには，どうすればよいのか。

　設例(ア)では，通則法28条1項により，日本人Ａ女の本国法として日本法が準拠法となりＣは嫡出の推定を受けないが，Ａ女の夫の本国法としてＦ国法によればＣが嫡出推定を受ける場合，Ｆ国法がその嫡出性を否認しない限り，Ｃの嫡出性は認められる。

　設例(イ)では，嫡出否認は嫡出推定と表裏一体をなすことから，通則法28条1項により，夫婦の一方の本国法によってのみ，嫡出の推定を受ける場合には，その法によって嫡出否認が可能であれば，嫡出否認できる。したがって，ＢはＦ国法によりＣの出生を知った日から2年以内に嫡出否認の訴えを提起しなければならない。

　設例(ウ)では，通則法28条1項が適用されるが，多数説・判例（水戸家審平10・1・12家月50巻7号100頁）によれば，ＡＢ夫婦の本国法の双方がＣの嫡出性を認めている場合には，そのいずれによっても嫡出性が否認されない限り，その嫡出性は否認されない。したがって，Ｂは日本法により，Ｃの出生を知ってから1年以内に嫡出否認の訴えを提起する必要がある。

　なお，嫡出親子関係の成立に関する準拠法の決定において，子の嫡出性を認める夫婦の一方の本国法を準拠法とする選択的連結を採用することから，このような場合に学説の多くは当然に反致すると解しているが，日本法への反致（通則法41条）は認められないというのが有力な見解である。

⑵　婚姻していない実父母と子はどのような親子関係となるのか？

　各国の実質法は，嫡出・非嫡出親子関係を区別していない国もある一方，非嫡出親子関係の成立において出生という事実によって当然に親子関係の成立を認める事実主義と，親による認知などの一定の方式を要求する認知主義とがある。渉外的要素を含む非嫡出親子関係の成立において，どこの国の法律によるのか，その法律によれば，まず事実主義によるのか，認知主義によるのかが問題となる。

　事実主義と認知主義とをともに対象とする非嫡出親子関係の成立において，父子関係については子の出生の当時における父の本国法により，母子関係についてはその当時における母の本国法により，子が非嫡出子となるかどうかがそれぞれ判断される（通則法29条1項前段）。父が子の出生前に死亡した場合は，その死亡時における父の本国法が子の出生時の父の本国法とみなされる（同条3項前段）。

　他方，認知主義による場合において，まず父子関係については，①子の出生時における父の本国法（通則法29条1項），②認知時における父の本国法，または③認知時における子の本国法（同条2項）のいずれかの選択的連結がなされ，これらのいずれかにより子が非嫡出子と認められる場合には非嫡出父子関係が成立することとなる。母子関係についても同様に，①子の出生時における母の本国法（同条1項），②認知時における母の本国法，または③認知時における子の本国法（同条2項）が適用される。また通則法29条2項の下に胎児認知がなされる場合の子の本国法については，認知当時の母の本国法とすると解されている。なお，認知前に認知者または子が死亡した場合には，その死亡時における本国法がその者の本国法とみなされる（同条3項後段）。

　非嫡出親子関係の成立の準拠法は，事実主義の場合には親子関係成立の方法など，認知においては認知の許否，認知能力，認知に必要な一定の者の同意・承諾，遺言認知や死後認知の許否，死後認知の出訴期間などの問題に適用される。

　認知の方式については，身分的法律行為の方式（通則法34条）によるので，認知の成立の準拠法によるほか，行為地法による方式も有効となる。裁判例（横浜地判平元・3・24家月42巻12号37頁等）として，出生届による認知の効力が認められるかについて，方式の問題として行為地法たる日本法を適用したものが

ある。

(3)　子の出生後に婚姻した実父母とその子はどのような親子関係となるのか？

　本来は嫡出でない子に嫡出子の身分を取得させることを準正という。各国の実質法には，認知によってまず親子関係が確定された後に父母が婚姻した場合の婚姻による準正と，父母が婚姻した後に認知によって親子関係が確定した場合の認知による準正，国家機関による宣言（嫡出宣言）などによって嫡出子たる身分を与えている制度などがある。渉外的要素を含む準正の成立については，婚姻による準正，認知による準正，裁判所などの公的機関の宣言を必要とするか，子の死亡後の準正が認められるかについてどこの国の法律が適用されるかが問題となる。

　子は，準正の要件である事実が完成した当時における父もしくは母または子の本国法により準正が成立するときは，嫡出子の身分を取得する（通則法30条1項）。両性平等の実現と子の保護を図るため，父または母の本国法のほかに子の本国法によってもよいとする選択的な連結を採用し，この基準時は要件事実の完成時としたのである。

　準正の準拠法は，準正の許否，その態様，遡及効の可否などに適用される。準正の準拠法により判断されるのは，子の嫡出性の取得についてのみである。すなわち，準正の効力は子の嫡出性の取得という直接的効果にとどまる。準正の成立は非嫡出親子関係の成立が認められた後に問題となるため，たとえば，母の本国法が事実主義を採用し，父の本国法が認知主義を採用する場合，父の認知がなければ，母の本国法により準正が成立する場合であっても，父母の婚姻のみでは準正は成立しない。

　なお，準正自体は独立の法律行為ではないので，その方式は問題とならない。

⑷　日本人夫婦が外国人の子を養子縁組することができるのか？

　養子縁組が禁止されている国もあることから，国際養子縁組においてはそもそも養子縁組が認められるかが問題となる。また養子縁組を認めている国の場合，養子縁組の成立と効力において2つに大別される。養子縁組の成立におい

ては，①当事者間の合意により養子縁組が成立し，裁判所そのほかの公的機関の関与は子の福祉を確保するための審査にすぎないとする契約型の制度があり，②裁判所そのほかの公的機関の決定や判決によって養子縁組が成立するものとする決定型の制度がある。養子縁組の効力においては，①養子と実方との血縁関係が終了する断絶型の制度と，②そうでない非断絶型の制度がある。このような各国の養子縁組制度は，親のためから子の福祉のために，実質法上の制度目的が変化してきているため，国際的な養子縁組においてもどのように子の利益を図ることになるかが問題となる。

養子縁組は，縁組の当時における養親となるべき者の本国法による（通則法31条1項前段）。これは，養親子の生活は通常は養親を中心としたものになると考えられたので，養子縁組の準拠法を養親の本国法としたのである。国籍を異にする夫婦が夫婦共同養子縁組をする場合には，養親となる夫婦の夫，妻それぞれについてその本国法を適用することになる。したがって，夫婦いずれか一方の本国法上の要件を満たさない場合，たとえば夫の本国法上養子縁組が認められる場合には，妻の本国法上養子縁組が認められない場合であっても，夫婦共同養子縁組は成立せず，夫についての単独養子縁組のみが成立することになる。

他方，養子となるべき者の本国法によればその者もしくは第三者の承諾もしくは公的機関の許可そのほかの処分があることが養子縁組の成立の要件であるときは，その要件をも備えなければならない（同条1項後段）。このような条項をセーフガード条項という。養子の本国法は，承諾，同意，許可などが必要かどうかのみを判断するものに限られる。すなわち，養親の本国法と養子の本国法上のセーフガード条項が存在する場合には，養子縁組の成立において，養親の本国法と養子の本国法を累積的適用することになる。

したがって，養親の本国法が養子縁組を認めているならば，養子の本国法が養子縁組を認めていない場合であっても，養親の本国法により養子縁組は成立する。また養親の本国法上断絶型養子縁組制度があれば，養子の本国法上断絶型養子縁組制度がなくても，養親の本国法により断絶型養子縁組は成立する。養子の本国法による場合，第三者の承諾を必要とするときの第三者の範囲については見解が分かれている。なお，セーフガード条項の趣旨に照らして，日本

法への反致（通則法41条）は適用されないとするのが有力な見解である。戸籍
実務においても反致は認められていない（平成元年基本通達第4の1(2)を参照）。

　養子縁組の準拠法は，養子縁組の許否，養子・養親の年齢および年齢差な
ど，法定代理人による代諾などの養子縁組に関する要件について適用される。
養子縁組の準拠法となる外国法によれば，普通養子に関しても裁判所の決定を
要すると規定している場合に，そのような制度がない日本（普通養子制度におけ
る家庭裁判所の許可は子の福祉を確保するための審査にすぎない）での扱いをどのよ
うにするかが問題となる。これについて見解は分かれているが，戸籍実務は日
本の特別養子縁組で採られる審判手続で代行するものとしている。

　各国の実質法上，断絶型養子縁組制度のみを有する国においては，養子とそ
の実方の血族との親族関係が終了するか否かが問題となる。1988（昭和63）年
に日本の民法（817条の2以下）において特別養子制度（断絶型）が導入されたこ
とから，通則法においてもこれについて明文規定を設けることになり，養子と
実方の血族との親族関係の終了については縁組当時の養親の本国法による（通
則法31条2項）。これは養子縁組の成立準拠法と同じ準拠法を適用するものであ
るが，養子縁組の成立と養子とその実方の親族関係との断絶という効果は不可
分のものであると考えられたからである。

　養子縁組の解消という離縁についても，縁組当時の養親の本国法による（通
則法31条2項）。各国の実質法上，断絶型の養子縁組の離縁に対しては厳しい要
件を設けているが，普通養子縁組はそれよりは緩和された要件の下に離縁を認
めている。したがって，断絶型養子縁組の離縁においては，当該養子縁組の成
立の準拠法と同じ法を適用することとされたのである。

　なお，養子縁組の方式は，法律行為成立の準拠法として養親の本国法，ある
いは行為地法による（通則法34条）。

(5)　国際的な親子関係の法律関係

　成立した親子間の権利義務関係（通則法28条～31条），すなわち親権の内容に
ついては，父または母の本国法が子の本国法と同一であるときは子の本国法に
より，これらの本国法が同一でないときには子の常居所地法によることとなる
（通則法32条）。

◆コラム14−3　国境を越えた子の不法な連れ去りの場合，子の返還
　　　　　　を求めることができるのか？

　国際離婚の増加に伴い，婚姻生活が破綻した際，一方の親がもう一方の親の同意を得ることなく，子を自分の母国へ連れ出し，他方の親に面会させないといった「子の連れ去り」が問題視されるようになった。「国際的な子の奪取の民事上の側面に関する条約」（1980（昭和55）年10月25日ハーグ国際私法会議採択，1983（昭和58）年12月1日発効，2022（令和4）年11月14日現在において締約国は103ヶ国）は，国境を越えた子の不法な連れ去りや留置をめぐる紛争に対応するための国際的な枠組みとして，子を元の居住国に返還するための手続や国境を越えた親子の面会交流の実現のための締約国間の協力等について定めたものである。

　日本は，2013（平成25）年の第183回通常国会において5月22日にハーグ条約の締結が承認され，6月12日に「国際的な子の奪取の民事上の側面に関する条約の実施に関する法律」が成立した（2014（平成26）年4月1日発効）。日本人と外国人の間の国際結婚・離婚に伴う子の連れ去りなどに限らず，日本人同士の場合も対象となる。

　日本がハーグ条約を締結したことによって，双方の国の中央当局（日本は外務大臣）を通じた国際協力の仕組みを通じ，子を連れ戻すための手続（子の監護に関する手続は子が元々居住していた国で行うことが望ましいため，不法に連れ去り・留置された子は，原則として元の居住国（常居所地国）へ返還するが，子が心身に害悪を受ける重大な危険がある場合などは例外となる。）や親子の面会交流の機会の確保（不法な連れ去り等の有無は関係ない）のための手続を進めることが可能になった。

　上記の実施法28条1項には，子の返還拒否事由として6種類が定められていて，これらの要件に1つでも該当する場合は，子を常居所地国に返還することが拒否できる。ハーグの子奪取条約13条1項（b）に対応している実施法28条1項4号は，返還拒否事由として重大な危険を定めている。すなわち，常居所地国に子を返還することによって子が身体的もしくは精神的な害を受け，または他の耐え難い状態に置かれることとなる重大な危険がある場合に，返還の例外，すなわち返還拒否事由として認めている。ところが，締約国の間では重大な危険に関する解釈につき必ずしも一致していないこともあって，2020（令和2）年にはハーグ国際私法会議による実務ガイドが出され，各締約国における実務の運用において指針を与えている。

　裁判で子の引渡しが命じられても，相手方が任意に子を引き渡してくれない場合，強制執行の手続をとる必要がある。旧民事執行法には子の引渡しの強制執行の明文の規定がなく，間接強制のほか，動産の引渡しの強制執行の規定（民事執行法169条）を類推適用してきた。しかし，子の引渡しを命ずる裁判の実効性を確保するとともに，子の心身に十分な配慮をするなどの観点から，2019（令和元）年に民事執行法および実施法が改正され，国際的な子の返還の強制執行に関する規定も同様の改正がなされている。

　国内の子の引渡しの強制執行の場面（日本国内で本来共に暮らすべき親等に子を引き渡す場面）と，国際的な子の返還の強制執行の場面（国境を越えて連れ去られた子を元々いた国に戻す場面）のルールを整備した。したがって，一定の要件を満たせば間接強制を経ずに直接的な強制執行を申し立てることができ，直接的な強制執行を行う場所に，債務者（子の引渡しや返還しなければならない人）の同席は不要となった（その代わりに，子の引渡しや返還を求めている債権者が執行の場所に出頭することを原則化した）。

　親子間の法律関係の準拠法は，まず親権について，親権者の決定・変更・消滅に適用される。親権の内容として，身上監護については子の監護権・居所指定権・懲戒権・職業許可権や，財産管理については子の財産管理権，法定代理権などが含まれる。

　離婚する夫婦に未成年の子がいる場合に，その子の親権者・監護権者の決定が問題となる。多数説，戸籍実務および裁判例は，離婚の問題として離婚の準拠法によるのではなく，親子間の法律関係の準拠法によるとする。

5　親族関係の国際化

　親族関係の国際化により，後見，扶養などについての問題が生ずる。

⑴　外国人の親に対して成年後見を行うことができるのか？

　日本の民法は，精神上の障害によって判断能力が不十分である状態にある者について，国家機関がその者を制限行為能力者と決定し，本人の保護および本人を取り巻く一般社会の公益保護を図るために，成年後見・保佐・補助制度を設けている。このように判断能力の程度によって成年後見の類型を区別する国もあれば，これを区別しない国もある。渉外的要素を有する後見が問題となる場合，通則法5条は，成年後見・保佐・補助（以下，「成年後見」という）開始の審判について対象者の判断能力の程度が異なるだけであり，制度趣旨自体は同一であるため，これを区別せず，すべてを一本化して定めている。

　まず，成年後見開始の審判は公的または国家的機関による決定であるので，その国家的管轄が問題となる。すなわち，成年後見を受けるべき本人が，①日本に住所もしくは居所を有するときまたは日本の国籍を有するときに，日本の裁判所の管轄が肯定される（通則法5条）。住所地管轄，そして在外日本人の保護などの観点から日本人についても本国管轄が認められたのである。日本において日本法により成年後見開始の審判がなされる場合には，成年後見人の選任の審判，そのほかの後見などに関する審判についてはすべて日本法による（通則法35条2項後段）。通則法5条と同様の内容の管轄規定が未成年後見人の選任の審判事件についてのみ定められている（改正家事事件手続法3条の9）。

未成年後見および成年後見などの問題については，原則として被後見人の本国法による（通則法35条1項）。後見の準拠法は，後見の開始原因，後見人の資格・選任・解任，後見人の権利義務，後見の終了原因などの問題に適用される。

　他方，外国裁判所で選任された後見人が日本で後見人としての活動（権限行使）をすることができるかが問題となりうる。いわゆるマリアンヌちゃん事件（東京高判昭33・7・9家月10巻7号29頁）では，日本に居住していたスウェーデン人母が，死亡直前にスウェーデン人である未成年の子マリアンヌの養育を日本人に託して死亡したが，母の死亡後にスウェーデンで選任された後見人がマリアンヌの引渡しを求めたのであり，後見人の権限について後見の準拠法たるスウェーデン法を適用し，マリアンヌの引渡しが認められた。

　近時は，外国でなされた後見人などの選任の裁判について，国家の後見的役割にもとづく裁判であって，非訟事件の中でも争訟性が弱い類型のものであるから，後見の準拠法ではなく，外国非訟裁判の承認という方法で処理すべきという見解（民訴法118条の間接管轄（1号）と公序の要件（3号）のみを準用する）が有力である。前述の2018（平成30）年の改正により，外国裁判所の家事事件についての確定した裁判については，その性質に反しない限り，民事訴訟法118条の規定を準用することになる（家事事件手続法79条の2）。

(2)　外国人の親に対して子は養育費を請求することができるのか？

　日本は1977（昭和52）年に「子の扶養義務の準拠法に関する条約」（1956（昭和31）年にハーグ国際私法会議採択。以下，「子条約」という）を，1986（昭和61）年に「扶養義務の準拠法に関する条約」（1977（昭和52）年にハーグ国際私法会議で採択。以下，「一般条約」という）を批准した。子条約は相互主義をとっているため条約の形式のままであるが，一般条約は普遍的性格を有することから，国内法化され，「扶養義務の準拠法に関する法律」が制定されたのである。一般条約は，婚姻をしたことのない21歳未満の者に対する扶養義務について一般条約を排除する旨の留保をしていない限り，子条約に代わるものとされており，もっぱら一般条約が効力を有する。

　したがって，夫婦や親子間での扶養義務が問題となる場合には，通則法によ

るのではなく，主に「扶養義務の準拠法に関する法律」という特別法によって決定される。すなわち，扶養義務は扶養権利者の常居所地法によるが，ただし，扶養権利者の常居所地法によれば扶養権利者が扶養義務者から扶養を受けることができないときは，当事者の共通本国法による（2条1項）。さらに扶養権利者の常居所地法でも当事者の共通本国法でも扶養権利者が扶養義務者から扶養を受けることができないときには，扶養義務は日本法による（同条2項）。

　特例として，①傍系親族間および姻族間の扶養義務に関するものと，②離婚をした当事者間などの扶養義務に関するものがある。①において，扶養義務の準拠法によって扶養義務者が扶養義務を負うとされる場合であっても，傍系親族間や姻族間の扶養義務については，扶養義務者が，当事者の共通本国法，それがない場合には，扶養義務者の常居所地法によれば扶養権利者に対して扶養義務を負わないことを理由として異議を述べたとき，その共通本国法または常居所地法にそれぞれよる（3条1項）。②において，離婚をした当事者間の扶養義務は，その離婚について適用された法による（4条1項）。

　扶養義務の準拠法に関する法律の対象は，夫婦，親子その他の親族関係から生ずる扶養義務である（1条）。この法律が定める扶養義務の準拠法は，扶養義務の存否，扶養義務者の範囲，扶養権利者の範囲，扶養義務者の順位，扶養義務の程度や方法，扶養請求権の行使期間，扶養請求権の処分禁止，扶養権利者のためにその者の扶養を受ける権利を行使することができる者の範囲，その行使期間，そして公的機関から費用償還請求を受ける扶養義務者の義務の程度について決定する（6条）。

　扶養義務の準拠法が外国法となる場合，その規定の適用が明らかに日本の公の秩序に反するときは，その外国法は適用されない（8条1項）。とくに扶養の程度については，準拠法となる外国法が扶養権利者の需要と扶養義務者の資力を考慮するものではない場合には，その外国法の基準によるのではなく，扶養権利者の需要と扶養義務者の資力を考慮して，扶養の程度を判断しなければならない（同条2項）。

　なお，扶養義務については反致は認められない（通則法43条）。

6 相続関係の国際化

通則法は，相続の準拠法（36条）と，遺言の成立・効力の準拠法（37条）を定めている。ただし，遺言の成立に関する問題のうち，遺言の方式については「遺言の方式の準拠法に関する法律」によることになる。

(1) 外国人の親の相続において相続人や相続分はどのように決まるのか?

相続とは，ある人が死亡した場合に，その者が有していた財産または身分を承継する制度である。各国の実質法上，ローマ法に由来する被相続人から相続人への直接の財産そのほかの承継を定める包括承継主義と，英米法系でとられる，相続財産がいったん人格代表者に帰属し，その者による管理・清算の後に残余積極財産の相続人への分配と移転が行われる清算主義がある。日本は包括承継主義をとっている。このように各国の実質法上の解決が国により大きく相違があり，渉外的要素を有する相続は争いが多い分野である。

相続の準拠法は被相続人の本国法による（通則法36条）。相続に関する事項は，一括して被相続人を中心とする親族関係の立場を重視するものであり，相続財産の所在地や相続財産が動産であるか不動産であるかを区別していない（相続統一主義）。すなわち，通則法は相続統一主義を採用し，被相続人の本国法によらしめている。なお，相続については反致が認められる（通則法41条）。

相続の準拠法は，相続開始の原因・時期・場所，相続人，相続財産，相続の承認・放棄，相続分，寄与分および遺留分，遺言による相続（遺贈，遺言執行人の指定・選任・権限），相続財産がどのような方法で相続人へ移転するかの問題に適用される。相続人が不存在の場合に相続財産が国庫へ帰属するかの問題については，相続の問題ではなく，むしろ財産所在地に密接な関係を有するので，財産所在地法によるのが多数説である。相続人不存在の場合に特別分与者へ財産が分与されるかの問題についても，相続の問題ではなく，財産所在地法によらしめるのが多数説である。なお，相続権もしくは遺留分などに関する訴えは，相続開始時における被相続人の住所などが日本国内にあるときに，日本の裁判所が国際裁判管轄を有する（民事訴訟法3条の3第12号）。

　　日本に住所を有するＦ国人Ａ男は日本人Ｂ女と婚姻し，Ｃをもうけた。Ａ
は，非嫡出子としてＤをもうけており，遺言なしに，相続財産4200万円を残
して死亡した場合，相続人と相続分はどのようになるのか。日本の民法は子
および配偶者が相続人であるときは，子および配偶者の法定相続分は，各２
分の１とし，子が数人あるときは各自の相続分は相等しいものとすると定め
ている（900条１号・４号前段）。Ｆ国法によれば，被相続人の配偶者が直系
卑属と共同で相続するときには，直系卑属の法定相続分の５割を加算し，嫡
出子と非嫡出子の相続分は均分である。

(ア)　Ｆ国の相続に関する国際私法の規定は，日本の通則法36条と同じく，相
　　続について被相続人の本国法を準拠法とする場合はどうなるのか。

(イ)　Ｆ国の相続に関する国際私法の規定が，相続について統一的に被相続人
　　の死亡時の住所地法を準拠法とする場合はどうなるのか。

　設例(ア)では，通則法36条により，相続人および相続分については被相続人の
本国法としてＦ国法が準拠法となる。また，Ｆ国の国際私法規定によっても相
続の準拠法は被相続人の本国法となるので，日本法への反致は成立しない。し
たがって相続の準拠法となるＦ国法によれば，相続人はＢ・Ｃ・Ｄであり，相
続分はＢが７分の３（1800万円），ＣとＤはそれぞれ７分の２（1200万円）となる。

　設例(イ)では，通則法36条により，相続準拠法となるＦ国法が指定されるが，
さらに，Ｆ国の相続に関する国際私法の規定により，被相続人の死亡時の住所
地法として日本法が指定されている場合（通則法41条）には，反致が成立して
日本法によることになる。したがって，相続の準拠法は日本法となり，相続人
はＢ，ＣとＤであり，相続分はＢが２分の１（2100万円），Ｃが４分の１（1050
万円），Ｄが４分の１（1050万円）となる。

　なお，日本が不動産所在地となる場合，通則法36条および通則法41条によ
り，Ｆ国の国際私法により相続の準拠法について不動産所在地法として日本法
への反致が認められるか否かが問題となるが，通説はこれを認めている。

(2)　満15歳の外国人の子は遺言書を作成することができるのか？

　遺言とは，一定の方式に従った遺言者の死後の法律関係を定める最終の意思

表示である。日本民法上，満15歳から行うことができる遺言は相手方のない単独行為であり，いつでも撤回でき，遺言者の死亡前に何ら法律上の権利を生じさせない。遺言は法定事項に限って行える。

遺言の成立・効力については，遺言成立当時の遺言者の本国法による（通則法37条1項）。ここでいう遺言の成立・効力とは，遺言という意思表示自体の問題を指す。たとえば，遺言の成立に関する遺言能力，遺言の意思表示の瑕疵という成立の問題や遺言の意思表示の効力発生時期という効力の問題がその対象となる。

遺言という意思表示により当事者がなそうとする，その実質的な内容をなす遺贈，認知などという遺言の内容は，それぞれの準拠法による。したがって遺贈については相続の準拠法（通則法36条）によることになり，認知については認知の準拠法（通則法29条）によって判断される。

遺言の取消しの準拠法は遺言取消時の遺言者の本国法による（通則法37条2項）。この際，遺言の取消しとは有効に成立した遺言の撤回のことを指す。意思表示の瑕疵による取消しは，遺言の成立・効力の準拠法によって判断される（同条1項）。後からなされた遺言が先になされた遺言と内容的に矛盾する場合に，どちらが優先するかについては，遺言の取消し（同条2項）ではなく，遺言の実質的成立要件の問題（同条1項）とするのが通説である。

(3) 録音による遺言は有効となるのか？

日本民法上の遺言は要式行為であり，方式に違反する遺言は無効となる。したがって，遺言が有効に成立するためには，自筆証書や公正証書などの一定の方式が要求される。渉外的要素を含む遺言の方式の準拠法は，通則法の特別法として，「遺言の方式に関する法律の抵触に関する条約」（1961（昭和36）年にハーグ国際私法会議採択，日本は1964（昭和39）年に批准）を国内法化した「遺言の方式の準拠法に関する法律」（以下，「遺言方式法」とする）が原則として適用される。

この法律は，遺言保護の観点から，方式の点では遺言ができるだけ有効となるように，遺言は次の準拠法のうちいずれかで有効とされれば，方式上有効となることが原則とされている（遺言方式法2条。遺言優遇の原則）。すなわち，①行為地法，②遺言者が遺言の成立または死亡の当時国籍を有した国の法，③遺

言者が遺言の成立または死亡の当時住所を有した地の法，④遺言者が遺言の成立または死亡の当時常居所を有した地の法，⑤不動産に関する遺言について不動産の所在地法のいずれか１つに適合するとき，遺言は方式に関して原則的に有効となる。録音による遺言ができるかどうかは遺言の方式の問題であり，日本の民法によれば録音による遺言は無効となる場合であっても，上述の①〜⑤のいずれかの法に適合する場合には，録音による遺言は方式上有効な遺言となるのである。遺言を取り消す遺言も方式上保護されている。すなわち，遺言を取り消す遺言の方式は上述の①〜⑤のいずれかの法に適合する場合に加えて，取り消される遺言を有効とする法の要件をみたす場合も有効とされる（遺言方式法３条）。

　日本の民法は共同遺言の禁止を定めているが（民975条），この法律は共同遺言の方式についても適用するものと定めている（遺言方式法４条）。なお，遺言の方式については反致は認められない（通則法43条）。

⑷　外国人の親の遺言書について検認が必要なのか？

　日本の民法1004条は，公正証書以外の遺言書について，家庭裁判所の検認を求めなければならないことを定めている。大陸法系では，遺言書の検認は直接には権利義務関係に影響せず，単に遺言書の偽造・変造を防止し，かつ，遺言書を確実に保存する（証拠保全）ための，検閲・検証手続である。それに対して，英米法系では，相続財産につき，まずこれを人格代表者に帰属せしめ，その後管理清算の処理をなし，残余の積極財産を相続人に分配する手続の一過程において，死者が有効な遺言を残したか否かを確定する実体的な効果をともなう手続である。通則法には，遺言の検認について明文の規定がない。

　どこの国の裁判所に遺言の検認を申し立てるかの国際裁判管轄については，相続開始時における遺言者の住所等が日本国内にあるときに，日本の裁判所が国際裁判管轄を有する（改正家事事件手続法３条の11参照）。

　遺言の検認に関する準拠法を決定する際には，そもそも遺言の検認が手続の問題なのか，それとも実体の問題なのかの問題が生じる。これについては諸説に分かれるが，戸籍実務（昭和25年３月３日家甲第45号家庭局長回答）では，遺言書の状態という事実の検証は，もっぱら手続地の手続に従うものとされている。

⑸　遺言執行者はどのように選任されるのか？

　日本の民法上，遺言執行者とは，遺言の内容を実現するために一定の行為を必要とする場合（たとえば，遺贈，認知，相続人の廃除など），それを行うために特に選任された者である。遺言によって指定された指定遺言執行者と，利害関係人の申し立てによって家庭裁判所から選任された選任遺言執行者とがある。遺言執行者は遺言の執行に必要な一切の行為をすることができる。

　遺言執行者の選任などに関する国際裁判管轄については，相続開始時における遺言者の住所等が日本国内にあるときに，日本の裁判所が国際裁判管轄を有する（改正家事事件手続法3条の11参照）。

　遺言執行は，遺言内容の実現として遺言の内容となっている法律行為に密接にかかわることから，遺言の成立および効力に関する準拠法（通則法37条）ではなく，各法律行為の準拠法によると解されている。裁判例もこれに従うものが多い。これによれば，たとえば，遺言の内容として認知が問題となる場合，遺言執行者の選任については，遺言の準拠法ではなく，認知の準拠法（通則法29条）により判断されることになる。

設題

1)　F国人A男と日本人B女が日本で婚姻し，F国法上の儀式婚を行い，これをもってF国法によれば婚姻の成立が認められる。ところが日本法上の婚姻届を出さなかった場合，A・Bの婚姻は日本において有効となるのか（通則法24条3項ただし書）。

2)　離婚を禁止しているF国のA男と日本人B女は日本で婚姻してから居住していたところ，A・Bは婚姻関係が破綻し，日本で協議離婚をすることができるのか。A・Bに未成年の子C（日本とF国の重国籍）がいる場合，Cの親権者・監護権者の決定はどうなるのか（通則法27条・32条）。

3)　F国人が日本で長期間を居住し，不動産と預金を残して死亡した場合，相続人と相続分はどのように決定されるのか。F国法によれば，動産については被相続人の最後の住所地法，不動産については不動産所在地法による（通則法36条・41条）。

第15章
家族関係の紛争処理
──夫婦・親子・親族間のもつれた糸を解きほぐす紛争処理システム

導 入

2022（令和4）年5月18日，民事訴訟法等の一部を改正する法律（令和4年法律第48号）が成立し（同月25日公布），民事訴訟のIT化が進み，家庭裁判所でも同様にIT化が進んでいる。改正の概要は，①住所，氏名等の秘匿制度の創設（当事者等がDVや犯罪の被害者等である場合に，情報を秘匿して手続を進めることが可能），②ウェブ会議等を利用した弁論準備手続と和解期日の見直し，③ウェブ会議を利用して口頭弁論期日に参加することが可能（家裁の訴訟（人事訴訟等）の口頭弁論は，公布から2年以内の政令で定める日から1年6月以内の政令で定める日からウェブ会議を利用して参加可能），④人事訴訟・家事調停におけるウェブ会議を利用した離婚・離縁の和解・調停の成立等（人事訴訟・家事調停において，出頭しなくとも，ウェブ会議を利用して，離婚・離縁の和解・調停を成立させたり，合意に相当する審判の前提となる合意をしたりすることが可能），⑤オンライン提出，訴訟記録の電子化，法定審理期間訴訟手続の創設など（改正法の全面施行），2025（令和7）年までの間に段階的に施行される（https://www.moj.go.jp/MINJI/minji07_00316.html を参照）。

1　家族関係をめぐる紛争処理制度──最新の動向

(1)　解決困難な事案に立ち向かう家裁

　家族関係の紛争を通常の訴訟手続に委ねると，法的判断に重心がおかれ，公開の法廷で感情的な対立が一刀両断的に処理され，当事者間にしこりを残したまま終わってしまうおそれがある。家族関係の紛争は，法的観点から判断するだけでなく，相互の感情的対立を解消することも等しく求められている。そのため家庭裁判所（以下，「家裁」とする）には家裁調査官が配属され，心理学・

社会学等の知識・技法を駆使して事実調査や人間関係の調整が行われている。家裁は，紛争の背景にあるさまざまな原因を探り出し，家族関係のさまざまな問題を両当事者の互譲によって円満に解決することを重視し，事案に応じた適切な措置を講じ，将来を見越した解決を図るという理念に基づいて紛争解決に当たっている。

　このように，家裁は非公開の手続で，家庭や親族間で起きたさまざまな問題を円満に解決すべく，職権主義の下で具体的妥当性を図りながら処理することが可能な仕組みになっている。家裁は後見的な見地から，紛争解決にあたって，個人のプライバシーに配慮して柔軟な解決を目指してきた。ただ，調停前置主義（人事訴訟にいきなり進むのではなく，まず家事調停を行って話し合う仕組み）となっているため，家裁の家事調停がうまくいかず，改めて人事訴訟によって解決したい場合に，これまでは家裁ではなく地方裁判所に訴訟を起こさなければならない等の問題もあった。

　しかし，2004（平成16）年から人事訴訟法（以下，「人訴」とする）の施行に伴い，夫婦，親子等の関係をめぐる訴訟についても家裁の管轄になり，家事調停も人事訴訟も家裁に一本化されて，前述した問題は回避された。さらに家裁では，関連請求の併合（人訴17条：人事訴訟に関連する損害賠償請求の審理が，家裁でできる）や附帯処分（人訴32条：離婚訴訟において，子の監護者を指定したり，財産分与を決めたり，あるいは養育料の支払いなどについても併せて裁判を行うことができる）も1つの訴訟で同時に審理可能になった。2013（平成25）年1月1日から，それまでの家事審判法に代わって制定された家事事件手続法（以下，「家事」とする）の対象となる事件は，①家事審判のみによる事件（家事「別表第1事件」），②家事審判でも家事調停でもよい事件（家事「別表第2事件」），③一般調停事件（離婚や相続事件等「民法等に規定する事件」。家庭内の一般事件では調停前置主義から，いきなり訴訟の提起はできない）の3種類がある。別表第1事件は，家事事件手続法での別表第1に規定されており，家事事件手続法施行前までは，おおむね，家事審判法における甲類（審判）事件と呼ばれていた家事事件が多く含まれている。別表第2事件は，家事事件手続法での別表第2に規定されており，家事事件手続法施行前までは，おおむね，家事審判法における乙類事件と呼ばれていた家事事件が多く含まれている。改正最新情報は裁判所ウェブサイ

ト（http://www.courts.go.jp/）からいつでも得ることができるので，申立書の書
式・内容等も含めて裁判所ウェブサイトを活用してほしい。

(2)　家族関係紛争に関わる手続法の動向

　家族や親族の身分に関係する訴訟についての手続である「人事訴訟手続法」
（明治31年法律第13号）が改廃され，新法として「人事訴訟法」（平成15年法律第
109号）が，2004（平成16）年4月1日より施行された。また，「非訟事件手続
法」（平成23年法律第51号）」（以下，「非訟」とする）および「家事事件手続法」（平
成23年法律第52号）が，「非訟事件手続法及び家事事件手続法の施行に伴う関係
法律の整備等に関する法律」（平成23年法律第53号）とともに，2011（平成23）年
5月19日に成立し，2013（平成25）年1月1日に施行された。改正前の「非訟
事件手続法」（明治31年法律第14号）および「家事審判法」（昭和22年法律第152号）
は表現が難解で，現代的な状況に対応していなかったが，今回の改正で国民が
利用しやすく，現代社会に適合した内容になった。この家事事件手続法の施行
に伴い，家事審判法は廃止されることになった。

(3)　家裁の理念と役割

　家裁は，紛争や非行の背景にある原因を探り，家族関係をめぐる紛争が円満
に解決され，非行を犯した少年が健全に更生していくことを第1に考え，各事
案に応じた適切妥当な措置を講じ，将来を展望した解決を図るという理念にも
とづき，紛争解決の役割を担った裁判所である（本章では，非行を犯した少年に
関する内容は扱わない）。

　前述したように，離婚や離縁，子どもの認知や否認，親子関係の確認など，
家族や親族の身分に関係する訴訟（人事訴訟）についての手続である人事訴訟
手続法が司法制度改革の一環として廃止され，人事訴訟法として新生した改革
により，家裁で家事調停も人事訴訟も一本化されることになった（人訴4条）。
第2に，関連請求（人訴17条）や附帯処分（人訴32条）も1つの訴訟で同時に審
理可能になった。第3に，参与員（専門資格者や社会経験の豊富な人たち等）の活
用（人訴9条）により一般国民の良識を反映させることができるようになった。
第4に，人事訴訟では裁判官の全員一致で「陳述をすることにより社会生活を

273

営むのに著しい支障を生ずる」等の要件を充たせば，尋問の公開を停止できるようになった（人訴22条）。第5に，たとえば「裁判上の和解による離婚」が可能になった（人訴37条）。これまでは，離婚訴訟中に当事者間で離婚の合意が成立しても，訴えを取下げて，協議離婚するか調停離婚しか選択肢がなかったが，法改正により，訴訟上の和解で直ちに離婚成立が可能になった。第6に，離婚訴訟等に付随する親権者の指定・養育費・財産分与の決定の裁判をするに際して，家裁調査官が事実の調査を行い，それを審理に活用することが認められた（人訴33条・34条）。

(4) 家族関係をめぐる紛争の事件類型

裁判所ウェブサイト（http://www.courts.go.jp/saiban/syurui_kazi/kazi_02/index.html）によれば，審判事件は，家事事件手続法別表第1に掲げる事項に関する事件（別表第1事件）と家事事件手続法別表第2に掲げる事項に関する事件（別表第2事件）に分類されている。

別表第1事件には，子の氏の変更許可，相続放棄，名の変更の許可，後見人の選任，養子縁組の許可などがある。これらの事件は，公益に関するため，家庭裁判所が国家の後見的な立場から関与するものである。また，これらは一般に当事者が対立して争う性質の事件ではないことから，当事者間の合意による解決は考えられず，もっぱら審判のみによって扱われる。

詳しくみれば，成年後見，保佐，補助，不在者の財産の管理，失踪の宣告，婚姻等，親子，親権，未成年後見，扶養，推定相続人の廃除，相続の承認及び放棄，財産分離，相続人の不存在，遺言，遺留分，任意後見契約法，戸籍法，性同一性障害者の性別の取扱いの特例に関する法律，児童福祉法，生活保護法等，心神喪失等の状態で重大な他害行為を行った者の医療及び観察等に関する法律，破産法，中小企業における経営の承継の円滑化に関する法律，に関係した諸事項があり，これらはさらに134の諸事項に細分化されている。

別表第2事件には，親権者の変更，養育料の請求，婚姻費用の分担，遺産分割などがある。これらの事件は当事者間に争いのある事件であることから，第一次的には当事者間の話合いによる自主的な解決が期待され，審判によるほか，調停でも扱われる。これらの事件は，通常最初に調停として申し立てら

資料 15-1　家族関係をめぐる紛争の事件類型

事件類型	事項カテゴリー	不服の時	備考
（家事審判のみ）別表第1事件	成年後見に関する事項	高等裁判所に，2週間以内に不服申立てをすることができる。	裁判所による一刀両断的な解決
	保佐に関する事項		
	補助に関する事項		
	不在者の財産の管理に関する事項		
	失踪の宣告に関する事項		
	婚姻等に関する事項		
	親子に関する事項		
	親権に関する事項		
	未成年後見に関する事項		
	扶養に関する事項		
	推定相続人の廃除に関する事項		
	相続の承認及び放棄に関する事項		
	財産分離に関する事項		
	相続人の不存在に関する事項		
	遺言に関する事項		
	遺留分に関する事項		
	任意後見契約法に関する事項		
	戸籍法に関する事項		
	性同一性障害者の性別の取扱いの特例に関する法律に関する事項		
	児童福祉法に関する事項		
	生活保護法等に関する事項		
	心神喪失等の状態で重大な他害行為を行った者の医療及び観察等に関する法律に関する事項		
	破産法に関する事項		
	中小企業における経営の承継の円滑化に関する法律に関する事項		
（審判でも調停でもよい）別表第2事件	婚姻等に関する事項	家裁は，人事に関する事件について，調停から訴訟まで一貫して取り扱う。	両当事者の希望の実現を目指す解決
	親子に関する事項		
	親権に関する事項		
	扶養に関する事項		
	相続に関する事項		
	遺産の分割に関する事項		
	厚生年金保険法に関する事項		
	生活保護法等に関する事項		

れ，話合いがつかずに調停が成立しなかった場合には，審判手続に移り，審判によって結論が示されることになる。また，当事者が審判を申し立てても，裁

判官がまず話合いによって解決を図るほうがよいと判断した場合には，調停による解決を試みることもできる。

　詳しくみれば，婚姻等，親子，親権，扶養，相続，遺産の分割，厚生年金保険法，生活保護法等，に関係した諸事項があり，これらはさらに16の諸事項に細分化されている。

　裁判所ウェブサイトによると，審判事件の手続について，裁判官が，当事者から提出された書類や家裁調査官が行った調査の結果等種々の資料に基づいて判断し決定する（この決定を「審判」という）。決定に不服がある時は，2週間以内に不服申立てをすることができ，高等裁判所に再審理してもらうこともできる（不服申立てができる事件は法律に決められている）。不服申立てをせず2週間経過したときや高等裁判所が不服申立てを認めなかった時は審判が確定する。

　同じく裁判所ウェブサイトによれば，審判の効力として，審判が確定したときは内容に応じて，戸籍の訂正等を目的とする場合は戸籍の届出を行うことができ，金銭支払を目的とする場合は支払いを受けることができるようになる。もし支払義務がある者が支払いに応じない時は，地方裁判所で強制執行手続をとることができる（履行勧告についても参照）。

2　家事審判による事件類型別解決
──裁判所による一刀両断的な解決

(1)　成年後見制度に関する審判

　第1に「後見開始の審判」は，精神上の障害（認知症，知的障害，精神障害など）により判断能力が全くない者（本人）を保護・支援するための手続である。成年後見制度を利用すると，家裁が本人のために選任した成年後見人が，本人の利益を考えながら本人を代理して契約などを行い，本人または成年後見人が，本人がした不利益な法律行為を後から取り消すことができる。ただし，自己決定の尊重の観点から，食料品や衣料品等の購入など日常生活に関する行為については，取消対象にならない。第2に「保佐開始の審判」は，精神上の障害により判断能力が著しく不十分な者（本人）を保護・支援するための手続である。保佐制度を利用すると，家裁が選任した保佐人の同意を得なかった時

は，借財，保証，不動産その他重要な財産の売買等の重要な法律行為に関して，本人または保佐人が後から取り消すことができる。ただし，自己決定の尊重の観点から，日常生活に関する行為については，保佐人の同意は不要で，取消対象にもならない。また当事者が，保護の必要な行為の範囲を特定して家裁に審判の申立てをして認められた場合は，家裁の審判によって，保佐人の同意権・取消権の範囲を拡張したり，特定の法律行為について保佐人に代理権付与（本人の同意も必要）したりすることができる。第3に「補助開始の審判」は，軽度の精神上の障害により判断能力の不十分な人を保護・支援する制度である。家裁は，本人のために補助人を選任し，補助人には当事者が申し立てた特定の法律行為について，代理権若しくは同意権（取消権）のいずれかまたは双方を与えることができるが，日常生活に関する行為については，補助人の同意は不要であり，取消対象にもならない。補助開始の審判をするには，同意権の付与の審判または代理権の付与の審判を同時にしなければならない。本人以外の当事者の請求により補助開始の審判をするには，本人の同意がなければならない。第4に「任意後見監督人選任の審判」は，任意後見契約（本人に十分な判断能力があるうちに，将来，判断能力が低下した場合に備えて，あらかじめ自らが選んだ代理人＜任意後見人＞に，自分の生活・療養看護・財産管理に関する事務について代理権を与える任意後見契約を公証人の作成する公正証書で結んでおく）が登記されている場合に，精神上の障害によって，本人の判断能力が不十分な状況にあるときは，家裁は任意後見監督人を選任することができる。任意後見監督人の選任により，任意後見契約の効力が発生し，契約で定められた任意後見人が，任意後見監督人の監督下で，契約で定められた特定の法律行為を本人に代わって行うことができる。第5に「成年後見人（保佐人・補助人）を選任する旨の審判」は，たとえばこれまで成年後見人（保佐人・補助人）の職務を行ってきた者が死亡した場合に，後任の成年後見人として，成年被後見人と同居している長男である申立人が適任であると考えてバトンタッチするための手続である（初めて選任する場合は前述の，後見・保佐・補助の開始の審判）。第6に「成年後見監督人（保佐監督人・補助監督人）を選任する旨の審判」は，たとえば成年被後見人の財産について適切に後見事務が行われていることを監督してもらうため，成年後見監督人の選任を行うためのものである。第7に「成年後見人（保佐

人・補助人）を辞任することを許可する旨の審判」は，たとえば申立人が高齢になり，成年後見人としての職務を適正に行うことが困難になり辞任したいといった場合の手続である。第8に「成年被後見人（被保佐人・被補助人）の居住用不動産処分を許可する旨の審判」は，たとえば成年被後見人が，有料老人ホームに入居するにあたり，入居費用を捻出する必要が出たため，本人所有の居住用不動産を売却するといった場合の審判である。第9に「特別代理人を選任する旨の審判」は，成年後見人と成年被後見人との利益が相反する場合に特別代理人を選任するための手続である。第10に「成年後見人（保佐人・補助人）の報酬を付与する旨の審判」は，たとえば保佐人が被保佐人の財産の中から報酬を受けるための手続である。

(2) 行方不明者に関する審判

　第1に「不在者の財産管理人を選任する旨の審判」は，申立てにより，不在者自身（従来の住所または居所を去り，容易に戻る見込みのない者）や不在者の財産に利害関係を有する第三者の利益を保護するため，家裁が財産管理人選任等の処分を行うための審判である。第2に「不在者財産管理人の権限外行為を許可する旨の審判」は，不在者財産管理人が不在者に代わって遺産分割協議をしたり，不在者の財産を処分したりする（民103条に定められた権限を越える行為をする）ための審判である。第3に「不在者に対し失踪宣告をする旨の審判」は，普通失踪（7年間生死不明）または危難失踪（戦争・船舶沈没・震災などの危難が去った後，1年間生死不明）の場合に申立てにより，家裁が失踪宣告をするための審判である。

(3) 親子に関する審判

　第1に「未成年後見人選任の審判」は，親権者の死亡等のため親権を行う者がない場合に，家裁が未成年後見人を選任するものである（未成年後見人は，未成年者の監護養育，財産管理，契約等の法律行為などを行う）。第2に「未成年後見監督人を選任する旨の審判」は，未成年後見監督人を選任するものであり，申立てを受けた家裁は判断するため書面で照会したり，直接事情を尋ねたりして手続を進める。第3に「子の氏の変更を許可する旨の審判」は，両親が離婚後

に，たとえば父の氏を称していた子が母の氏を称したい時に，親権者である母の戸籍に移って氏を変更するための手続である。第4に「養子縁組を許可する旨の審判」は，未成年者を養子とする場合に，家裁の許可を得て養子縁組をするための手続である。第5に「死後離縁を許可する旨の審判」は，養子縁組の一方当事者が死亡した後に他方が死亡した当事者と離縁しようとするとき，家裁の許可を得て行う手続である。第6に「特別養子縁組成立のための審判」は，申立てにより，養子となる者とその実親側との親族関係が消滅する養子縁組（特別養子縁組）を家裁が成立させる縁組制度である。第7に「特別代理人を選任する旨の審判」は，親権を行う父または母とその子との利益が相反する場合に特別代理人を選任する手続である。第8に「親権者変更等の場合の審判」は，家裁が，申立てにより，未成年者の福祉のために必要があると認める場合（離婚した際に決めた親権者の死亡，行方不明，精神障害などの），審判によって親権者を他方の親に変更する手続である。

(4)　相続に関する審判

　第1に「相続放棄の申述」は，相続人が被相続人の財産・債務を一切受け継がないことを認めるものである。第2に「相続の限定承認の申述」は，相続人が相続によって得た財産の限度で被相続人の債務の負担を受け継ぐ手続である。第3に「相続の承認又は放棄の期間伸長をする旨の審判」は，相続人が被相続人の相続について承認または放棄をする期間を伸長するための手続である。第4に「相続財産管理人を選任する旨の審判」は，相続人の存否不明の場合に，相続財産を清算するための手続である。第5に「特別縁故者に対する相続財産分の審判」は，相続財産管理人が選任されている場合に，相続人でない人で特別な縁故関係にあった人が，清算後に残った相続財産の全部または一部を得る手続である。第6に「遺言書の検認に関する審判」は，遺言者が自分で書いた遺言書（公正証書遺言を除く）をもっている人が遺言者の死亡後にしなければならない手続である。第7に「遺言執行者を選任する旨の審判」は，遺言の内容を実現するための遺言執行者を選任するための手続である。第8に「遺留分放棄を許可する旨の審判」は，相続人が被相続人の生前に，相続財産に対する遺留分を放棄するための手続である。第9に「遺留分算定に係る合意を許

可する旨の審判」は，一定の要件を満たす中小企業の後継者が，遺留分の算定についてなされた合意の許可を求める手続である。

(5) 保護者選任に関する審判

第1に「保護者選任に関する審判」は，心神喪失等の状態で重大な他害行為を行った者の医療及び観察等に関する法律（「医療観察法」）で定められた保護者（審判期日に出席したり，意見陳述したり，退院許可の申立等を行う，対象者の扶養義務者）を選任するための手続。第2に「保護者の順位の変更及び選任に関する審判」は，心神喪失等の状態で重大な他害行為を行った者の医療及び観察等に関する法律（「医療観察法」）で定められた保護者の順位の変更および選任するための手続。法定の保護者（後見人・保佐人・配偶者・親権者）がいない場合や，法定の保護者が行方不明などの理由で保護者となれない場合に申立てにより，家裁が保護者の義務を行うべき順位を変更し，その他の扶養義務者の中から保護者を選任するための手続である。

(6) 戸籍上の氏名や性別の変更などに関する審判

第1に「子の氏の変更許可の審判」は，両親が離婚して父（または母）の氏を称している子（15歳以上。子が15歳未満のときはその法定代理人が子を代理して申し立てる）が，母（または父）の戸籍に移り母（または父）の氏を称したいときに，家裁の許可を得て，母（または父）の氏を称することができるようにする審判である。第2に「氏の変更許可の審判」は，やむをえない事情（社会生活上，著しく支障を来す場合）によって戸籍の氏を変更するために，家裁が許可するものである。第3に「名の変更許可の審判」は，正当な事由（社会生活上，支障を来す場合）によって戸籍の名を変更するために，家裁が許可するものであり，単なる個人的趣味，感情，信仰上の希望等のみでは正当な事由とは認められない。第4に「戸籍訂正許可の審判」は，戸籍の記載が法律上許されない場合や，錯誤または遺漏がある場合および創設的届出（婚姻・養子縁組等，届出により法律上の効果が発生する届出）が無効な場合に，家裁の許可を得て戸籍の訂正をするための審判である。第5に「性別の取扱いを変更する旨の審判」とは，性同一性障害者であって，必要な要件を満たせば，家裁は性別の取扱いの

変更の審判をすることができる。

(7)　年金分割の割合を定める審判

　年金の按分割合について当事者間で話合いがうまくできない場合に，離婚した日の翌日から起算して2年を経過していない場合に限って，家裁に按分割合を定める審判または調停の申立てができる。年金分割の割合を定める審判の申立てがあると，家事審判官（裁判官）が書面照会等により相手方の意見も聞いた上で，按分割合を決定する審判を行う。また調停の申立てがあると，調停期日で調停委員会が按分割合について話し合う手続を進める。

3　家事調停による事件類型別解決
──両当事者の希望の実現を目指す解決

(1)　夫婦関係や男女関係に関する調停

　第1に「夫婦関係調整調停（離婚調停）」は，夫婦間で話合いができない場合やまとまらない場合に，離婚，財産分与，慰謝料，親権者の指定，面会交流，養育費，年金分割の割合などについて行われる。第2に「夫婦関係調整調停（夫婦円満調停）」は，双方から事情を聞いて原因を探り，解決案提示や助言をする手続である。第3に「内縁関係調整調停」は，内縁関係の解消のみならず，財産分与や慰謝料についても話し合う手続である。第4に「婚姻費用の分担請求調停」は，夫婦の資産，収入，支出など一切の事情について双方から事情を聴き，必要に応じて資料を提出させて，生活費について解決案提示や助言をする手続である。第5に「財産分与請求調停」は，夫婦が婚姻中に協力して取得した財産，財産取得や維持に対する双方の貢献度など一切の事情について，双方から事情を聴いて資料等を提出してもらい，話し合う手続である。第6に「年金分割の割合を定める調停」は，離婚時に年金の按分割合について話合いがまとまらない，あるいは話合いができない場合に，按分割合の合意を目指して話し合う手続である。第7に「慰謝料請求調停」は，慰謝料について話し合う手続で，双方から離婚に至った経緯や離婚原因の事情を聴き，必要に応じて資料等を提出してもらい，解決案提示や助言をする手続である。第8に

「離婚後の紛争調整調停」は，離婚後の生活に必要な衣類や荷物の引渡しを求める場合や，前夫が復縁を迫って前妻の住居を訪問することから紛争が生じている場合など，離婚後の紛争について当事者間の話合いがまとまらなかったりできない場合に行われる手続である。第9に「協議離婚無効確認調停」は，協議離婚届を勝手に提出された場合に，これを回復するための手続である。

(2) 親族関係に関する調停

第1に「親族関係調整調停」は，親族間での問題について話し合う手続である。第2に「扶養請求調停」は，親兄弟などの世話を誰が行い，その費用負担をどうするかについて話し合う手続である。

(3) 子どもに関する調停

第1に「親権者変更調停」は，離婚後に親権者の変更について，さまざまな事情を聴き，必要に応じて資料等を提出してもらい，話し合う手続である。第2に「養育費請求調停」は，離婚後の養育費について，一切の事情をよく把握して，解決案を提示したり，解決のために必要な助言をして合意を目指し話し合う手続である。第3に「面会交流調停」は，離婚後の子どもとの面会・交流について，子どもに精神的な負担をかけないよう十分に配慮して，子どもの意向を尊重した取決めができるように話し合う手続である。第4に「子の監護者の指定調停」は，子の監護者について，事情をよく把握し，子どもの意向も尊重した取決めができるように話し合う手続である。第5に「子の引渡し調停」は，親権者でない親が子どもを連れ去った場合などに，子どもに精神的な負担をかけないように十分配慮して，子どもの意向を尊重した取決めができるように話し合う手続である。第6に「親子関係不存在確認調停」は，婚姻中や離婚後一定期間内に出生した子について，夫婦間の子でないことを確認する手続である。第7に「嫡出否認調停」は，婚姻中や離婚後一定期間内に出生した子について，夫が自分の子でないことを確認するための手続である。第8に「認知調停」は，父親が認知しないため，子が父に対して認知を求めるための手続である。第9に「離縁調停」は，離縁について話し合うための手続である。

(4)　相続に関する調停

第1に「遺産分割調停」は，遺産の分割について相続人間で合意を目指す話し合いの手続である。第2に「寄与分を定める処分調停」は，被相続人の財産の維持または増加について特別に寄与した相続人の寄与分に関して合意を目指す話し合いの手続である。第3に「特別の寄与に関する処分調停」は，被相続人の財産の維持または増加について特別の寄与をした，相続人ではない被相続人の親族の寄与に関して話し合う手続である。第4の「遺留分減殺による物件返還請求調停（2019（令和元）年7月1日より前に開始した相続に限る）」と，第5の「遺留分侵害額の請求調停（2019（令和元）年7月1日以降に開始した相続に限る）」は，遺産相続において贈与や遺贈のために法定の最低限度を下回った者からの回復について話し合う手続である。第6に「遺産に関する紛争調整調停」は，相続人間において遺産に関する紛争がある場合にそれを話し合う手続である。

4　紛争処理制度の在り方──信頼される紛争解決

(1)　訴訟と ADR について

裁判と ADR（Alternative Dispute Resolution：裁判外紛争解決制度）には，多くの点で違いがある（たとえば，裁判は公開，ADR は非公開）。その中で際立つ違いは，裁判は相手を負かして自分だけ勝つ状態を目指す解決であるのに対して，ADR（仲裁や調停等）は関係する両者ともにメリットのある状態を目指す解決である点である。裁判等の通常の紛争観では，ゼロサム（足してゼロになる）の交渉をイメージしている場合が多い。一方が取れば，相手方が失うという関係である。こうした紛争では，両当事者は競争的にならざるをえない。一方，両当事者の希望の実現を目指す交渉では，解決案を創造し，選択肢を開発することでパイの大きさを拡げる。また，双方の価値観の違いを利用して，一種の取引を行い，双方が納得する解決を見出すことも可能である。

(2)　利用しやすく現代社会に適合

非訟事件手続法は，国民が利用しやすく現代社会に適合させるため，管轄＜当事者による移送申立権（非訟10条1項で民事訴訟法16条準用），遅滞を避けるた

283

めの移送（非訟6条ただし書）＞，当事者および代理人，審理および裁判の手続
＜処分権主義の制限，職権探知主義（非訟49条1項），非公開主義（非訟30条），
簡易迅速主義（非訟13条5項，46条・47条，56条1項・2項・3項，57条1項ただし
書，71条・72条1項）＞，通常の不服申立方法を即時抗告に一本化（非訟66条・79
条），再抗告・特別抗告・許可抗告・再審手続の明文化（非訟75条〜78条，83条・
84条）等の手続の基本的事項に関する規定を整備し，裁判結果に利害関係を持
つ者の参加制度（非訟20条・21条），記録の閲覧謄写（非訟32条），不意打ち防止
のための諸規定の創設（非訟52条，59条3項，69条・70条），専門委員制度（非訟
33条），電話・テレビ会議システム（非訟47条），和解・調停制度の創設（非訟65
条）等の当事者等の手続保障の拡充とその利便性向上のために諸制度を創設す
るとともに，国民にわかりやすいものにするため現代用語の表記に改められた。

　他方，家事事件手続法も，国民にとって利用しやすく現代社会に適合した内
容にするため，管轄＜優先管轄（家事5条），移送等（家事9条）＞，当事者およ
び代理人（家事17条，19条，22条），手続の非公開（家事23条），職権探知主義（家
事56条），不服申立て等（家事85条〜98条，288条），遺産分割以外にも調停条項案
の書面による受諾が可能（離婚・離縁は適用除外）になり（家事270条），家事審判
の手続における子の意思の把握等，子どもの立場が強化された（家事65条）。こ
のように家事審判および家事調停の手続の基本的事項に関する規定が整備さ
れ，参加（家事41条・42条），記録の閲覧謄写（家事47条，254条），陳述の聴取
（家事65条，68条）等の手続保障に資する規定がより充実し，電話・テレビ会議
システムによる手続（家事54条）および高等裁判所における調停等，合意に相
当する審判（家事277条），調停に代わる審判（家事284条），不服申立て等（家事
288条），その利便性向上のために改革されている。この家事事件手続法の成立
によって，家事審判法は廃止されることになった。

(3)　家裁調査官・家事調停委員の役割

　家裁調査官は家裁に属し，少年事件や家庭内紛争の背景にある事実関係・人
間関係について調査や資料作成を行い裁判官に報告する。家裁の家事部では離
婚，遺産相続，児童虐待などの家庭内トラブルを取り扱い，少年部では未成年
者の犯罪等を取り扱う。家裁調査官は家事部においては，離婚，相続問題，家

庭内の種々のトラブルに対して，当事者・関係者から事情を聞き，事実の調査を行い，解決までの援助を行う。少年部においては，非行を犯した少年を取り巻く家庭状況や生活環境などから，その原因を調査して解決策を探る。

　家事調停委員は民間人から選任され，離婚，遺産分割などを取り扱い，男女一人ずつの調停委員が指定される。その職種は，元裁判官，元裁判所書記官，元警察官，元銀行員，医師，弁護士，公認会計士，司法書士，不動産鑑定士，建築士，消費生活委員，主婦，会社役員，大学教授などさまざまであり，それぞれの社会経験，職業経験を生かして，紛争解決に役立てようとする。

5　今後の紛争処理制度の在り方──優れた技法の伝承

(1)　家庭問題情報センター（FPIC）

　家庭問題情報センター（Family Problems Information Center：FPIC）は，少年事件や家庭内紛争の調査・指導に長年携わってきた元家裁調査官たちが，豊富な経験と専門知識・技能を活用して，健全な家庭生活実現に貢献することを目的として設立された公益法人である。各地に相談室を設置して，夫婦関係の調整や，離婚後の子をめぐる問題，いじめや子育ての悩み，ひきこもり問題，老親をめぐる兄弟間の悩み，職場の人間関係や男女関係の問題あるいは生き方や性格の悩みまで，多岐にわたって相談に応じている。FPICの主な活動の中でも，各種セミナーを開催し，講演会や研修に講師を派遣して卓越した問題解決技法の伝承に努めている。

(2)　調停技法の種類（基本的な調停技術）

①　パラフレージング（Paraphrasing）

　パラフレージングとは，話を聞いたら，その要旨をまとめて内容を変えず，わかりやすく言い換えることである。パラフレージングの目的は，話し手が何を話しているのかを，調停委員と当事者自身で確認することにある。当事者は自分が話した内容の言い換えを聞き，言い換えが自分の話したかったことと違ってないかを確認する。他方，調停委員は，自分の理解が正確かどうかを確認することが目的である。当事者の興奮を鎮静化し，発言内容を再確認でき，

資料15-2　非訟事件手続法〔平成23年
　　　　　5月25日法律第51号〕条文

1条　この法律は，非訟事件の手続についての
　　通則を定めるとともに，民事非訟事件，公
　　示催告事件及び過料事件の手続を定めるも
　　のとする。
4条　裁判所は，非訟事件の手続が公正かつ迅
　　速に行われるように努め，当事者は，信義
　　に従い誠実に非訟事件の手続を追行しなけ
　　ればならない。
30条　非訟事件の手続は，公開しない。ただ
　　し，裁判所は，相当と認める者の傍聴を許
　　すことができる。
54条　裁判所は，非訟事件の手続においては，
　　決定で，裁判をする。
119条　過料事件（過料についての裁判の手続
　　に係る非訟事件をいう。）は，他の法令に
　　特別の定めがある場合を除き，当事者（過
　　料の裁判がされた場合において，その裁判
　　を受ける者となる者をいう。以下この編に
　　おいて同じ。）の普通裁判籍の所在地を管
　　轄する地方裁判所の管轄に属する。

当事者に満足感を与えて信頼関係を構築できる。パラフレージングの基本3原則といわれているものとして，(ア)攻撃的表現の除去，(イ)特定の名前をできる限り一般の言葉に置換，(ウ)感情的表現を客観的表現に置換，という原則がある。

　②　リフレーミング (Reframing)

　当事者が前向きに状況把握できるように，調停委員が言い換えを行う調停技法である。調停委員は傾聴するなかで，当事者の伝えたい意味を理解し，当事者の不満や怒りの言葉を額面通りに取らず，なぜネガティブな言葉を当事者が口にするのかを考えなければならない。そしてネガティブな言葉を，前向きな表現に置換して当事者に返す調停技法が，リフレーミングである。調停委員は，聞く⇒理解⇒まとめる⇒返す，の4段階を経てリフレーミングを行う。

　③　2つの質問法

　ここでは，オープン・エンディッド・クエスチョン（Open-Ended Question）とクローズド・エンディッド・クエスチョン（Closed-Ended Question）を取り上げたい。オープン・エンディッド・クエスチョンは，当事者が話したがらないとき，質問をして口を開かせるようにするため，「はい」「いいえ」の答えができないような質問（自由回答形式の質問）を行う調停技法である。これに対して，クローズド・エンディッド・クエスチョンは，YES・NO で答えられる質問（選択回答形式の質問）を行う調停技法である。アンケート調査の場合，あらかじめ設定された回答項目の中から回答を選択する形式をクローズド・エンディッド・クエスチョンという。調停技法においては，コミュニケーションス

◆コラム15-1　ADR（裁判外紛争解決制度）の実際

　第161回国会において，「裁判外紛争解決手続の利用の促進に関する法律」（いわゆる ADR法）が可決・成立し，2004（平成16）年12月1日に公布された（平成16年法律第151号）。この ADR法は，①紛争解決事業者の認証（民間の紛争解決事業者は，申請により，法務大臣の認証を受けることが可能），②利用者への情報提供（認証を受けた紛争解決事業者は，業務に関する一定の情報提供を行い，法務大臣はこの情報を公開して利用者に提供），③法律上の効果の付与等（時効中断，訴訟手続中止），④調停の前置に関する特例（認証紛争解決手続を経ているなどの一定要件を満たす場合は，原則として調停前置が不要）を特徴とする。まず司法型として地裁・簡裁・家裁で調停が行われている。次に，行政機関・行政委員会によるものとしては，総務省公害等調整委員会，独立行政法人国民生活センター紛争解決委員会，労働委員会，紛争調整委員会，労働相談情報センター，建設工事紛争審査会が機能している。第3に民間機関であるが，すでに認証事業者はかなりの数に上り，一般財団法人日本スポーツ仲裁機構を始めとして，日弁連交通事故相談センター，一般社団法人日本商事仲裁協会，社団法人日本海運集会所，財団法人交通事故紛争処理センター，PLセンター，事業再生実務家協会，そして医療紛争相談センター等が機能している。

◆コラム15-2　コンピュータによる調停支援システム

　最近の人工知能の進歩には目を見張るものがある。東京工業大学（院）の新田研究室では，人間の知的活動を支援するシステムを開発するため，知識情報処理やヒューマン・インタフェースなどの基礎技術のほかに，応用分野に関する知識の分析とモデリングが行われてきた。筆者は，指導教授の新田克己教授（2023年現在は東工大名誉教授・特任教授）の下で「交渉エージェント」「情報可視化」などの先端的な研究に取り組んできた。このうち，「交渉エージェント」を紹介すると，調停をオンライン上で実現し，過去の調停ログを蓄積し，それを参照して調停者の教育支援も行う，オンライン調停支援システムが開発されてきた。また，調停者・両当事者の三人が揃わなくても模擬調停を行える環境を作るため，当事者の一方または両方をエージェントとして人間と論争を行う論争エージェントが開発されてきた。詳しくは，平田勇人『AIによる紛争解決支援——法律人工知能』（成文堂，2018年）や Hayato HIRATA and Katsumi NITTA, *Analysis of Legal Argumentation Documents : A Computational Argumentation Approach*, Translational Systems Sciences, Vol.29 (Singapore, Springer Nature, 2022)を参考にしてほしい。

キルとしてオープン・エンディッド・クエスチョンとクローズド・エンディッド・クエスチョンの両方がうまく使い分けられている。

⑶　調停教育の在り方

　調停事件については，裁判官である家事審判官一人と民間人から選ばれた調停委員二人以上で構成される調停委員会が，当事者双方に事情を尋ねたり，意

見を聴いたりして，双方が納得の上で問題を解決できるように，助言や斡旋を行う。これまで法学部の教育で，模擬裁判は行われても，模擬調停はほとんど行われてこなかった。今後は，教科書を読んで知識を身につけるだけでなく，裁判官役，調停委員役，当事者役の学生が，模擬調停を行うことで，学生たちは調停技法を実践的に身につけていくことが可能になると考える。

【主な参考文献・資料】

裁判所ホームページ：http://www.courts.go.jp/

法務省ホームページ：https://www.moj.go.jp/MINJI/minji07_00316.html

公益財団法人　日本調停協会連合会ホームページ：http://www.choutei.jp/index.html

日本調停協会連合会・調停委員研修委員会編『五訂版・調停委員必携（家事）』（日本調停協会連合会，2009年）。

金子修編著『一問一答　非訟事件手続法』（商事法務，2012年）。

金子修編著『一問一答　家事事件手続法』（商事法務，2012年）。

設題

1)　調停と審判では手続的な違いはどこにあるのか。

2)　調停の成立・不成立の場合に，その効果はどうなるのか。

3)　ADR（裁判外紛争解決制度）は，民事や商事関係で有効に機能しているが，家事事件ではどのようなイメージをもてばよいか（FPIC等との関係）。

判 例 索 引

大 審 院

最高裁判所

高等裁判所

地方裁判所

家庭裁判所

簡易裁判所

事 項 索 引

執筆者紹介（執筆順，＊は編者）

＊中川　淳（なかがわ　じゅん）
担当：第1章
所属・職名：広島大学名誉教授・法学博士（御逝去）
主要著作：『家族法の現代的課題』（世界思想社，1992年）

立石　直子（たていし　なおこ）
担当：第2章
所属・職名：愛知大学法学部教授
主要著作：「性の多様性と親子観の相対化──里親・生殖補助医療などの視点から──」『法と政治』69巻2号241-264頁（2018年）

鈴木　伸智（すずき　しんち）
担当：第3章
所属・職名：愛知学院大学法学部教授
主要著作：「同性婚と婚姻・婚姻意思」田井義信編『民法学の現在と近未来』（法律文化社，2012年）

手嶋　昭子（てじま　あきこ）
担当：第4章
所属・職名：京都女子大学法学部教授
主要著作：『親密圏における暴力──被害者支援と法──』（信山社，2016年）

遠藤　隆幸（えんどう　たかゆき）
担当：第5章
所属・職名：東北学院大学法学部教授
主要著作：「震災孤児の監護体制に関する法的課題──「親族」里親の位置付けと権限に着目して」東北学院大学法学政治学研究所紀要23号（2015年）

羽生　香織（はぶ　かおり）
担当：第6章
所属・職名：上智大学法学部教授
主要著作：「フランス民法における子どもの保護と自立」山口直也編著『子どもの法定年齢の比較法研究』（成文堂，2017年）

梅澤　彩（うめざわ　あや）
担当：第7章
所属・職名：熊本大学大学院人文社会科学研究部・法学部准教授
主要著作：「出自を知る権利に関する一考察」二宮周平編集代表『現代家族法講座第3巻　親子』（日本評論社，2021年）

佐々木　健（ささき　たけし）
　　担当：第8章
　　所属・職名：専修大学法学部教授
　　主要著作：「子の利益に即した手続代理人の活動と家事紛争解決」立命館法学369・370号211
　　　　　（1541）頁（2017年）

冷水登紀代（しみず　ときよ）
　　担当：第9章
　　所属・職名：中央大学法学部教授
　　主要著作：「高齢時の扶養・生活保護をめぐる負担者の変遷」二宮周平編集代表『現代家族法講
　　　　　座第4巻　後見・扶養』（日本評論社，2020年）

＊小川　富之（おがわ　とみゆき）
　　担当：第10章
　　所属・職名：大阪経済法科大学法学部教授
　　主要著作：棚村政行・小川富之編集代表『中川淳先生傘寿記念論集　家族法の理論と実務』（日
　　　　　本加除出版，2011年）

松久　和彦（まつひさ　かずひこ）
　　担当：第11章
　　所属・職名：近畿大学法学部教授
　　主要著作：「夫婦財産制と夫婦間の公平」二宮周平編集代表『現代家族法講座第2巻　婚姻と離
　　　　　婚』（日本評論社，2020年）

板倉　集一（いたくら　しゅういち）
　　担当：第12章
　　所属・職名：甲南大学法科大学院教授
　　主要著作：「Ⅷ　離婚給付［103〜112］」梶村太市・棚村政行編『夫婦の法律相談〔第2版〕』（有
　　　　　斐閣，2010年）

花元　　彩（はなもと　あや）
　　担当：第13章
　　所属・職名：桃山学院大学法学部教授
　　主要著作：「面会交流支援の間接強制——子の意思または福祉の取扱いをめぐって——」桃山法
　　　　　学27号（2017年）

金　　汶淑（きむ　むんすく）
　　担当：第14章
　　所属・職名：甲南大学法学部教授
　　主要著作：「韓国国際私法第15条，第57条〜第59条，第67条〜第72条，第76条〜第78条」石光
　　　　　現・盧泰嶽　執筆代表『ONJU国際私法』（オンライン注釈書，2023年7月）

平田　勇人（ひらた　はやと）
　　担当：第15章
　　所属・職名：朝日大学法学部（兼）大学院法学研究科教授・博士（法学）／博士（工学）
　　主要著作：『続・AIによる紛争解決支援——人工知能の活用可能性——』（成文堂，2021年）

Horitsu Bunka Sha

家族法〔第3版〕

2013年4月20日　初　版第1刷発行
2019年3月25日　第2版第1刷発行
2023年10月10日　第3版第1刷発行

編　者　中川　　淳・小川富之

発行者　畑　　　　光

発行所　株式会社 法律文化社

〒603-8053
京都市北区上賀茂岩ヶ垣内町71
電話 075(791)7131　FAX 075(721)8400
https://www.hou-bun.com/

印刷：中村印刷㈱／製本：㈲坂井製本所
装幀：平井秀文

ISBN 978-4-589-04284-2

田井義信監修／小川富之編

ユーリカ民法5　親族・相続

A5判・290頁・3080円

「ユーリカ」（わかった！）を体感できるシリーズ第5巻。複雑な民法体系がどのような仕組みと役割を果たしているのかを具体的に解説。学生に身近な話題から、学習課題、設例、コラム、問題演習を通じて初学者が自分の頭で考える仕掛けが満載。最近の判例や成年年齢の引下げ、相続法の改正にも対応。

三成美保・笹沼朋子・立石直子・谷田川知恵著〔HBB⁺〕

ジェンダー法学入門〔第3版〕

四六判・316頁・2750円

ジェンダー・バイアスに基づく差別や法制度への影響を明らかにし、社会の常識を問い直す。「性の多様性」の章を新たに設け、LGBT, SOGIの課題についてより詳しく解説。2015年以降の法や判例、社会変化を反映し、バージョンアップ。

村尾泰弘編著

家族をめぐる法・心理・福祉
―法と臨床が交錯する現場の実践ガイド―

A5判・220頁・3190円

少年非行、DV、児童虐待、ストーカー、高齢者介護、離婚、面会交流など、広範な問題を取り上げる。第1部は法・心理・福祉3領域の知識を解説し、第2部では具体例から問題を考察。第3部は新たな潮流と課題を提示する。

小川富之・髙橋睦子・立石直子編

離別後の親子関係を問い直す
―子どもの福祉と家事実務の架け橋をめざして―

A5判・206頁・3520円

離別後の親子関係は、「子の利益」となっているか。子の発達の課題やリスクを心理学・脳科学・乳幼児精神保健等の知見をもとに精査し、親子の交流を推進する昨今の家事紛争に法学と実務の立場から検証し、提言する。

二宮周平・風間孝編著

家族の変容と法制度の再構築
―ジェンダー／セクシュアリティ／子どもの視点から―

A5判・380頁・6160円

異性愛・血縁関係・性別役割分業を前提とした伝統的家族規範が根強く存在し、個人の意思や選択を尊重した多様な家族の在り方を排除する日本社会。法学・社会学を中心とする研究者と実務家が協働し、分野横断的に実態を分析し、法制度の現状と課題を踏み込んで考察・提言。

大谷美紀子・西谷祐子編著

ハーグ条約の理論と実務
―国境を越えた子の奪い合い紛争の解決のために―

A5判・340頁・5720円

国内実施法の制度や判例を紹介し、離婚や子の監護権・面会交流に関する渉外事件の実務で必須となる考え方を解説。日本との関連事案が多い5カ国（米英豪独仏）の実施状況を紹介。研究者、弁護士、法務省・外務省担当者の共同研究の成果。

―――――法律文化社―――――

表示価格は消費税10%を含んだ価格です